Advent und Weihnachten

FALKEN VERLAG

ALLE JAHRE
WIEDER…

Advent und Weihnachten

Basteln, Backen, Schmücken, Singen, Vorlesen, Feiern

Herausgegeben von
Harald und Yvonne Nadolny
Illustrationen von
Zora Davidović

FALKEN VERLAG

Von Harald und Yvonne Nadolny ist im Falken-Verlag bereits das Buch „Garagentore selbst bemalt" (Nr. 786) erschienen.

CIP-Kurztitelaufnahme der Deutschen Bibliothek

Nadolny, Harald:
Advent und Weihnachten: Basteln, Backen, Schmücken, Singen, Vorlesen, Feiern / Harald u. Yvonne Nadolny.
– Niedernhausen/Ts.: Falken-Verlag, 1986. –
(Falken-Bücherei)
ISBN 3-8068-4260-4
NE: Nadolny, Yvonne:

ISBN 3 8068 4260 4

Titelgestaltung: Zora Davidović, Wiesbaden
Titelfoto: Silvestris Fotoservice, Kastl/Obb.
Fotos: Archiv, S. 25, 26 re. o., re. u., 31, 49, 50, 55, 56, 57, 58, 64, 73, 74, 83, 84, 105 u., 106 o., 115, 116, 129, 130, 131, 132, 151, 160 li., 182 o., 183 u., 184, 189, 190, 235, 236, 237, 238;
Bildagentur Prenzel-IFA/Schmidt, München, S. 40 u.;
Fischwirtschaftliches Marketing-Institut, Bremerhaven, S. 183 o.;
Gruner + Jahr/BRIGITTE (Fotoservice),
Gruner + Jahr AG & Co., Hamburg, S. 159 li. u.;
Jahreszeiten Verlag GmbH, Hamburg, S. 26, 152, 153, 154, 159 li. o., re. o., re. u., 181;
Killius Publications, Offenburg, S. 26 li. o., 33, 34;
MAGGI GmbH, Foto und Rezept Maggi Kochstudio, Frankfurt am Main-Niederrad, S. 182;
Redaktionsbüro Nadolny-Thalheim, Herne, S. 63, 64, 89, 90, 91, 92, 105 o., 106 u., 145, 146, 160 re. o., re. Mitte, re. u., 225, 248;
Reinhard-Tierfoto, Heiligkreuzsteinach-Eiterbach, S. 226;
Silvestris Fotoservice, Kastl/Obb., S. 199, 247;
ZDF, Mainz, S. 6;
ZEFA Zentrale Farbbild Agentur GmbH/Wal. Müller; Damm; ZEFA UK; S. 39, 40, 200.

Satz: LibroSatz, Kriftel bei Frankfurt
Druck: Mainpresse Richterdruck, Würzburg

817 2635 4453 6271

INHALT

Vorwort 6

Die Reise nach Weihnachten 7

Die Vorweihnachtszeit 8
Der heilige Martin 10
Das Martinslied 11
Weihnachtliche Blütenpracht 12
Selbstgemachte Kerzen 14
Das Wunder 18
Wenn vier Kerzen brennen 22
Im „Rauhen Haus" brannten die Kerzen zuerst 23
Adventskränze dekorieren 24
Knusper, knusper Knäuschen 28
Die tägliche Überraschung: Adventskalender 35
Weihnachtsmärkte 38

Die erste Adventswoche 42
Ein großer Heiliger kündigt sich an 44
Die Andreasnacht 45
Leise rieselt der Schnee 46
Vor Weihnachten 47
Der Bratapfel 47
Kulinarische Advents-überraschungen 48
Der Barbaratag 52
Adventsschmuck für die Wohnung 53
Sankt Nikolaus 62
Heut ist Nikolausabend da! 65
Wie ein Weihnachtsmann entsteht 66
Großer Nikolaussack für die Geschenke 68
Der Origamistiefel 69
Laßt uns froh und munter sein 70
Knecht Ruprecht 71
Adventseinladung für liebe Gäste 72
Der halbierte Nikolaus 77

Die zweite Adventswoche 80
Naive Hinterglasmalerei 82
Der Luciatag 86
Die Geschenke 87
Schenken 88
Die Kunst, ein Geschenk zu verpacken 93
Was Kinder schenken können 96
Selbermachen: Geschenke mit besonderem Wert 97
Zur Krippe her kommet! 100
Hirtenspiel 108
Gehaltvolles aus dem Backofen 114

Die dritte Adventswoche 118
Advents- und Weihnachtszeit – Spielzeit für alle 120
Spiele im Haus und draußen 122
Spiele für die ganze Familie 124
Sternhüpfen 125
Kuscheltiere zum Liebhaben 126
Die Weihnachtsbackstube 133
Thomastag 136
Geschichte eines Pfefferkuchenmannes 137
Süßer die Glocken nie klingen 138
Es ist ein Ros' entsprungen 139
Monolog eines Kellners 142
Weihnachtskarten 144

Die vierte Adventswoche 148
Weihnachtskerzen zum Aufessen 150
Der Weihnachtsbaum 155
Praktisches um den Weihnachtsbaum 157
Jeder schmückt ihn anders 158
Weihnachten bei den Pentecosts 165
Bauernmalerei – Nostalgie im Biedermeierstil 170

Weihnachten 176
Rund um den schön gedeckten Tisch 178
Weihnachtliche Tafelfreuden 185
Überraschungseisbombe 191
Ja, Virginia, es gibt einen Weihnachtsmann! 192
Auch der Heilige Abend fängt mit dem Morgen an 194
Weihnachten 198
Morgen, Kinder, wird's was geben 201
Das Weihnachtsevangelium 202
Die Bescherung 204
Das Paket des lieben Gottes 205
Alle Jahre wieder 208
Stille Nacht! Heilige Nacht! 209
O Tannenbaum, o Tannenbaum 210
Vom Himmel hoch, da komm ich her 211
O du fröhliche 212
Ihr Kinderlein, kommet 213
Der heilige Abend nach der Bescherung 214
Weihnachten anderswo 216
Das Julfest 217
Der zweite Weihnachtsfeiertag: Fest des heiligen Stephans 220
Der Johannestag und der Tag der unschuldigen Kindlein 221

Die Zeit nach Weihnachten 222
Fotoalben zum Selbermachen – so bleibt Weihnachten unvergeßlich 224
Die Tiere im Winter 228
Was Sie für Vögel tun können 230
Kulinarisches zu Silvester 234
Kurz vor zwölf 242
Mit Schwung ins Neue Jahr 243
Zu Neujahr 244
Der Stern 244
Die heiligen drei König' mit ihrigem Stern 245
Der Dreikönigstag 246
Selbstgemachte Kalender – Geschenke für 365 Tage 249
Drei dunkle Könige 250
Weihnachten in aller Welt 252

Register 254

Vorwort

Zeiten der Besinnung und der Stille sind notwendige Einschnitte in der Alltagsroutine und in der Betriebsamkeit des Berufslebens. Die Weihnachtszeit und die Adventstage können einen solchen Einschnitt in der Monotonie und Hektik des Alltagstrotts bedeuten. Tatsächlich werden jedoch gerade diese Tage von vielen als besonders hektisch und laut empfunden.

Wenn der Wunsch, Freude zu bereiten, zum reinen Ritual des Kaufens verkommt und wenn der Lichterglanz vorweihnachtlicher Einkaufspassagen heller strahlt, als dies die Freude über das Fest selbst vermag, dann geht der Sinn des Weihnachtsfests verloren, Nachdenklichkeit und Muße finden nicht mehr statt.

Das Buch „Alle Jahre wieder … Advent und Weihnachten" hingegen möchte die Aufmerksamkeit wieder auf Tätigkeiten lenken, die von jeher das Weihnachtsfest begleitet haben und die der Hektik des Alltags Ruhe und Besinnlichkeit entgegensetzen können. Basteln und Backen, Schmücken und Singen schaffen eine Atmosphäre der Besinnlichkeit und unterstreichen so die Tradition des Festes.

Die christliche Botschaft und damit auch das Weihnachtsfest zielen auf die Nächstenliebe. Mit dem Kauf dieses Buches unterstützen Sie die Aktion „Dalli Dalli hilft", die sich um bedürftige Personen in der Bundesrepublik Deutschland und in Österreich kümmert. Ein Teil vom Erlös des Buches geht direkt diesem guten Zweck zu. Ich bin der Überzeugung, daß diese Initiative unsere Unterstützung verdient, und bedanke mich für Ihr Interesse an der Tradition der Weihnachts- und Adventszeit.

Prof. Dieter Stolte
Intendant des ZDF

Die Reise nach Weihnachten

Und die Könige folgten dem Stern. Ihre prachtvollen Gewänder schimmerten sanft in seinem Licht. Sie gaben ihr Gold, ihren Weihrauch und ihre Myrrhe, lächelten leise und verschwanden wieder. Aber der Stern kam zurück, und die Menschen verstanden, daß sie sich alle auf die Reise machen durften. Einmal im Jahr ist eine Zeit ein wenig anders: Von Generation zu Generation überlieferte Bräuche werden wieder lebendig. Die Häuser duften nach Bratäpfeln, Nüssen und frisch gebackenen Plätzchen. Die Stadt erglüht im Lichterglanz. Zu Weihnachten ist die Welt noch in Ordnung.
Die nächsten Seiten begleiten Ihre Reise. Sie berichten von der Frau mit den zwei Gesichtern und vom doppelten Heiligen. Sie erzählen von lukullischen Gaumenfreuden und gemütlichen Bastelabenden, von geheimnisvollem Flüstern und verschlossenen Türen. Sie wollen Mut machen zu Gefühl und Zärtlichkeit.

Eine gute Reise zum Fest wünschen Ihnen

Harald Nadolny *Yvonne Nadolny*

NEU

Die Vor-Weihnachtszeit

's ist, als ob Englein singen
wieder von Frieden und Freud'

Die Nächte werden länger, es beginnt die Zeit des Lichtes. Im Schein der hellen Kerzen vertrieben unsere Vorfahren ihre Furcht vor den Dämonen des Winters.

Kerzenlicht, das Symbol für Wärme, Geborgenheit und Frieden, war bereits im Mittelalter so beliebt, daß Wachs in bedeutenden Mengen von überall her eingeführt werden mußte.

Seit der Zeit der Kerzengießer hat sich auf diesem Gebiet so viel getan, daß mit Recht von Wachskunst geredet werden kann.

Ein ebenfalls sehr alter Brauch sind die Weihnachtsmärkte. Schon im 14. Jahrhundert stellten Handwerker in den Festwochen vor der größten Kirche ihrer Stadt mit Tannengrün geschmückte Buden auf.

Ein Bummel über den Weihnachtsmarkt ist auch heute noch ein besonderes Erlebnis für jung und alt.

Der heilige Martin

Schutzheiliger der merowingisch-fränkischen Könige, Patron aller Trinker und Zecher – Martin, der harte Soldat mit dem mildtätigen Herzen, führte ein bewegtes Leben.

Wenn der neue Wein in den Gläsern leuchtet und verführerisch die Gans im Ofen duftet, beginnt wie jedes Jahr der innerliche Kampf: Hart bleiben und etwas für Linie und Charakter tun, oder nachgeben und nach Lebenslust schwelgen. Dem heiligen Martin sei es geklagt: Meist siegt der Braten.

Reichlich getrunken und gegessen wurde am 11. 11. schon zu germanischen Zeiten. Damals hieß das Fest Erntedank, und statt des heiligen Martin soll der heidnische Wotan auf einem Schimmel über Land geritten sein. Ein opulentes Mahl galt als gutes Omen für das kommende Jahr. So langte auch der kräftig zu, dessen Vorratskammern ein mageres Frühjahr verhießen.

Bald gingen heidnisches und christliches Brauchtum ineinander über, und aus dem Festschmaus wurde der Martinsschmaus. An den gewaltigen Mengen, die verspeist wurden, hatte sich jedoch nichts geändert. Nicht ohne Grund wurde gerade dem heiligen Martin dieses Fest zugedacht: Etwa 316 n. Chr. im Burgenland geboren, war Martin zuerst römischer Berufssoldat und später christlicher Ordensbruder. So streitbar, wie der Heilige als Soldat gewesen sein muß, ebenso kämpferisch wird seine Ordenstätigkeit beschrieben. Trotzdem – oder auch gerade deshalb – war er bei den Bürgern von Tours so beliebt, daß sie ihn gegen seinen Willen und zum Entsetzen der Bischöfe zu ihrem Kirchenvorstand wählten. Ein Haufen Gänse soll dabei der Legende nach eine wichtige Rolle gespielt haben. Martin, der ungewöhnlichste und wildeste Bischof aller Zeiten, machte sich mit vielen guten Taten, aber auch mit Trinkfesten und Freßgelagen einen Namen.

In Frankreich, dem Wirkungskreis des Heiligen, sagt man bis heute zu einem, der nach allzu üppigen Festgelagen an allgemeiner Übelkeit leidet: Ihn hat das „Mal de Saint Martin" erwischt. In Ungarn und Böhmen heißt es sogar, vom Rausch am Martinstage werde der Mensch schön und stark.

Früher begann in den Alpen zu Martini der Viehabtrieb. Dem Heiligen, der auch als Schützer der Hirten und der Tiere gilt, wurde bei dieser Gelegenheit eine Gerte geweiht. Mit der sogenannten Martinsgerte trieb im folgenden Frühjahr der Hirte das Vieh wieder auf die Weide. Man hoffte, durch diesen Ritus die Tiere zu schützen und reichlich Nachwuchs zu bekommen.

Wer auf alte Wetterregeln achtet, sollte am Martinstag einmal zum Himmel schauen. Wolken und Regen verheißen trübes Winterwetter. Erster Frost oder sogar Schnee wird so gedeutet: „Hat Martini weißen Bart, wird der Winter lang und hart." Ist es aber neblig, heißt es: „Wenn um Martini Nebel sind, so wird der Winter meist gelind."

Das Martinslied

Die bekannteste Legende, die sich um den heiligen Martin rankt, ist die Geschichte mit dem geteilten Mantel. Martin – damals noch Soldat – wurde am Stadttor von Amiens von einem frierenden, in Lumpen gehüllten Menschen um eine milde Gabe angefleht. Mit seinem Schwert zerschnitt er seinen warmen Mantel und warf eine Hälfte dem Bettler zu. In der folgenden Nacht erschien der Bettler Martin im Traum und gab sich als Jesus Christus zu erkennen. Überwältigt von diesem Erlebnis, trat der harte Soldat mit dem weichen Kern zum Christentum über.
Der reitende Sankt Martin findet sich im Brauch des Martinsritts wieder, der noch gar nicht so alt ist: Er soll erstmals 1886 in Düsseldorf stattgefunden haben. Martin zieht dabei hoch zu Roß durch die Stadt und verteilt Süßigkeiten und Nüsse. Er wird von einer singenden Kinderschar begleitet, die Laternen trägt. Bei der Gestaltung der Lichtbehälter sind der Phantasie keine Grenzen gesetzt. Heute werden die kunstvollen Monde, Kugeln und Sterne meist aus Papier geschnitten. Früher wurden Kürbisse oder Runkelrüben ausgehöhlt und mit Kerzen von innen beleuchtet.
Und dies ist eines der Lieder, die die Kinder zu Ehren des heiligen Martin singen:

Sankt Martin, Sankt Martin,
Sankt Martin ritt durch Schnee
und Wind,
sein Roß, das trug ihn fort
geschwind.
Sankt Martin ritt mit leichtem
Mut,
sein Mantel deckt ihn warm und
gut.

Im Schnee saß, im Schnee saß,
im Schnee da saß ein armer
Mann,
hatt' Kleider nicht, hatt' Lumpen
an:

„Oh, helft mir doch in meiner
Not,
sonst ist der bittre Frost mein
Tod!"

Sankt Martin, Sankt Martin,
Sankt Martin zieht die Zügel an,
sein Roß steht still beim armen
Mann.
Sankt Martin mit dem Schwerte
teilt
den warmen Mantel unverweilt.

Sankt Martin, Sankt Martin,
Sankt Martin gibt den halben
still,
der Bettler rasch ihm danken will.
Sankt Martin aber ritt in Eil
hinweg mit seinem Mantelteil.

Weihnachtliche Blütenpracht

Wenn am Weihnachtsabend das Wohnzimmer im schimmernden Glanz der Kerzen erstrahlt, sollten auch die roten und weißen Sterne der Poinsettie, die wunderschönen Blüten des Weihnachtskaktus und die vielfarbigen Usambaraveilchen unterm Weihnachtsbaum nicht fehlen. Wer einmal den Reiz dieser Pflanzen gespürt hat, wird sie am nächsten Heiligabend nicht mehr missen wollen.

Weihnachtssterne – Träume in Weiß und Rot

Der Weihnachtsstern oder Poinsettie ist ein Wolfsmilchgewächs aus den Tropen, das letztes Jahrhundert nach Europa eingeführt wurde.

In seiner Heimat ist der Weihnachtsstern (Euphorbia pulcherrima) ein ausdauernder, bis zu 1,5 m hoch wachsender Baum, der je nach Sorte prächtige rote, rosa oder weiße Hochblätter (Brakteen) hervorbringt. Nicht Blüten sind es also, die wir an der Poinsettie so schätzen, sondern diese Brakteen. Die Blüten sind unscheinbar und stehen in der Mitte der Hochblätter.

Weihnachtssterne können viele Jahre Freude schenken, wenn man sie richtig pflegt. Und das ist gar nicht so schwierig. Meist kultiviert man sie ganzjährig im Zimmer. Sie können die Pflanzen allerdings auch von Ende Mai bis September an einem geschützten Ort im Freien übersommern. Sie lieben einen hellen Standort; Sie sollten sie aber keiner direkten Sonneneinstrahlung aussetzen. Die beste Temperatur liegt bei 18 bis 20°C.

Nachdem die Hochblätter ihre Pracht verloren haben, schneiden Sie die Triebe auf etwa 15 cm zurück. Die Pflanzen brauchen nun eine Ruhezeit bis Ende Mai bei etwas niedrigeren Temperaturen und wenig Bodenfeuchte. Dann müssen Sie reichlich gießen und bis Oktober wöchentlich düngen.

Aber wie bringt man die Poinsettie nun dazu, ihre Hochblätter einzufärben? Weihnachtssterne sind Kurztagspflanzen, das heißt, sie benötigen zur Einfärbung der Brakteen und zur Blütenbildung eine ungefähr 8wöchige Kurztagsbehandlung mit einer Tageslänge von 10 Stunden. Mehr Licht verhindert die erneute „Blütenpracht". Daher müssen Sie die Pflanzen während dieser Zeit in einem Raum oder einer Kiste aufbewahren, die man gegen Licht absolut abdichten kann. 2 bis 3 Wochen nach dieser Behandlung blühen sie.

Wenn Sie also die Poinsettie ab Anfang Oktober so kultivieren, erstrahlt sie an Weihnachten in neuer Pracht.

Das Usambaraveilchen, ein fleißiger Immerblüher

Wer kennt nicht das Usamabaraveilchen, das sich seit langen Jahren ausgesprochener Beliebtheit bei jung und alt erfreut? Es stammt aus den Urwäldern des ostafrikanischen Usambaragebirges, wo es im Schatten anderer Urwaldbewohner emsig Blüte um Blüte entwickelt. Auch bei uns im Zimmer blüht es das ganze Jahr.
Züchter haben unzählige Sorten entwickelt, so daß für jeden Geschmack etwas dabei ist – seien es zarte Pastell- oder knallige Popfarben, Sorten mit krausen Blütenrändern, gefüllten Blüten oder sogar Miniaturformen.
Usambaraveilchen sind dankbare und einfach zu kultivierende Pflanzen.
Sie werden ganzjährig im Zimmer gepflegt und lieben schattige und kühle Standorte, zum Beispiel Nordostfenster. Optimale Temperaturen liegen zwischen 17 und 20° C. Auch im Winter sollte die Raumtemperatur nicht unter 16° C liegen.
Gießen Sie die Pflanzen mit lauwarmem und kalkarmem Wasser, am besten in den Untersetzer, da Blätter und Herz nicht benetzt werden dürfen. Gedüngt wird alle 2 Wochen mit schwacher Volldüngerlösung, im Winter nur einmal im Monat. Unterm Weihnachtsbaum lassen sich die unterschiedlichsten Sorten miteinander kombinieren und erfreuen durch den Blütenflor Auge und Sinn.

Der Weihnachtskaktus, schön und anspruchsvoll

Der Weihnachtskaktus ist ein Brasilianer. Er lebt in seiner Heimat als Epiphyt, also als Aufsitzer auf anderen Pflanzen des tropischen Regenwaldes. Oft wird er auch als Gliederkaktus bezeichnet, da seine Triebe gegliedert sind. An den Enden dieser Triebe entwickelt er bei richtiger Pflege jährlich neue, schöne Blüten.
Man kann ihn sehr gut als Ampelpflanze kultivieren, da seine Triebe überhängen. Der Standort muß hell und halbschattig sein, Südlage vertragen diese Pflanzen nicht. Weihnachtskakteen lieben durchlässige Erde, wollen alle 1 bis 2 Wochen gedüngt und regelmäßig gegossen werden.
Nur gut ausgereifte Blattglieder setzen Blüten an. Daher müssen Sie die Gewächse im Juli/August weniger gießen und dürfen nicht mehr düngen. Stellen Sie sie auch etwas kühler.
Ab Anfang bis Mitte September verlangt der Weihnachtskaktus nächtliche Temperaturen um 15° C. Er sollte außerdem nicht mehr als 9 Stunden Licht (Kurztag) bekommen, dann klappt die Blütenbildung ziemlich sicher. Meist reichen 2 Wochen mit dieser Behandlung aus. Ist es nicht möglich, den optimalen Temperaturbereich einzuhalten, kann man die Kurztagsperiode verlängern.
Bis zum Erscheinen der Blütenknospen wird nur wenig gegossen, jedoch öfter mal geprüft. Danach geben Sie den Pflanzen allmählich mehr Wasser. Es ist ganz wichtig, daß Sie den Standort der Kakteen bis zum Aufblühen nicht mehr ändern. Sie dürfen sie nicht einmal drehen, sonst ist die Gefahr groß, daß die Knospen abfallen. Andere Ursachen für einen Knospenfall können Zugluft, zu warme oder zu dunkle Plätze sein.
Auf all dies muß der Zimmergärtner achten, um jährlich eine neue Blüte des Weihnachtskaktus zu erleben.

Selbstgemachte Kerzen

Advent und Weihnachten ohne Kerzen, das ist undenkbar. Und daher bieten die Geschäfte um die Weihnachtszeit auch eine große Auswahl an Kerzen in allen Farben und Größen an. Dennoch: die schönsten sind die selbstgemachten – ob man die nun gießt oder zieht oder auch eine gekaufte phantasievoll verziert.

Kerzen selber machen ist nicht schwer, auch Kinder haben viel Spaß und Erfolgserlebnisse mit diesem Hobby. Doch Achtung: Mit dem heißen Wachs muß man vorsichtig umgehen! Kleine Kinder müssen beaufsichtigt werden.

Material

Gießwachs

Wachs zum Schmelzen und Gießen gibt es im Fachhandel in Pastillen- und in Blockform. Die Pastillen haben den Vorteil, daß Sie dem Beutel genau die benötigte Menge entnehmen können und das Wachs vor dem Schmelzen nicht zerkleinern müssen.

Natürlich kann man auch alte Kerzenstummel verwenden. Man schmilzt sie im Wasserbad und siebt die Schmelze durch einen alten Nylonstrumpf. Dieses Wachs ist im allgemeinen unansehnlich grau, deshalb färbt man es mit Färbewachs, das es in vielen Farben, abgefüllt in kleine Näpfchen, zu kaufen gibt.

Verzierwachs

Dieses Wachs gibt es in vielen Farben als dünne Folien.

Dochte

Kerzendochte sind baumwollene Zwirnsfäden, die man bereits vorgewachst kaufen kann. Ihre Stärke muß dem Durchmesser der Kerze angepaßt sein. Wenn der Docht zu dünn ist, brennt die Kerze nur schwach und verlöscht bald; ist er jedoch zu dick, qualmt die Kerze.

Gießformen

Zum Kerzengießen sind alle Formen geeignet, die eine glatte Oberfläche haben und die Temperatur des geschmolzenen Wachses (56–70°C) aushalten. Praktisch und bequem sind im Fachhandel erhältliche Formen, deren Innenseite aluminiumbeschichtet ist. Der Phantasie sind jedoch kaum Grenzen gesetzt: Joghurtbecher, Margarinedosen, Milch- und Safttüten, Eierschalen und Backförmchen können Verwendung finden.

Silikonspray

Wenn Sie die Form vor dem Gießen mit Silikon aussprühen, löst sich die Kerze später leichter.

Farben

Zum Bemalen von Kerzen eignen sich normale Deckfarben.

Arbeitsplatz

Es eignet sich jeder Tisch in normaler Höhe; man legt zum Schutz eine Kunststoffplatte darauf.

Wärmequelle

Am geeignetsten ist eine Elektrokochplatte, die man auf den Tisch stellen kann; wenn Sie in der Küche arbeiten, geht es auch mit dem Elektroherd.

Behälter

Sie brauchen einen größeren Topf für das Wasserbad und mehrere Konserven oder andere Blechdosen zum Schmelzen des Wachses.

Außerdem

Weitere Hilfsmittel sind Küchenmesser, Stricknadel, Schöpflöffel, Schere. Zum Verzieren der Kerzen braucht man noch eine Stopfnadel sowie Pinsel in verschiedenen Größen.

Kerzen gießen

Der Boden gekaufter Gießformen besteht aus einem abnehmbaren Kunststoffdeckel. Genau in der Mitte dieses Deckels bohrt man ein Loch, durch das man den gewachsten Docht fädelt. Machen Sie an der Unterseite einen Knoten, ziehen ihn fest, und versiegeln Sie Knoten und Loch mit etwas Wachs. Dann drücken Sie den Deckel fest auf die Form, ziehen den Docht straff und durchstechen ihn in Höhe des oberen Gießformrandes mit einer Stricknadel, die fest auf dem Rand aufsitzen muß.

Wenn Sie kein Loch in den Boden der Gießform machen können, ziehen Sie den Docht nachträglich ein. Dazu stechen Sie eine Stricknadel in die noch warme Kerze. Nach dem Abkühlen ziehen Sie die Nadel vorsichtig heraus, versteifen den Docht, indem Sie ihn in Wachs tauchen, und führen ihn durch das Loch in die Kerze.

Ist die Form vorbereitet und das Wachs geschmolzen, können Sie die Kerze gießen. Mit einem Schöpflöffel gießen Sie das geschmolzene Wachs vorsichtig in die Form. Nun lassen Sie die Kerze abkühlen, am besten in einem Eimer mit Wasser.

Um den Docht herum bildet sich meist eine Wachskruste, unter der sich ein Hohlraum befindet. Nach etwa 30 Minuten Abkühlzeit stechen Sie diese Kruste durch und füllen den Hohlraum mit flüssigem Wachs auf.

Wenn das Wachs völlig erstarrt ist, nehmen Sie die Kerze aus der Form.

1. *Wachs schmelzen: die Pastillen in eine Blechdose füllen, die im Wasserbad steht.*

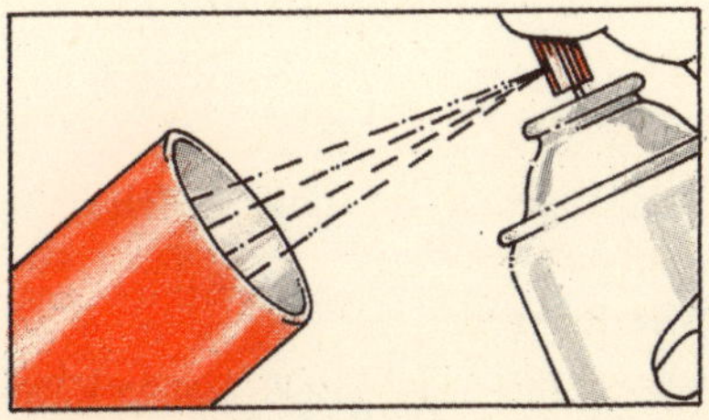

2. *Damit sich die Kerze später besser löst, die Form mit Silikon aussprühen.*

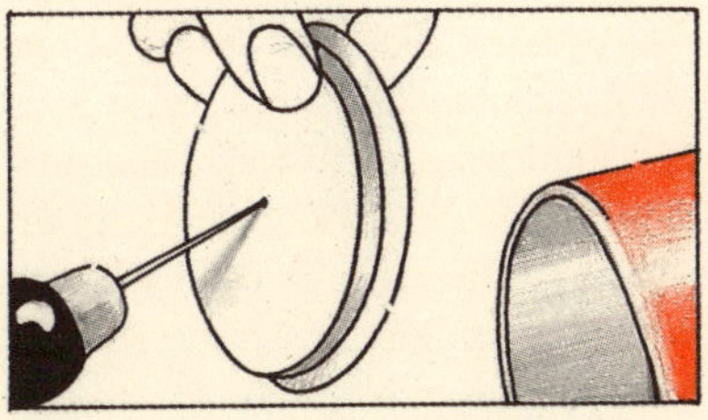

3. *Den abnehmbaren Kunststoffboden der Form genau in der Mitte durchbohren.*

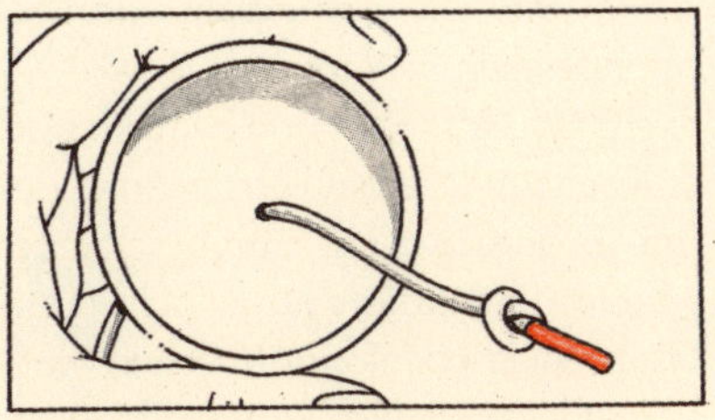

4. *Den Docht durch das Loch führen, verknoten und Loch und Knoten mit Wachs versiegeln.*

5. *Den Boden wieder fest auf die Gießform setzen und die Form senkrecht stellen.*

6. *Den Docht straffziehen und mit einer Stricknadel fixieren.*

7. *Das geschmolzene Wachs mit einem Schöpflöffel vorsichtig in die Form gießen.*

8. *Im kalten Wasserbad abkühlen. Die Kruste am Docht aufstechen und Wachs nachgießen.*

Schichtkerzen

Schichtkerzen gießt man in Etappen: Man muß immer warten, bis die vorherige Schicht hart ist, bevor man eine neue eingießt. Waagerechte Streifen erhalten Sie, wenn Sie die Form senkrecht stehen lassen; schräg gestreift wird die Kerze, wenn Sie die Form schräg stellen, wie in den Abbildungen rechts gezeigt.
Zuerst schmilzt man das Wachs in allen gewünschten Farben. Dann gießt man die Schichten einzeln und läßt jede Schicht etwa eine Stunde lang hart werden. Wenn Sie die nächste Schicht gießen, bevor die vorige hart ist, vermischen sich die Farben im Grenzbereich – ein ganz reizvoller Effekt.

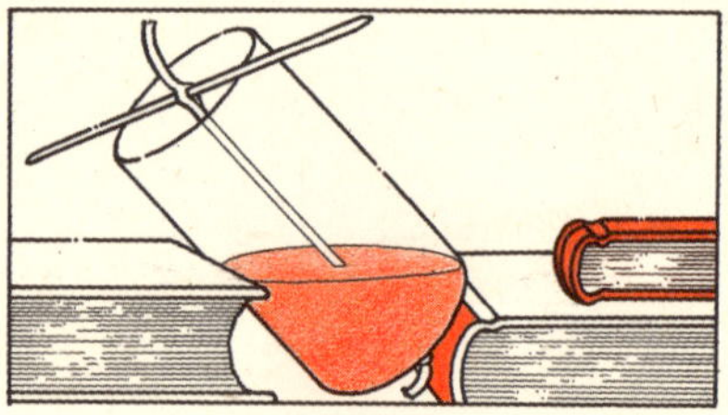

1. *Die Form mit Silikon aussprühen, den Docht befestigen (S. 15), die Form schräg legen und die erste Schicht gießen.*

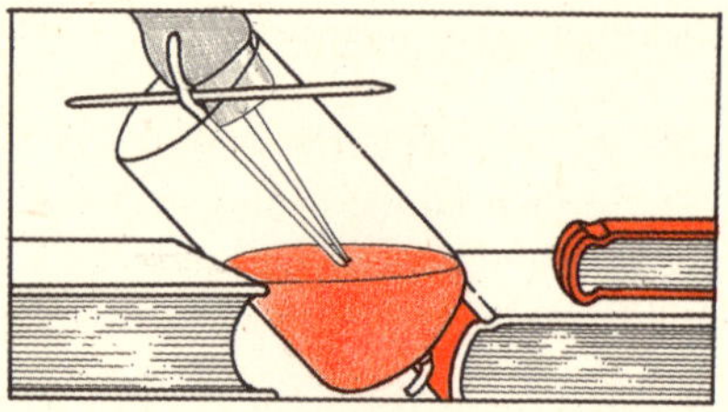

2. *Am längsten bleibt das Wachs um den Docht herum weich. Prüfen Sie dort die Festigkeit.*

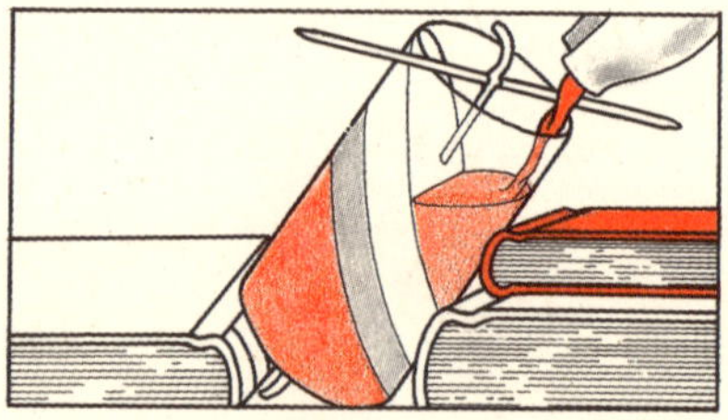

3. *Ist die Schicht hart, können Sie weitergießen. Schräglage nach Belieben ändern.*

4. *Kerzen mit waagerechten und schrägen Streifen aus runden und eckigen Formen.*

Kerzen ziehen

Kerzen ziehen ist einfach, aber Sie brauchen Geduld. Zuerst schmelzen Sie das Wachs, und zwar in einem Behälter, der so hoch ist, wie die Kerze lang werden soll. Dann schneiden Sie den Docht einige Zentimeter länger als die gewünschte Kerzenlänge zu. Halten Sie den Docht nun an einem Ende fest, tauchen Sie ihn ins Wachs, ziehen ihn wieder heraus und spannen Sie ihn so lange straff, bis das Wachs hart ist; so wird die Kerze gerade. Nun tauchen Sie den Docht so oft ein, bis die gewünschte Dicke erreicht ist. Für farbig gestreifte Kerzen eine weiße Kerze in verschiedene Farbbäder tauchen: zuerst in das hellste, etwas weniger tief in das nächstdunklere usw.

1. *Den Docht ins flüssige Wachs tauchen, herausziehen und spannen. Wenn das Wachs hart ist, erneut eintauchen.*

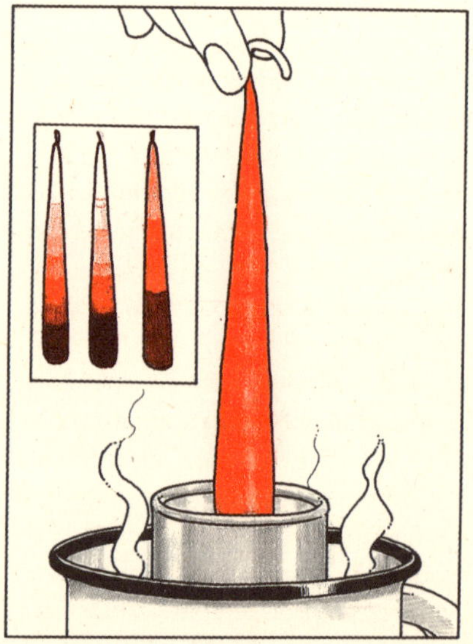

2. *Die Kerze so lange eintauchen, bis sie so dick wie gewünscht ist. Jede Wachsschicht hart werden lassen.*

Kerzen verzieren

Mit den in allen Farben erhältlichen Wachsfolien können Sie jede Kerze mit glatter Oberfläche verzieren. Sie sollte allerdings einfarbig sein, damit die Verzierung auch wirkt.
Legen Sie die Wachsfolie auf eine Unterlage, und schneiden Sie die gewünschten Motive mit einer Stopfnadel aus. Achten Sie darauf, daß die Folie zimmerwarm ist; so können Sie die Verzierungen einfach auf die ebenfalls zimmerwarme Kerze drücken – sie halten ohne Klebstoff.
Für kompliziertere Motive sollten Sie zuvor eine Bleistiftskizze anfertigen. Legen Sie die Skizze auf die Folie, und drücken Sie die Umrisse durch.

1. *Die Folie auf eine Unterlage legen und die Motive mit einer Stopfnadel ausschneiden.*

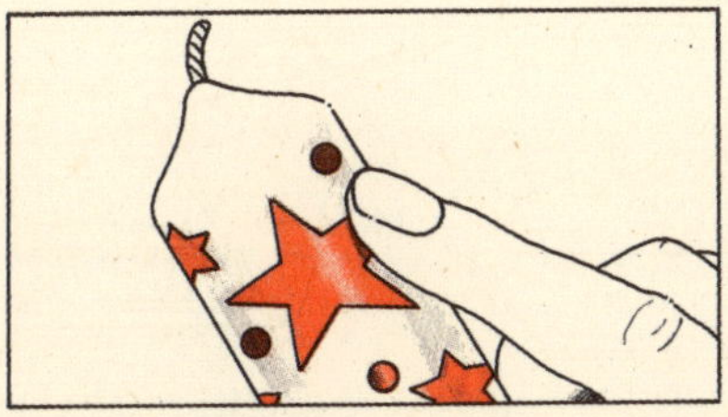

2. *Die Verzierungen auf die Kerze legen und vorsichtig andrücken.*

3. *Eine Auswahl weihnachtlicher Motive – doch die Phantasie hat keine Grenzen.*

Kerzen bemalen

Eine weitere Möglichkeit, aus einer einfarbigen Kerze etwas Besonderes zu machen, ist das Bemalen. Sie können dazu Plakafarben verwenden. Bevor Sie allerdings mit dem Malen anfangen, müssen Sie den leichten Fettfilm auf der Kerze mit Seifenschaum entfernen.
Einfache Motive können Sie nach Lust und Laune freihändig aufmalen; für kompliziertere Darstellungen empfiehlt es sich wieder, eine Skizze anzufertigen.
Auch Kindern macht das Verzieren von Kerzen großen Spaß; die fertigen Kunstwerke eignen sich gut als Weihnachtsgeschenke für Freunde und die ganze Familie.

1. *Jede Kerze ist mit einem leichten Fettfilm überzogen, den man mit Seifenschaum entfernt.*

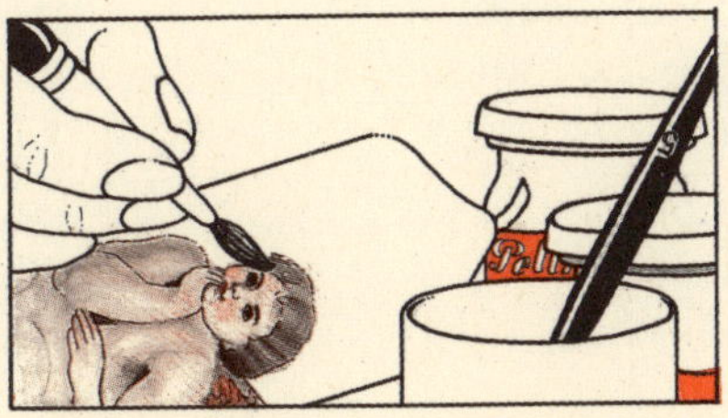

2. *Bemalen Sie die Kerze nach Belieben mit bunten Plakafarben. Komplizierte Motive skizzieren Sie am besten vor.*

3. *Sie können Ihre Kerzen passend zu Ihrer übrigen Weihnachtsdekoration nach Lust und Laune bemalen.*

Das Wunder

von Marie Luise Kaschnitz

Die Schwierigkeit, die man im Verkehr mit Don Crescenzo hat, besteht darin, daß er stocktaub ist. Er hört nicht das geringste und ist zu stolz, den Leuten von den Lippen zu lesen. Trotzdem kann man ein Gespräch mit ihm nicht einfach anfangen, daß man etwas auf einen Zettel schreibt. Man muß so tun, als gehöre er noch zu einem, als sei er noch ein Teil unserer lauten, geschwätzigen Welt.

Als ich Don Crescenzo fragte, wie das an Weihnachten gewesen sei, saß er auf einem der Korbstühlchen am Eingang seines Hotels. Es war sechs Uhr, und der Strom der Mittagskarawanen hatte sich verlaufen. Es war ganz still, und ich setzte mich auf das andere Korbstühlchen, gerade unter das Barometer mit dem Werbebild der Schiffahrtslinie, einem weißen Schiff im blauen Meer. Ich wiederholte meine Frage, und Don Crescenzo hob die Hände gegen seine Ohren und schüttelte bedauernd den Kopf. Dann zog er ein Blöckchen und einen Bleistift aus der Tasche, und ich schrieb das Wort Natale und sah ihn erwartungsvoll an.

Ich werde jetzt gleich anfangen, meine Weihnachtsgeschichte zu erzählen, die eigentlich Don Crescenzos Geschichte ist. Aber vorher muß ich noch etwas über diesen Don Crescenzo sagen. Meine Leser müssen wissen, wie arm er einmal war und wie reich er jetzt ist, ein Herr über hundert Angestellte, ein Besitzer von großen Wein- und Zitronengärten und von sieben Häusern. Sie müssen sich sein Gesicht vorstellen, das mit jedem Jahr der Taubheit sanfter wirkt, so als würden Gesichter nur von der beständigen Rede und Gegenrede geformt und bestimmt. Sie müssen ihn vor sich sehen, wie er unter den Gästen seines Hotels umhergeht, aufmerksam und traurig und schrecklich allein. Und dann müssen Sie auch erfahren, daß er gern aus seinem Leben erzählt und daß er dabei nicht schreit, sondern mit leiser Stimme spricht.

Oft habe ich ihm zugehört, und natürlich war mir auch die Weihnachtsgeschichte schon bekannt. Ich wußte, daß sie mit der Nacht anfing, in der der Berg kam, ja, so hatten sie geschrien: der Berg kommt, und sie hatten das Kind aus dem Bett gerissen und den schmalen Felsenweg entlang. Er war damals sieben Jahre alt, und wenn Don Crescenzo davon berichtete, hob er die Hände an die Ohren, um zu verstehen zu geben, daß dieser Nacht gewiß die Schuld an seinem jetzigen Leiden zuzuschreiben sei.

Ich war sieben Jahre alt und hatte das Fieber, sagte Don Crescenzo und hob die Hände gegen die Ohren, auch dieses Mal. Wir waren alle im Nachthemd, und das war es auch, was uns geblieben war, nachdem der Berg unser Haus ins Meer gerissen hatte, das Hemd auf dem Leibe, sonst nichts. Wir wurden von Verwandten aufgenommen, und andere Verwandte haben uns später das Grundstück gegeben, dasselbe, auf dem jetzt das Albergo steht. Meine Eltern haben dort, noch bevor der Winter kam, ein Haus gebaut. Mein Vater hat die Maurerarbeiten gemacht, und meine Mutter hat ihm die Ziegel in Säcken den Abhang hinuntergeschleppt. Sie war klein und schwach, und wenn sie glaubte, daß niemand in der Nähe sei, setzte sie sich einen Augenblick auf die Treppe und seufzte, und die Tränen liefen ihr über das Gesicht. Gegen Ende des Jahres war das Haus fertig, und wir schliefen auf dem Fußboden, in Decken gewickelt, und froren sehr.

Und dann kam Weihnachten, sagte ich und deutete auf das Wort „Natale", das auf dem obersten Zettel stand.

Ja, sagte Don Crescenzo, dann kam Weihnachten, und an diesem Tag war mir so traurig zumute, wie in meinem ganzen Leben nicht. Mein Vater war Arzt, aber einer von denen, die keine Rechnungen schreiben. Er ging hin und behandelte die Leute, und wenn sie fragten, was sie schuldig seien, sagte er, zuerst müßten sie die Arzneien kaufen und dann das Fleisch für die Suppe, und dann wolle er ihnen sagen, wieviel. Aber er sagte es nie. Er kannte die Leute hier sehr gut und wußte, daß sie kein Geld hatten. Er brachte es einfach nicht fertig, sie zu drängen, auch damals nicht, als wir alles verloren hatten und die letzten Ersparnisse durch den Hausbau aufgezehrt waren. Er versuchte es einmal, kurz vor Weihnachten, an dem Tage, an dem wir unser letztes Holz im Herd verbrannten. An diesem Abend brachte meine Mutter einen Stoß weißer Zettel nach Hause und legte sie vor meinen Vater hin, und dann nannte sie ihm eine Reihe von Namen, und mein Vater schrieb die Namen auf die Zettel und jedesmal ein paar Zahlen dazu. Aber als er damit fertig war, stand er auf und warf die Zettel in das Herdfeuer, das gerade am Ausgehen war. Das Feuer flackerte sehr schön, und ich freute mich darüber, aber meine Mutter fuhr zusammen und sah meinen Vater traurig und zornig an. So kam es, daß wir am vierundzwanzigsten Dezember kein Holz mehr hatten, kein Essen und keine Kleider, die anständig genug gewesen wären, damit in die Kirche zu gehen. Ich glaube nicht, daß meine Eltern sich darüber viel Gedanken machten. Erwachsene, denen so etwas geschieht, sind gewiß der Überzeugung, daß es ihnen schon einmal wieder besser gehen wird, und daß sie dann essen und trinken und Gott loben können, wie sie es so oft getan haben im Laufe der Zeit. Aber für ein Kind ist das etwas ganz anderes. Ein Kind sitzt da und wartet auf das Wunder, und wenn das Wunder nicht kommt, ist alles aus und vorbei…

Bei diesen Worten beugte sich Don Crescenzo vor und sah auf die Straße hinaus, so als ob dort etwas seine Aufmerksamkeit in Anspruch nähme. Aber in Wirklichkeit versuchte er nur, seine Tränen zu verbergen. Er versuchte, mich nicht merken zu lassen, wie das Gift der Enttäuschung noch heute alle Zellen seines Körpers durchdrang.

Unser Weihnachtsfest, fuhr er nach einer Weile fort, ist gewiß ganz anders als die Weihnachten bei Ihnen zu Hause. Es ist ein sehr lautes, sehr fröhliches Fest. Das Jesuskind wird im Glasschrein in der Prozession getragen, und die Blechmusik spielt. Viele Stunden lang werden Böllerschüsse abgefeuert, und der Hall dieser Schüsse wird von den Felsen zurückgeworfen, so daß es sich anhört wie eine gewaltige Schlacht. Raketen steigen in die Luft, entfalten sich zu gigantischen Palmenbäumen und sinken in einem Regen von Sternen zurück ins Tal. Die Kinder johlen und lärmen, und das Meer mit seinen schwarzen Winterwellen rauscht so laut, als ob es vor Freude schluchze und singe. Das ist unser Christfest, und der ganze Tag vergeht mit Vorbereitungen dazu. Die Knaben richten ihre kleinen Feuerwerkskörper, und die Mädchen binden Kränze und putzen die versilberten Fische, die sie der Madonna umhängen. In allen Häusern wird gebraten und gebacken und süßer Sirup gerührt.

So war es auch bei uns gewesen, solange ich denken konnte. Aber in der Christnacht, die auf den Bergsturz folgte, war es in unserem Hause furchtbar still. Es brannte kein Feuer, und darum blieb ich so lange wie möglich draußen, weil es dort immer noch ein wenig wärmer war als drinnen. Ich saß auf den Stufen und sah zur Straße hinauf, wo die Leute vorübergingen und wo die Wagen mit ihren schwachen Öllämpchen auftauchten und wieder verschwanden. Es war eine Menge Leute unterwegs, Bauern, die mit ihren Familien in die Kirche fuhren, und andere, die noch etwas zu verkaufen hatten, Eier und lebendige Hühner und Wein. Als ich da saß, konnte ich das Gegacker der Hühner hören und das lustige Schwatzen der Kinder, die einander erzählten, was sie alles erleben würden heute nacht. Ich sah jedem Wagen nach, bis er in dem dunklen Loch des Tunnels verschwand, und dann wandte ich den Kopf wieder und schaute nach einem neuen Fuhrwerk aus; als es auf der Straße stiller wurde, dachte ich, das Fest müsse begonnen haben, und ich würde nun etwas vernehmen von dem Knattern der Raketen und den Schreien der Begeisterung und des Glücks. Aber ich hörte nichts als die Geräusche des Meeres, das gegen die Felsen klatschte, und die Stimme meiner Mutter, die betete und mich aufforderte, einzustimmen in die Litanei. Ich tat es schließlich, aber ganz mechanisch und mit verstocktem Gemüt. Ich war sehr hungrig und wollte mein Essen haben, Fleisch und Süßes und Wein. Aber vorher wollte ich mein Fest haben, mein schönes Fest…

Und dann auf einmal veränderte sich alles auf eine unfaßbare Art. Die Schritte auf der Straße gingen nicht mehr vorüber, und die Fahrzeuge hielten an. Im Schein der Lampen sahen wir einen prallen Sack, der in unseren Garten geworfen, und hochgepackte Körbe, die an den Rand der Straße gestellt wurden. Eine Ladung Holz und Reisig rutschte die Stufen herunter, und als ich mich vorsichtig die Treppe hinauf tastete, fand ich auf dem niederen Mäuerchen, auf Tellern und Schüsseln, Eier, Hühner und Fisch. Es dauerte eine ganze Weile, bis die geheimnisvollen Geräusche zum Schweigen kamen und wir nachsehen konnten, wie reich wir mit einem Male waren. Da ging meine Mutter in die Küche und machte Feuer an, und ich stand draußen und sog inbrünstig den Duft in mich ein, der bei der Verbindung von heißem Öl, Zwiebeln, gehacktem Hühnerfleisch und Rosmarin entsteht.

Ich wußte in diesem Augenblick nicht, was meine Eltern schon ahnen mochten, nämlich, daß die Patienten meines Vaters, diese alten Schuldner, sich abgesprochen hatten, ihm Freude zu machen auf diese Art. Für mich fiel alles vom Himmel, die Eier und das Fleisch, das Licht der Kerzen, das Herdfeuer und der schöne Kittel, den ich mir aus einem Packen Kleider hervorwühlte und so schnell wie möglich überzog. Lauf, sagte meine Mutter, und ich lief die Straße hinunter und durch den langen, finsteren Tunnel, an dessen Ende es schon glühte und funkelte von buntem Licht. Als ich in die Stadt kam, sah ich schon von weitem den roten und goldenen Baldachin, unter dem der Bischof die steile Treppe hinaufgetragen wurde. Ich hörte die Trommeln und die Pauken und das Evivageschrei und brüllte aus Leibeskräften mit. Und dann fingen die großen Glocken in ihrem offenen Turm an zu schwingen und zu dröhnen. Don Crescenzo schwieg und lächelte freudig vor sich hin. Gewiß hörte er jetzt wieder, mit einem inneren Gehör, alle diese heftigen und wilden Geräusche, die für ihn so lange zum Schweigen gekommen waren und die ihm in seiner Einsamkeit noch viel mehr als jedem anderen Menschen bedeuteten: Menschenliebe, Gottesliebe, Wiedergeburt des Lebens aus dem Dunkel der Nacht.

Ich sah ihn an, und dann nahm er das Blöckchen zur Hand. Sie sollten schreiben, Don Crescenzo. Ihre Erinnerungen. – Ja, sagte Don Crescenzo, das sollte ich. Einen Augenblick lang richtete er sich hoch auf, und man konnte ihm ansehen, daß er die Geschichte seines Lebens nicht geringer einschätzte als das, was im Alten Testament stand oder in der Odyssee. Aber dann schüttelte er den Kopf. Zuviel zu tun, sagte er.

Und auf einmal wußte ich, was er mit all seinen Umbauten und Neubauten, mit der Bar und den Garagen und dem Aufzug hinunter zum Badeplatz im Sinn hatte. Er wollte seine Kinder schützen vor dem Hunger, den traurigen Weihnachtsabenden und den Erinnerungen an eine Mutter, die Säcke voll Steine schleppt und sich hinsetzt und weint.

Wenn vier Kerzen brennen

Wo der Adventskranz herkommt und wie er heute aussieht

Advent, Advent,
ein Lichtlein brennt.
Erst eins, dann zwei,
dann drei, dann vier,
dann steht das Christkind vor der Tür.

Das alte Kindergedicht sagt es auch: Wichtigstes Symbol der Adventszeit sind die vier Kerzen, an denen schon die Kleinsten ablesen können, wie lange sie noch aufs Christkind warten müssen. Und zu diesen vier Kerzen gehört ein Adventskranz, ganz klar. Das war schon immer so – sollte man meinen. In Wahrheit gibt es den Adventskranz, so wie wir ihn heute kennen, erst seit knapp hundert Jahren. Richtig durchgesetzt hat sich die „neue Mode" in Süddeutschland, Österreich und der Schweiz sogar erst nach dem Ersten Weltkrieg.

Trotzdem lassen sich die Wurzeln des Adventskranzes zurückverfolgen bis zu den alten Griechen und Römern. Für sie war der Kranz (von corona = die Krone) das Zeichen des Siegers und die höchste Ehrenauszeichnung. In den Augen der Christen nun gebührt ein solcher Kranz als erstem Jesus, dem Sieger über Leben und Tod.

Auch das Sonnenrad kann zu den Vorläufern des Adventskranzes gerechnet werden. Am 25. Dezember feierten die Römer den Geburtstag ihres Sonnengottes. Zu diesem Anlaß wurden mit Zweigen umwundene, brennende Räder die Berge hinuntergerollt. Ein Brauch, der sich in manchen Gegenden bis heute erhalten hat. Mit der Wintersonnenwende ist die schlimmste Zeit der Dunkelheit vorbei. Die Tage werden wieder länger, der Sonnenbogen höher. Für die Urchristen trat Jesus als das Licht der Welt an die Stelle des Sonnengottes. Da die Kirchenväter klug genug waren, nicht alle heidnischen Bräuche zu verbieten, ließen sie das Sonnenrad nun zu Ehren des Gottessohnes abbrennen.

Schließlich war die geschlossene Form des Kreises zu allen Zeiten Sinnbild des Vollkommenen, Ewigen. Kein Eindringling von draußen – böse Geister inbegriffen – konnte den magischen Kreis durchbrechen; die drinnen waren sicher und geschützt. Ein grüner Kranz übertrug seine Zauberkräfte zudem auf alles, was wachsen, gedeihen und Frucht bringen sollte.

Für den „klassischen Adventskranz" gibt es deshalb nur eine Farbe: grün. Grün als Zeichen der Hoffnung auf Erlösung durch Christus. Dazu kommt Rot als Farbe der Freude und des Lichts. Aus Fichten- oder Tannenzweigen geflochten – anderes Grün gibt die Natur in unseren Breiten zur Adventszeit nicht her – und mit viel roten Kerzen bestückt, so hängt der Kranz an vier roten Bändern von der Decke der guten Stube.

Inzwischen hat sich hier jedoch einiges geändert: In vielen Familien haben heute Kränze aus den verschiedensten Materialien und mit phantasievoller Dekoration den klassischen Kranz abgelöst.

Im „Rauhen Haus" brannten die Kerzen zuerst

Hoffnung und Freude war sicherlich auch das, was der Theologe Johann Hinrich Wichern mit dem ersten Adventskranz unserer Zeit verbreiten wollte. Wichern, der auf dem Wittenberger Kirchentag von 1848 die evangelische Kirche zur „Inneren Mission" aufrief, gründete bereits 1833 in Hamburg das Rauhe Haus, ein Erziehungsheim für sozial vernachlässigte und gefährdete Jugendliche. Und für die Jungen und Mädchen dort wurde der Adventskranz bald zu einem lieben Brauch. Von Johann Hinrich Wichern selbst stammt die folgende Schilderung eines Adventssonntages Mitte des vorigen Jahrhunderts: „Das ist ein Sonntag. Was ist köstlicher als solch ein stiller Sabbatmorgen, wenn's draußen trüb ist, aber drinnen sonnenhell, und die Seele denkt Psalmen und kann wie aus goldenem Becher den Frieden Gottes trinken? Nach der Kirche beim ersten Mittagsläuten eilt alles herbei zur Adventsandacht. Im Betsaal ist Frühling geworden, und von den grün geschmückten Wänden wittert es uns entgegen, wie Weihnachtsahnung aus dem Tannenwald. Aber was gucken die Knaben- und die Mädchenaugen so lustig zum Kronleuchter empor? Oh, was sie da sehn, kennen sie wohl. Es ist nichts als ein einfacher Kranz, den der Kronleuchter auf seinen Armen trägt, und auf dem Kranze brennt das erste Licht, weil heute der erste Adventstag ist; und kommt ihr morgen, dann brennen schon zwei, und übermorgen drei, und jeden Tag eines mehr. Und je mehr Lichter brennen, desto näher rückt Weihnachten und desto froher werden Knaben und Mädchen; und brennt der volle Kranz mit allen 24 Lichtern, dann ist er da, der heilige Christ in all seiner Herrlichkeit..."

Im Rauhen Haus wurde also noch an jedem Adventstag eine neue Kerze angezündet, und wahrscheinlich führte Wichern die Sitte um das Jahr 1860 herum so auch in dem Waisenhaus in Berlin-Tegel ein, dessen Leitung er damals übernahm. So war es denn auch hauptsächlich die Jugendbewegung der Jahrhundertwende, durch die der Brauch rasch weiterverbreitet wurde.

Als der Adventskranz schließlich Einzug in die guten Stuben der bürgerlichen Mittel- und Oberschicht hielt, reduzierte sich die Anzahl der Kerzen wohl aus praktischen Erwägungen und aus Gründen der Sicherheit auf vier.

Adventskränze dekorieren

Der hängende Tannenkranz

Wer die Möglichkeit hat, einen großen, aus Tannen- oder Fichtenzweigen gebundenen Adventskranz an der Zimmerdecke aufzuhängen, kann zum Schmücken eigentlich alles verwenden, was auch an den Weihnachtsbaum kommt. Wichtig ist nur, daß die Farben harmonieren.
Zu dem klassischen Rot von Kerzen und Bändern sehen kleine, bunt bemalte Holzfiguren sehr hübsch aus. Besonders Kinder sind davon immer wieder begeistert. Wenn sie selbst schon mitbasteln können, macht es ihnen sicher Spaß, in die Produktion von Sternen aus Glanzpapier einzusteigen. In Rot und Silber und unterschiedlich groß, werden diese dann an verschieden langen Fäden in die Zweige gehängt.
Schneller gemacht sind Sterne, die nach einer vorher angefertigten Schablone einfach aus silber- und goldfarbenem Karton (gibt's im Bastel- und Papierwarengeschäft) ausgeschnitten werden. Dazu passen auch nachtblaue Kerzen und Bänder sehr gut.
Glaskugeln, einzeln oder in ganzen Trauben an den Kranz gehängt, verbreiten in jedem Zimmer Weihnachtsstimmung. Besonders edel wirken Kugeln aus durchsichtigem Glas, kombiniert mit silberblau besprühten Styropor- oder Wattebällchen sowie hellblauen Kerzen und Bändern.
Auch Förmchen, wie sie normalerweise zum Ausstechen der Plätzchen verwendet werden, geben eine originelle Adventsdekoration ab. Die silbernen Förmchen aus Metall werden mit rotem Band am Kranz befestigt. Wer's bunt mag, nimmt Plastikförmchen und Geschenkband in den entsprechenden Farben.
Strohsterne, selbstgegossene Wachsmodel, mit Gold- oder Silberbronze angesprühte Nußschalen, Herzen und andere Formen aus Salzteig, Modelliermasse oder Sperrholz, Ringe und Ketten aus Holz- oder Glasperlen – all das und noch viel mehr hat Platz an einem individuell gestalteten Tannenkranz.

Der flach liegende Kranz

Soll der Adventskranz seinen Platz auf dem Tisch oder einem niedrigen Sideboard bekommen, sind halbe Sachen erlaubt, d. h. es genügt, wenn das Tannengrün nur die obere Seite des Draht- oder Weidenringes, der als Unterlage dient, bedeckt. Solche Kränze sind meist auch kleiner als die zum Aufhängen gedachten.
Wer die klassische Rot-grün-Kombination beibehalten möchte, dekoriert mit roten Kerzen, kleinen Äpfeln und Strohblumen. Hagebuttensträußchen geben diesem Kranz die besondere Note.
Ebenfalls in den traditionellen Farben bleibt der Kranz, wenn Stechpalmenzweige und winzige rote Glaskugeln oder künstliche, rot lackierte Beeren zwischen das Tannengrün gesteckt werden. Eine große rote Schleife könnte hier zusätzlicher Blickfang sein.
Zart und duftig wirkt ein Adventskranz in Grün und Rosé. Zu hellrosa Kerzen kommen roséfarbene Perlenschnüre und Schleierkraut. Die Perlen können auch durch rosa Seiden- oder Papierblumen ersetzt werden.
Sollte der Adventskranz einmal etwas unansehnlich werden, kann man mit einem Hauch Gold- und Silberspray Wunder wirken.

Der Kern dieses Adventskranzes ist ein Styroporring, der reich mit Naturmaterialien besteckt wurde (siehe auch Seite 27).

Exklusiv wirkt dieser Kranz in traditioneller Machart durch die Taxuszweige.

Der gekaufte Strohkranz ist mit einem Band, Strohsternen und Naturmaterialien geschmückt.

Edel in Weiß: Der Kranz aus Kiefernzweigen ist mit Schleifen, Herzen und Kugeln dekoriert.

Der Türkranz mit Nüssen und Mandeln auf Rupfen hält auch rauherem Wetter stand.

Es geht auch ohne Tannengrün

Daß es auch ohne Tannengrün geht, zeigen die Fotos auf den Seiten 25 und 26 rechts. Stroh- oder Rupfenkränze aus dem Bastelgeschäft oder Kaufhaus lassen sich schon mit wenigen Zutaten in stimmungsvolle Adventskränze verwandeln.

Wer wie auf dem großen Foto von Seite 25 einen Styroporkranz als Unterlage wählt, muß etwas mehr Material und Zeit aufwenden, da in diesem Fall die gesamte Oberfläche des Ringes dicht an dicht besteckt werden muß, damit von dem weißen Untergrund nichts mehr zu sehen ist. Für den abgebildeten Kranz wurden fast ausschließlich natürliche Materialien verwendet: angedrahtete Tannen-, Erlen-, Lärchen- und Fichtenzapfen, Buchekkernhülsen, Weidenkätzchen, grüner und brauner Mäusedorn, Eicheln, Haselnüsse und vergoldete Walnüsse. Als künstliche Attribute kommen neben den roten Kerzen und Organzaschleifen lediglich noch ein paar rotgelbe Äpfel hinzu.

Zum duftenden Gewürzkranz wird dieses Prachtstück, wenn statt der vergoldeten Nüsse und Äpfel mit Bouillondraht verzierte Zimtstangen, Anisblüten, Gewürznelken und Muskatnüsse zwischen die verschiedenen Baumfrüchte gesteckt werden.

Fast so vielfältig wie die Möglichkeiten, einen Adventskranz zu schmükken, sind auch die Materialien für die Herstellung des Kranzes selbst. So gibt es neben den oben beschriebenen Kränze aus Ton und Salzteig, Stanniolpapier und Glitzerfolie, naturbelassene oder in allen Pastellfarben besprühte Weidenkränze, Wurzel- und Mooskränze, den in Makrameetechnik gefertigten Schnurkranz und aus Modelliermasse geflochtene Minikränze für Christbaumkerzen. Der Phantasie sind keine Grenzen gesetzt. Hauptsache, am letzten Adventssonntag brennen vier Kerzen…

Verzichtet man auf die Kerzen, lassen sich viele der oben beschriebenen Kränze auch zu einem hübschen weihnachtlichen Türschmuck umfunktionieren. Ein besonders gelungenes Beispiel für einen Türkranz zeigt das Foto auf Seite 26 unten rechts.

Der Adventskranz in Weiß

Etwas Besonderes ist ein Kranz ganz in Weiß. Auf Seite 26 unten links sehen Sie ein sehr elegantes Exemplar. Hier wurde ein einfacher Kiefernkranz mit breitem weißen Band umwunden und dieses wiederum zu üppigen Schleifen geknüpft. Die dicken weißen Kerzen tragen eine Spitzenmanschette aus Tortendeckchen. Kerzen, Schleifen und Spitzendeckchen sind mit kleinen Engelsköpfen auf Papier verziert, und überall hängen große weiße Kugeln und Herzen aus Kunststoff.

Sie können aber auch den ganzen Kranz in Weiß erstrahlen lassen: mit „Schnee“ aus der Spraydose.

Der Kranz aus der Natur

Strohkränze gibt es zur Adventszeit überall zu kaufen. Dieser hier auf Seite 26 oben rechts ist jedoch selbst gemacht. Geschmückt wurde er mit einem zu den Kerzen passenden Band, Fichten- und Zypressenzapfen, Strohsternen und Strohblumen sowie Bucheckernhülsen.

Ein Türkranz aus Nüssen

Ob Türschmuck oder Adventskranz, darüber entscheiden die Kerzen. Einen Rupfenkranz mit verschiedenen Nüssen zu bekleben, ist kinderleicht. Die Lücken werden mit Trockenblumen ausgefüllt. Eichenlaub, mit Stecknadeln auf der Unterseite des Ringes befestigt, läßt den Kranz „strahlen“ (Seite 26 unten rechts).

Der traditionelle Kranz

Auf einen Kranz aus Tannen- oder – wie auf Seite 26 oben links zu sehen – etwas exklusiver aus Taxuszweigen werden vier rote Kerzen gesteckt. Zum Dekorieren kann roter Christbaumschmuck verwendet werden. Hier beleben kleine Äpfel und Schleifen das Grün.

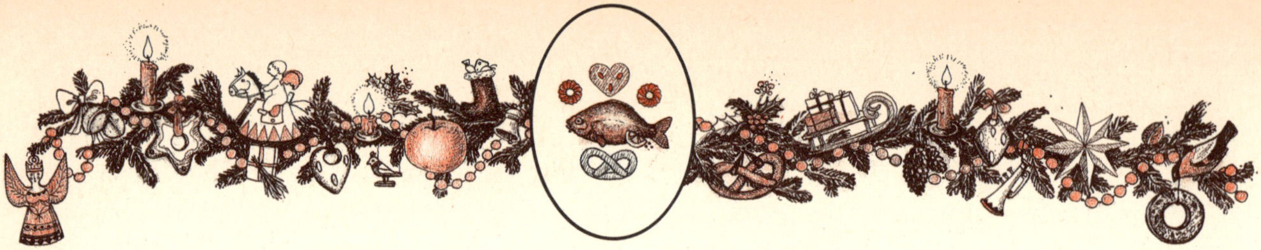

Knusper, knusper Knäuschen …

… wer knuspert hier am Häuschen? Ganz bestimmt sind es nicht nur die Kinder, die sich gern – mehr oder weniger heimlich – eine Süßigkeit von dem Hexenhäuschen abbrechen! Offiziell angeknabbert darf der Adventskalender werden, und das bereits am 1. Dezember – wie es sich für einen solchen Kalender eben gehört. Zur Herstellung dieser beiden süßen Überraschungen sollten Sie sich etwas Zeit nehmen; der Erfolg lohnt die Mühe!

Knusperhäuschen

(Foto Seite 32)

Anstatt mit den angegebenen Süßigkeiten können Sie das Häuschen ganz nach Belieben auch mit anderen Lekkereien schmücken.

Zutaten

Für den Teig:

450 g Honig, 4 Eier
350 g Zucker
100 g Zitronat
100 g Orangeat
100 g gemahlene Mandeln
100 g gemahlene Haselnüsse
1 Päckchen Lebkuchengewürz
1 Prise Salz
1 kg Mehl
10 g Natron

für die Glasur:

250 g Puderzucker
4 EL Zitronensaft

für den Kamin:

Waffelplätzchen
Schokoladenplätzchen

zum Verzieren:

Schokoladenplätzchen
Schokodragees
Gummibärchen
Minischokoladentafeln
Marzipanhexe
Watte

Zubereitung

1. Den Honig in einem Topf leicht erwärmen.
2. Die Eier in einer Schüssel mit dem Zucker schaumig schlagen.
3. Den erwärmten Honig vorsichtig unter die Ei-Zucker-Masse schlagen.
4. Das feingeschnittene Zitronat und Orangeat nach und nach darunterheben.
5. Die Mandeln mit den Nüssen, dem Lebkuchengewürz und dem Salz vermischen und ebenfalls unter den Teig arbeiten.
6. Das Mehl mit dem Natron in die Masse geben und alles gut durcharbeiten.
7. Den Teig auf eine bemehlte Arbeitsfläche legen und durchkneten; anschließend mindestens einen Tag ruhen lassen.
8. Dann den Teig auf einer bemehlten Arbeitsfläche ausrollen.
9. Die vorbereiteten Schablonen auflegen und die Teile ausschneiden.
10. Ein Backblech ausfetten und die Teigteile darauflegen. Das Blech in den auf 200° C vorgeheizten Backofen schieben und die Teile 20 bis 25 Minuten backen; anschließend herausnehmen und auf einem Kuchengitter auskühlen lassen.
11. Für die Glasur den Puderzucker mit dem Zitronensaft vermischen und glattrühren.

12. Die Ränder der Hausteile mit der Glasur bestreichen und das Haus zusammensetzen. Die Glasur gut trocknen lassen.

13. Die Fenster, die Türen und die Hauskanten mit der Glasur markieren.

14. Anschließend wird der Kamin aufgebaut. Dazu Waffelplätzchen passend zur Neigung des Daches schräg abschneiden, die Schnittflächen mit Glasur bestreichen und an geeigneter Stelle auf das Dach setzen. Die Waffelplätzchen rundum mit Schokoplätzchen, die ebenfalls mit Glasur bestrichen werden, schmükken.

15. Nun die Verzierungen mit der Glasur als Klebstoff aufkleben: die Schokoladenplätzchen auf das Dach, Schokodragees, Gummibärchen und Minischokoladentafeln an die Wände (oder andere Süßigkeiten und Nüsse nach Belieben verwenden).

16. Zum Schluß mit der Glasur Eiszapfen an die Dachkanten setzen. Die Glasur anschließend vollständig trocknen lassen.

17. In der Zwischenzeit einen festen Karton zuschneiden. Das Haus daraufsetzen und eventuell mit Süßigkeiten umlegen. Watte in den Kamin stekken und die kleine Hexe vor die Tür stellen – fertig ist das Lebkuchenhaus!

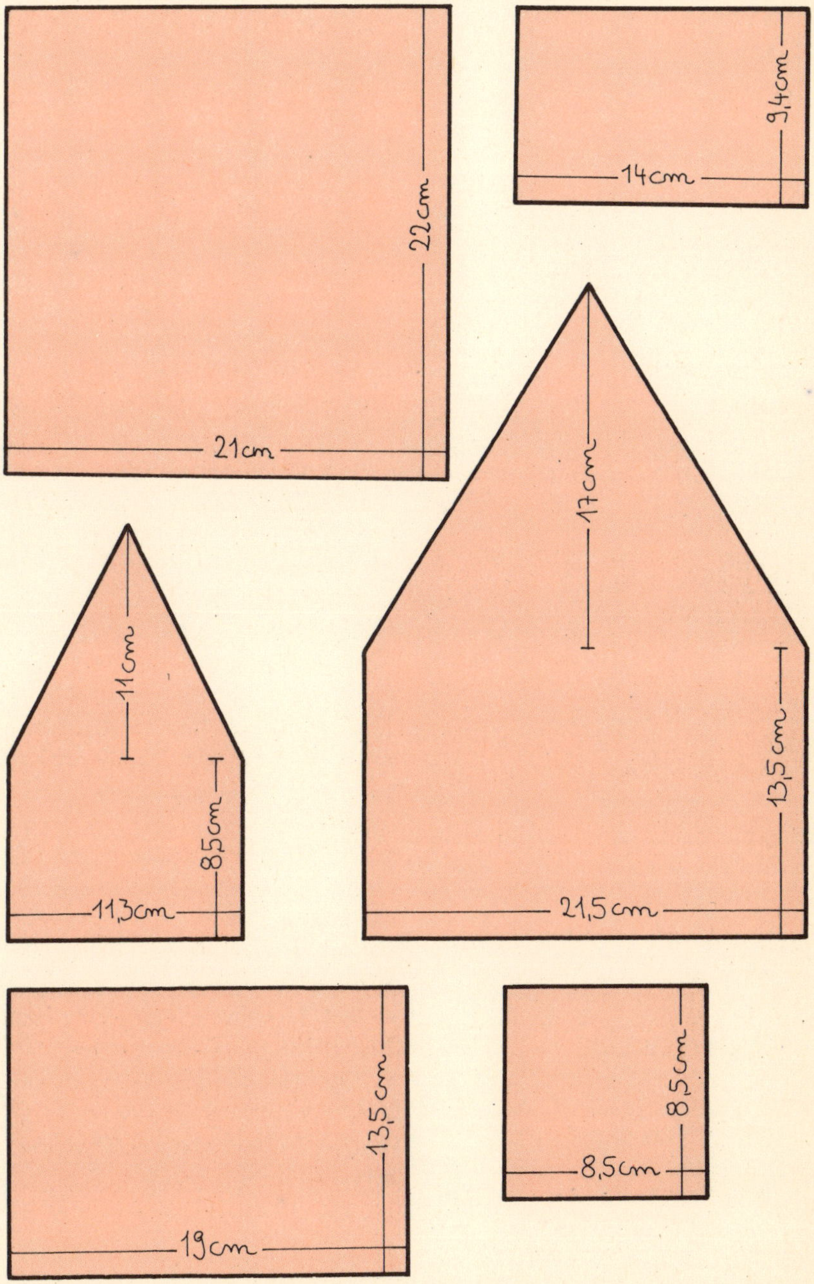

Zeichnen Sie die Einzelteile des Häuschens in den angegebenen Größen auf dünnen Karton und schneiden Sie die Schablonen aus.

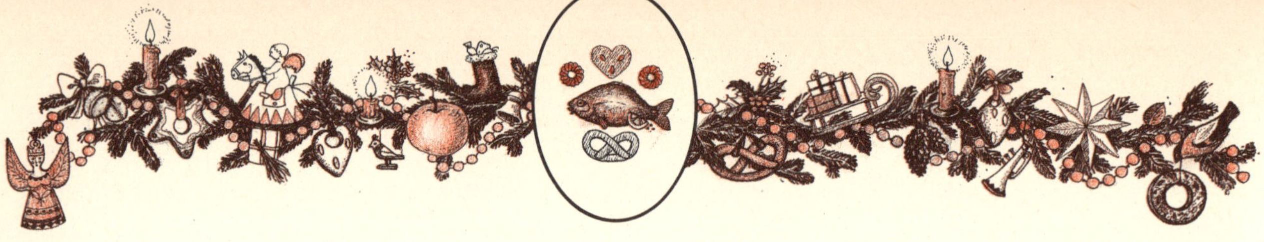

Adventskalender zum Knabbern

(Foto Seite 31)

Tag für Tag darf sich der stolze Besitzer eines solchen Kalenders ein Stück davon nehmen – ein kleiner Vorgriff auf die erwarteten Genüsse zu Weihnachten.

Zutaten

Für den Teig:
500 g Honig
etwa 1/8 l Öl
250 g Zucker
700 g Mehl
1 Päckchen Backpulver
125 g geriebene Haselnüsse
1 EL geriebene Zitronenschale
1 EL Zimt
1 Msp. Nelkenpulver
1 Prise Salz
3 Eier
200 g feingewürfeltes Zitronat
einige Tropfen Rumaroma
4 EL Dosenmilch

für die Glasur:
150 g Puderzucker
2 EL Zitronensaft

zum Verzieren:
100 g Marzipanrohmasse
100 g Puderzucker
Lebensmittelfarben
Zuckerblüten
Schokodragees
Zuckerperlen
Zuckerstreusel
Schokoladenblätter

außerdem:
1 festen Pappkarton 50 x 50 cm
frische Fichten- oder Tannenzweige
Strohsterne
Erlen- und Lärchenzäpfchen
Bucheckern
Lametta
Weihnachtsschmuck
Tortenspitze

Zubereitung

1. Den Honig mit dem Öl und dem Zucker in einen Topf geben, unter ständigem Rühren erhitzen und anschließend erkalten lassen.

2. Das gesiebte Mehl mit dem Backpulver, den Nüssen, der Zitronenschale und den Gewürzen mischen und zum Honig geben.

3. Die Eier mit dem Zitronat und dem Rumaroma unter die Masse ziehen und alles zu einem geschmeidigen Teig verarbeiten. Wenn nötig, noch etwas Mehl zufügen. Das Ganze zugedeckt im Kühlschrank eine Stunde ruhen lassen.

4. Den Teig herausnehmen, mit bemehlten Händen auf ein gefettetes Backblech drücken und mit einem Nudelholz ausrollen.

5. Das Blech in den auf 180° C vorgeheizten Backofen schieben und den Teig 40 bis 45 Minuten backen.

6. Das Blech aus dem Ofen nehmen und den Kuchen, solange er noch warm ist, in 24 gleich große Quadrate teilen.

7. Zum Verzieren die Marzipanrohmasse mit dem Puderzucker verkneten und mit Lebensmittelfarbe einfärben.

8. Aus der Marzipanmasse kleine Röschen, andere Blüten sowie Blätter formen.

9. Für die Glasur anschließend den Puderzucker mit dem Zitronensaft verrühren.

10. Mit der Glasur die Ziffern 1 bis 24 jeweils in die Mitte der Kuchenstücke spritzen.

11. Die Kuchenstücke mit den Marzipanblüten, den Zuckerblüten, den Zuckerperlen, den Zuckerstreuseln, den Schokodragees und den Schokoblättern verzieren, dabei die Glasur als Klebstoff verwenden.

12. Den Pappkarton auf eine Arbeitsfläche legen und die Fichten- oder Tannenzweige mit Klebstoff auf den Rand des Kartons kleben.

13. Die Zweige mit Strohsternen, Erlen- und Lärchenzäpfchen, Bucheckern, Lametta und Weihnachtsschmuck verzieren.

14. Die Innenfläche des Kartons mit Tortenspitze bekleben.

15. Die verzierten Lebkuchenstücke nun gleichmäßig mit etwas Puderzuckerglasur auf die vorbereitete Tortenspitze kleben.

16. Den fertig garnierten Adventskalender noch mindestens 1 bis 2 Tage liegenlassen, damit die Glasur trocknen kann. Danach dürfen Sie ihn aufstellen.

Aus 24 liebevoll verzierten Lebkuchenstücken besteht dieser schmackhafte Adventskalender (Rezept siehe gegenüberliegende Seite).

Dieses prächtige Hexenhäuschen können Sie selber backen und verzieren; wie's gemacht wird, ist auf Seite 28/29 beschrieben.

Unser Festzug hat genügend Kohle geladen, um bis Weihnachten mit Volldampf weiterfahren zu können! In den Streichholzschachteln sind kleine Überraschungen drin – sie können alljährlich aufs neue gefüllt werden (Arbeitsanleitung Seite 36).

Ein stabiles Schaukelpferd aus Holz trägt die 24 Päckchen, die nach Weihnachten führen. Wie Sie die Laubsägearbeit machen, ist auf Seite 37 beschrieben.

Die tägliche Überraschung: Adventskalender

Obwohl es sie erst seit einigen Jahrzehnten gibt, sind Adventskalender zu einem wichtigen Bestandteil der Vorweihnachtszeit geworden – in erster Linie natürlich in Familien mit Kindern. Doch es soll auch eine ganze Reihe Erwachsene geben, die es kaum erwarten können, jeden Tag ihr Päckchen zu öffnen…

Adventskalender kann man kaufen. Da gibt es im Papierwarenhandel flache Wandkalender, bei denen man jeden Tag ein Türchen öffnen kann, und dahinter erscheint ein buntes Bild. Oder der beliebte Kalender in Form eines kleinen Häuschens, in das man eine Kerze stellt. Hinter jedem Türchen gibt es einen weihnachtlichen Bibelspruch zu entdecken, der auf buntes Zellophanpapier gedruckt ist, und je mehr Türchen geöffnet sind, desto schöner leuchtet das Häuschen.

Sehr begehrt sind natürlich auch die Adventskalender aus dem Süßwarengeschäft, die hinter den Türchen kleine Schokoladenfiguren bereit halten.

Die schönsten und interessantesten Kalender sind aber auf alle Fälle die selbstgemachten. An jedem ersten Dezember erscheinen sie wieder – frisch gefüllt mit allen möglichen kleinen Überraschungen.

Auf den folgenden Seiten finden Sie einige Anregungen für solche Basteleien, die Sie je nach Lust und Laune abwandeln können. Vorab aber noch einige allgemeine Tips:

- Jedes Kind sollte seinen eigenen Kalender haben, sonst kommt es leicht zu Eifersucht und Tränen – oder, falls Sie nicht soviel Zeit zum Basteln haben, stecken Sie in alle Päckchen für jedes Kind eine Überraschung.
- Auch Erwachsene freuen sich über einen phantasievoll gestalteten Adventskalender – zum Beispiel Freunde, Verwandte oder auch Arbeitskollegen, zu denen Sie ein besonders herzliches Verhältnis haben.
- Der Inhalt der 24 kleinen Päckchen muß keineswegs eine große Belastung für Ihren Geldbeutel werden – hier ist in erster Linie die Phantasie gefragt.

Innerhalb der Familie können es zum Beispiel Gutscheine sein – für das Lieblingsessen, an einem beliebigen Tag gekocht; für einmal nicht beim Geschirrspülen helfen müssen; für den gemeinsamen Besuch einer Veranstaltung… Natürlich eignen sich solche Gutscheine auch besonders gut für Kinder, die ihren Eltern einen Adventskalender schenken.

Andere Überraschungen, die nichts kosten, sind kleine Sammelobjekte aus der Natur: ein seltsam geformter oder gefärbter Stein, eine hübsche Vogelfeder, eine Muschel, ein Minibild aus gepreßten Blumen oder aus Körnern.

Kleine Süßigkeiten sind meist bei alt und jung willkommen; für Erwachsene kann auch einmal eine Miniflasche mit „geistigem" Inhalt der Lieblingsmarke des Beschenkten dabei sein.

Sie sehen, Möglichkeiten gibt es viele. Wer etwas mehr Geld ausgeben will, findet in Geschenkläden oder -abteilungen vielerlei Anregungen: kleine Figürchen für einen Setzkasten etwa, einen herzförmigen Bleistiftanspitzer, einen bunten Radiergummi, einen winzigen Taschenkalender, um nur ein paar Beispiele aus dem großen Angebot zu nennen.

Der Festzug-Adventskalender

(Foto Seite 33)

Diesen Kalender können Sie in beliebiger Größe anfertigen, passend für eine Tür oder einen anderen Platz, an dem er hängen soll.

Material und Werkzeug

- 6 mm starkes Pappelschichtholz
- Holzlackfarben
- schwarze Bohnen
- Flitter in Silber, Blau und Lila
- Watte, Klebstoff
- 24 leere Streichholzschachteln
- weiße Klebezahlen
- goldene Klebebuchstaben
- Metallfolie für Verzierungen
- kleiner goldener Möbelbeschlag
- Laubsäge
- Papier und Bleistift
- Schmirgelpapier
- Pinsel
- Schere
- festes Geschenkband oder Borte
- 2 Bildaufhänger

Arbeitsanleitung

Kopieren sie zuerst die Vorlage für die Lokomotive, und vergrößern Sie sie nach Belieben (am einfachsten auf einem Fotokopierer).

Nun übertragen Sie die Umrisse auf das Holz und sägen sie aus. Schneiden Sie dann die roten Teile aus der Vorlage, übertragen ihre Umrisse aufs Holz und sägen sie ebenfalls aus (2 Räder, 3 Leisten, das Fenster und das Wappen). Schmirgeln Sie alle Kanten glatt, und malen Sie die Teile an (wie auf dem Foto auf Seite 33 zu sehen oder nach eigenem Entwurf).

Wenn die Farbe getrocknet ist, kleben Sie die kleinen Teile auf die Grundform. Schornstein, Räder, die Schleife um den Schornstein und ein Streifen am Dach werden einzeln mit Klebstoff bestrichen. Dann streuen Sie den Flitter dick auf den Klebstoff. Was nicht klebenbleibt, wird zurück in die Tüte geschüttet.

Die Kohlenfläche wird ebenfalls mit Klebstoff bestrichen. Darauf kleben Sie die Bohnen möglichst dicht und malen sie mit schwarzer Farbe an.

Zum Schluß kleben Sie die Buchstaben auf, das Monogramm des künftigen Besitzers auf das Wappen, den Möbelbeschlag ebenfalls auf das Wappen, die Watte als Rauch und schmücken Sie die Lokomotive mit kleinen Sternchen aus Metallfolie.

Die Streichholzschachteln verzieren Sie wie oben beschrieben mit Flitter und kleben die Zahlen 1 bis 24 in die Mitte.

Kleben Sie je 6 Schachteln an den Reibeflächen zusammen. Schneiden Sie 4 Stücke Band in Länge der 6 Schachteln ab, befestigen Sie es an den Rändern der Lokomotive, und kleben Sie auf jedes Band 6 zusammenhängende Schachteln.

Jetzt brauchen Sie nur noch die Bildaufhänger an der Rückseite befestigen, Überraschungen in die kleinen Schachteln füllen, und der Festzug kann in Richtung Weihnachten losdampfen.

Vorlage für den Festzug-Adventskalender

Der Schaukelpferd-Adventskalender

(Foto Seite 34)

Die einfache Grundform dieses Kalenders läßt sich auf vielfältige Weise abwandeln. Eine andere Farbe, andere Schmuckelemente und anstatt der Streichholzschachteln kleine Filzsäckchen, und schon bekommt diese Bastelarbeit einen ganz anderen Stil.

Material und Werkzeug

- 6 mm starkes Pappelschichtholz
- weiße Holzlackfarbe
- türkisfarbener Flitter
- Klebstoff
- Papier und Bleistift
- Schere
- Laubsäge
- Schmirgelpapier, Pinsel
- weißes Geschenkband
- 24 leere Streichholzschachteln
- Geschenkpapier
- Wattevögelchen
- Tannenzweige
- Lackfrüchte
- Klebezahlen auf Goldgrund
- Bindedraht
- festes Goldband als Aufhänger

Arbeitsanleitung

Als erstes kopieren Sie die Vorlage für das Schaukelpferd und vergrößern sie nach Belieben.

Übertragen Sie die Umrisse auf das Holz, und sägen Sie das Schaukelpferd aus.

Alle Kanten werden nun mit dem Schmirgelpapier geglättet, anschließend malen Sie das Holz mit weißer Farbe an.

Wenn die Farbe getrocknet ist, wird die gesamte Oberfläche mit Klebstoff eingestrichen oder besprüht. Auf den feuchten Klebstoff streuen Sie den Flitter in dicker Schicht; was nicht haften bleibt, wird wieder zurück in die Tüte geschüttet.

Nun wird das Schaukelpferd festlich dekoriert. Dazu befestigen Sie die Tannenzweige, die Vögelchen und die Lackfrüchte (Sie können auch Papier- oder Seidenblumen nehmen) mit Bindedraht am Holz. Der Draht wird mit Bändern und Schleifen aus dem weißen Geschenkband verdeckt.

Als nächstes dekorieren Sie die Streichholzschachteln mit Flitter, füllen sie mit kleinen Geschenken und packen sie in Geschenkpapier ein. Jedes Päckchen wird mit einer der Zahlen 1 bis 24 beklebt. Schneiden Sie 24 verschieden lange Stücke Geschenkband ab, und kleben Sie je ein Ende eines Bandes an ein Päckchen. Fassen Sie dann mehrere Päckchen zusammen, und kleben oder nageln Sie die anderen Bandenden auf die Rückseite des unteren Randes vom Schaukelpferd (siehe dazu auch das Foto auf Seite 34).

Zum Schluß müssen Sie nur noch ein Stück festes Goldband auf der Rückseite des Schaukelpferd-Oberrandes befestigen (ankleben oder nageln) – achten Sie dabei auf das Gleichgewicht, damit das Pferdchen nicht schief hängt –, und der erste Dezember kann kommen.

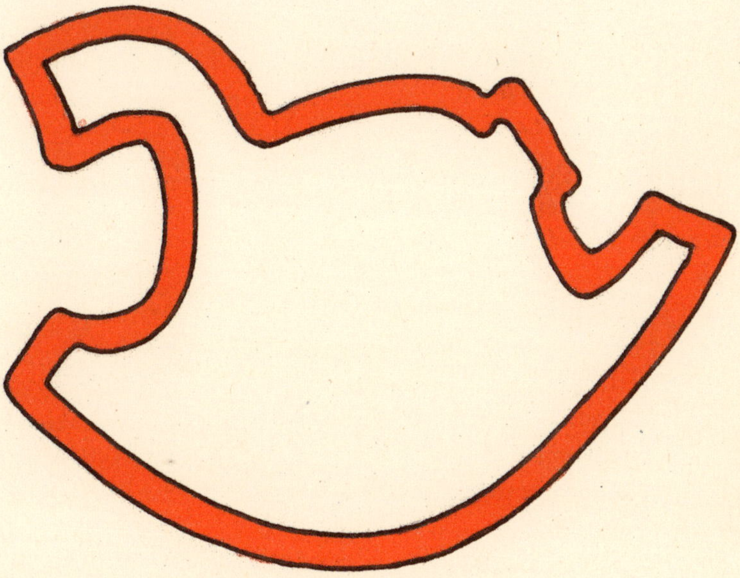

Vorlage für den Schaukelpferd-Adventskalender

Weihnachtsmärkte

Budenzauber für's Gemüt

Nur die Hände, die wärmt sich der Korbmacher vom Kölner Weihnachtsmarkt am mitgebrachten Gasöfchen. Alles andere ist noch so, wie es sein Großvater auch schon kannte: Das vorbeiziehende Volk, die tannengeschmückte Bude, der Geruch nach Lebkuchen, Gewürzen und Glühwein.

Ob er nicht lieber Urlaub machen wolle über Weihnachten, hatte ihn mal einer gefragt. Allein bei dem Gedanken muß der Korbmacher lachen: „Weihnachten, die schönste Jahreszeit, ausgerechnet dann soll ich wegfahren? Nein, lieber mache ich überhaupt keinen Urlaub."

Im Sommer steht er mit seiner Familie im geschäftseigenen Wohnwagen auf einer der großen Landstraßen und verkauft Handgeflochtenes: Blumenkörbe, Untersetzer, Weidenstühle. Bis hin zum großen Pfauenthron reicht das Sortiment. Ein Zusatzgeschäft sind Restaurierungen von wertvollem Flechtwerk antiker Möbel. Seine Hände darf man nicht anschauen: Lederhaut mit Rissen – die alte Weidenflechterkrankheit.

Ab August wird nur noch für den Weihnachtsmarkt gearbeitet. Schon sein Großvater hatte hier eine Bude. Und das will etwas heißen. Jahr für Jahr wählt die Stadt auf's neue unter ihren Weihnachtsmarkt-Bewerbern aus. Längst nicht jeder kann einen Platz bekommen. Vielen alten Standnachbarn wurde schon abgesagt: Die „Neuen" kommen, und sie kommen mit neuen Ideen und Angeboten.

Zu der traditionellen Mischung aus Krippenschnitzern und Wachsziehern, Korbflechtern und Töpfern, Spielzeugmachern und Lebkuchenbäckern sind die Tiffany-Leute, die Porzellanmaler, die Glasgravierer und die Stoffbatiker hinzugekommen. Auf seine Art ist der Weihnachtsmarkt mit der Zeit gegangen. Was früher Fundgrube für Kindergeschenke, Christbäume, alltägliche Gebrauchsgegenstände und auch allerlei Schnickschnack war, ist heute unter anderem zum Markenzeichen für gutes, aber teures Kunsthandwerk geworden.

Ein Weihnachtsmarkt gleicht noch lange nicht dem anderen. In Berlin zum Beispiel wird zur Eröffnung eine Riesentanne errichtet. In Cadolzburg in Franken steht ein großer Adventskranz auf dem Markt, und die Bäcker backen für die Kinder Adventssterne. An einigen Orten treten Krippenspieler, Bläsergruppen oder Adventssinger auf.

Glasbläsern, Vergoldern, Silberschmieden und Kerzenziehern kann bei der Arbeit über die Schulter gesehen werden.

Meist verteilt ein weißbärtiger Weihnachtsmann kleine Schleckereien und scherzhaft ernste Worte.

Es lohnt sich, das bunte Treiben der Städte zur Weihnachtszeit einmal mitzuerleben.

Schon seit 1692 gibt es den Stuttgarter Weihnachtsmarkt, der alljährlich vom 1. Advent bis Weihnachten stattfindet. Die Buden ziehen sich über den Marktplatz bis hin zum Schillerplatz, der mit Stiftskirche und Fruchtkasten eine prächtige Kulisse bietet.

Münchner Christkindlmarkt. Auf dem Marienplatz, mitten im Herz der weiß-blauen Landesmetropole, wird zur Weihnachtszeit der berühmte Christkindlmarkt abgehalten.

Nürnberger Christkindlesmarkt. In der alten Spielzeugstadt hat der Weihnachtsmarkt die älteste Tradition. Von hier hat bekanntlich der „Nürnberger Tand“ seine Reise um die Welt angetreten.

Weihnachtsmärkte: Spezialitäten – Kuriositäten

Hamburger Dom

Einst wurde der große Weihnachtsmarkt der Hansestadt in den Kreuzgängen des Doms abgehalten, von den Einheimischen kurz „Dom" genannt. Nachdem Hamburgs Dom 1806 abgerissen wurde, wird der Weihnachtsmarkt auf einem der großen Plätze in Hamburgs Innenstadt aufgebaut.

Dresdner Striezelmarkt

Wer kunsthandwerkliche Spezialitäten aus dem Erzgebirge sucht, ist hier gut aufgehoben. Für seine Nußknacker, Räuchermänner und Lichterpyramiden ist der Dresdner Striezelmarkt bekannt. Seinen Namen erhielt er von dem berühmten Christstollen.

Kölner Weihnachtsmärkte

Die rheinische Domstadt richtet alljährlich zwei Weihnachtsmärkte aus. Einen großen und umfangreichen in der Stadtmitte und einen kleinen, stimmungsvollen in der Altstadt. Umgeben von alten Bürgerhäusern, bezaubert der kleine Markt durch ein liebevoll hergerichtetes Karussell und eine Freilichtbühne, auf der Weihnachtliches gesungen und gespielt wird.

Essener Lichtwochen

Nicht nur seine Vielfalt macht den Essener Weihnachtsmarkt sehenswert. Eine außergewöhnliche Straßenbeleuchtung lädt zu zusätzlichem Bummeln durch die Fußgängerzone ein. Lichterketten, über Straßen und Plätze gespannt, zeigen weihnachtliche Szenen. Jedes Jahr wird diese Art der Straßenkunst völlig neu gestaltet.

Weitere sehenswerte Weihnachtsmärkte

Weihnachtsmarkt
wie „anno dazumal"
8939 Jengen
Rathausplatz

Weihnachtsmarkt
7730 Villingen-Schwenningen
Münsterplatz

Offenburger Weihnachtsmarkt
7600 Offenburg
Fußgängerzone, Fischmarkt

Christkindlesmarkt
7500 Karlsruhe
Marktplatz

Weihnachtsmarkt
7400 Tübingen
Fußgängerzone

Weihnachtsmarkt
7140 Ludwigsburg
Fußgängerzone, in der Nähe der Stadtkirche

Heilbronner Weihnachtsmarkt
7100 Heilbronn
Marktplatz

Weihnachtsmarkt
7070 Schwäbisch Gmünd
Johannisplatz, Marktplatz

Mannheimer Weihnachtsmarkt
6800 Mannheim
in der Nähe vom Wasserturm

Weihnachtsmarkt
5300 Bonn
Münsterplatz

Frankfurter
Christkindchesmarkt
6000 Frankfurt
Römerberg, am Rathaus

Großer Weihnachtsmarkt
3139 Hitzacker
Altstadt

Weihnachtsmarkt
rund um den Roland
2800 Bremen

Weihnachtsmarkt
2120 Lüneburg
Marktplatz

FÜR
PINA

DIE ERSTE ADVENTSWOCHE

Macht hoch die Tür,
die Tor macht weit…

Advent – Zeit der Besinnung und der Erwartung. Heute sind die Wochen vor dem größten Fest der Christenheit mit Geschäftigkeit ausgefüllt, die Besinnung kommt oft zu kurz.

Doch wird sich wohl keiner in die Zeit zurückwünschen, als die Adventswochen noch als Zeit der Trauer galten, zu der man fastete und Buße tat.

Die langen Abende und die Adventswochenenden sind eine gute Gelegenheit, Gemeinsamkeit innerhalb der Familie zu pflegen: zusammen zu basteln, zu singen und einander vorzulesen. Denn das erste Fest steht sprichwörtlich vor der Tür: der Nikolausabend.

Ein großer Heiliger kündigt sich an

Der Auftakt der Adventszeit

Das Gute und das Böse liegen oft dicht beieinander. So lernen schon die Kinder neben den Geschenken des heiligen Nikolaus die Rute des Knecht Ruprecht kennen. In einer Art Jahresabrechnung wird die Bilanz aller herausragenden Taten gezogen und mit ausgleichender Gerechtigkeit zuerst knüppeldick und anschließend zuckersüß belohnt.
Wohl jeder von uns erinnert sich noch, wie er ängstlich vor Knecht Ruprecht stand und seine mehr oder weniger kleinen Sünden beichtete.
Bereits in alten Urkunden aus dem 17. Jahrhundert wird der heilige Nikolaus als der große Kinderbescherer gefeiert. Die Zahl der Bräuche, die sich seitdem um den Heiligen ranken, ist unüberschaubar geworden. In Hamburg zum Beispiel wählen die Kinder einen eigenen Bischof, der bis zum 25. Dezember in seinem Amt bleiben darf. Nach seiner Ernennung zieht die Jugend in feierlicher Prozession durch die Stadt. Ein großer Festschmaus beschließt diesen Freudentag.
Ganz wild geht's in Osttirol am Abend des 5. Dezember zu. Dann ziehen hier 30 bis 40 Klaubäufe mit dem heiligen Nikolaus durch die Straßen. Das sind wilde Kerle, die schreckenserregende Gesichtsmasken tragen, Fellmäntel und Schellen um den Leib geschnallt haben. Wenn sie's gar zu toll treiben, verteilt der Nikolaus zur Beruhigung Süßigkeiten und Nüsse.
In Holland schließlich trifft der Heilige schon im November „zu Schiff aus Spanien" ein, reitet auf einem Schimmel zum Rathaus von Amsterdam und wird vom Bürgermeister feierlich begrüßt.

Natürlich ist der Nikolaustag ohne spezielles Gebäck unvorstellbar. Lebkuchen und Spekulatius stehen aus alter Tradition im Vordergrund. Aus Hefeteig formt man in Nordbaden und Württemberg den Dapedei oder Dombedei, eine den Nikolausmännern ähnliche Figur mit Augen aus Korinthen. Ebenfalls ein Hefegebäck sind die in der Pfalz, im Saarland und in Baden bekannten Hasen. Im Rheinland und in Westfalen stellen die Bäcker zum Nikolaustag Pfeifenmänner her. Oft wird eine richtige Tonpfeife mit eingebacken.
Vielerorts hat sich bis heute die gute Sitte erhalten, in der ersten Adventswoche mit kleinen Gestecken und Basteleien Weihnachtsstimmung ins Haus zu zaubern. Fensterbilder, Paillettenkugeln, Strohsterne und schöne Gestecke steigern die Vorfreude auf das herrliche Lichterfest. Wer etwas ganz Besonderes anfertigen möchte, baut den traditionellen Adventsbogen nach.
Ein weiterer, schöner Brauch ist es, für die Kinder ein Knusperhäuschen zu basteln oder zu backen. Wer zuerst auf die Idee kam, aus Pfefferkuchenteig ein Hexenhäuschen zu basteln, läßt sich heute nicht mehr genau sagen. Fest steht, daß der Erfinder von dem Grimmschen Märchen beeinflußt wurde. Die 1893 von Engelbert Humperdinck umgearbeitete Opernfassung „Hänsel und Gretel" ist jedenfalls bis heute die beliebteste Theateraufführung für Kinder zu Weihnachten geblieben – und auch viele Erwachsene haben jedes Jahr ihre Freude daran.

Die Andreasnacht

Von zukünftigen Ehemännern, fliegenden Schuhen und bedeutungsreichen Träumen

Seltsame Dinge geschahen in der Nacht, die dem heiligen Andreas geweiht ist: Junge Mädchen legten einen halben Apfel unters Kopfkissen, bevor sie schlafen gingen. Andere kehrten nachts im Evakostüm die Küche oder schlichen heimlich in den Hühnerstall.
Alles das geschah in der Hoffnung, Näheres über den zukünftigen Freier und den Heiratstermin zu erfahren. Äpfel unter dem Kopfkissen und sauber gekehrte Küchen sollten den Ehemann im Traum erscheinen lassen. Wer im Hühnerstall den Hahn krähen hörte, konnte sich auf eine baldige Hochzeit freuen. Gackernde Hennen dagegen deuteten auf ein weiteres lediges Jahr hin.

Besonders beliebt waren das Schuhe- und das Apfelschalenwerfen. Dabei warf ein Mädchen seine Pantoffeln hinter sich und konnte aus der Richtung der Schuhspitzen ablesen, ob es noch länger in diesem Hause bleiben würde oder nicht. Aus über den Kopf geworfenen Apfelschalen wurde der Anfangsbuchstabe des Namens des ersehnten Ehegattens erraten.

Aus dem Leben des heiligen Andreas läßt sich nichts ableiten, was ihn zum Schutzpatron der Liebenden machen könnte. Andreas stammte aus Galiläa und war ein Bruder des heiligen Petrus. Auch er war Fischer am See Genezareth und einer der ersten Jünger Jesu. Später missionierte er als Apostel in Kleinasien, Konstantinopel und Rußland. Er soll Ertrunkene wieder lebendig gemacht und viele Schwerkranke geheilt haben. In Patras schließlich fand er am 30. November, dem Tag, an dem man bis heute seiner gedenkt, des Jahres 60 den Märtyrertod: Der dortige Statthalter Aegeas ließ ihn um seines Glaubens willen an ein Kreuz mit schrägen Balken schlagen. Ein Blitz vom Himmel soll die Schaulustigen so geblendet haben, daß sie sich nicht an den Qualen des Sterbenden weiden konnten.

Von wundersamen Heilungen war bei den Bräuchen der Andreasnacht später nichts mehr vorhanden. Statt dessen wurde der Heilige für Liebesdinge und Weissagungen zu Rate gezogen. Der Aberglaube trieb es so weit, daß man einen Besen mit den Borsten nach oben vor die Haustür stellte, um die Geister fernzuhalten, oder zwei Messer kreuzweise in den Stall legte, damit die Tiere nicht verhext würden. Ein am Andreastag von einem Weißdorn geschnittenes „Spritzenhölzli" sollte in die Hand gedrungene Holzsplitter wieder herausziehen, und in einem über Nacht aufgestellten Wasserbottich hoffte man, Geld zu finden.

Am 12. Februar 1611 warnte Herzog Maximilian von Bayern vor derlei Aberglauben in einem Landgebot. Doch die alten Bräuche lassen sich nicht ausrotten. An einem anderen Ort und unter anderem Namen leben sie selbst nach Jahrhunderten wieder neu auf. So hat sich in unserer Zeit die Nacht der Orakel auf Sylvester verschoben. Auch das heute beliebte Bleigießen fand früher mancherorts schon in der Andreasnacht statt.

Leise rieselt der Schnee

Dieses Lied, in dessen Text mit einfachen, aber eindringlichen Worten die Winterstimmung in der Natur und die Vorfreude auf Weihnachten beschrieben wird, stammt von dem Geistlichen Eduard Ebel (1839–1905); er komponierte und textete es um 1900.

2. In den Herzen ist's warm,
still schweigt Kummer und Harm,
Sorge des Lebens verhallt:
Freue dich, Christkind kommt bald!

3. Bald ist heilige Nacht,
Chor der Engel erwacht,
hört nur, wie lieblich es schallt:
Freue dich, Christkind kommt bald!

Weihnachtslied

von Theodor Storm

Vom Himmel in die tiefsten Klüfte
Ein milder Stern herniederlacht;
Vom Tannenwalde steigen Düfte
Und hauchen durch die Winterlüfte,
Und kerzenhelle wird die Nacht.

Mir ist das Herz so froh erschrocken,
Das ist die liebe Weihnachtszeit!
Ich höre fernher Kirchenglocken
Mich lieblich heimatlich verlocken
In märchenstille Herrlichkeit.

Ein frommer Zauber hält mich wieder,
Anbetend, staunend muß ich stehn;
Es sinkt auf meine Augenlider
Ein goldner Kindertraum hernieder,
Ich fühl's ein Wunder ist geschehn.

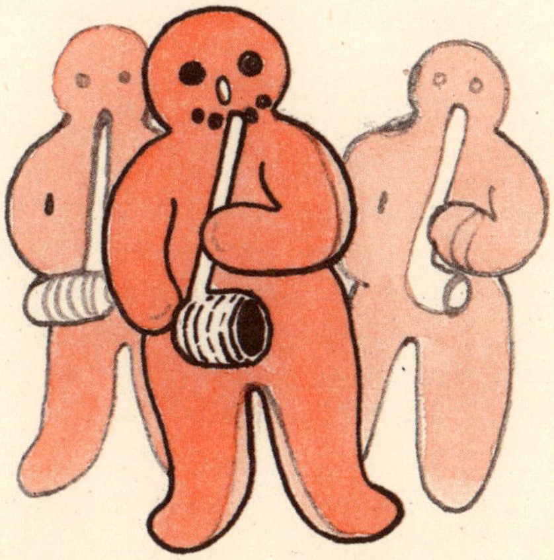

Der Bratapfel

Kinder, kommt und ratet,
Was im Ofen bratet!
Hört, wie's knallt und zischt.
Bald wird er aufgetischt,
der Zipfel, der Zapfel,
der Kipfel, der Kapfel,
der gelbrote Apfel.

Kinder, lauft schneller,
holt einen Teller,
holt eine Gabel!
Sperrt auf den Schnabel
für den Zipfel, den Zapfel,
den Kipfel, den Kapfel,
den goldbraunen Apfel!

Sie pusten und prusten,
sie gucken und schlucken,
sie schnalzen und schmecken,
sie lecken und schlecken
den Zipfel, den Zapfel,
den Kipfel, den Kapfel,
den knusprigen Apfel.

Kulinarische Adventsüberraschungen

Stellen Sie sich vor, es ist draußen so richtig kalt und ungemütlich. Sie kommen nach Hause, und plötzlich steigt ein verlockender Duft in Ihre Nase – es sind Bratäpfel, die im Ofen brutzeln.
Wie weggeblasen ist das Unbehagen!

Bratäpfel mit Marzipanfüllung

(Foto Seite 49)

Den Reigen unserer drei duftenden Adventsspezialitäten eröffnet ein besonderes Rezept für Bratäpfel. Es ist für 4 Personen berechnet.

Zutaten

4 Äpfel, 4 EL Butter
4 cl Calvados
Saft einer Zitrone
100 g Marzipan
2 EL Sahne, 3 EL Rosinen
außerdem:
1 Tasse Weißwein
3 EL Honig

Zubereitung

1. Die Äpfel mit einem Ausstecher entkernen.
2. Eine feuerfeste Form mit der Butter ausfetten.
3. Die Äpfel mit dem Calvados und dem Zitronensaft marinieren und in die Form stellen.
4. Im auf 200°C vorgeheizten Backofen 15 Minuten garen.
5. Das Marzipan mit der Sahne und den Rosinen vermischen und in die Äpfel füllen.
6. Die Äpfel erneut in die Auflaufform setzen, den Weißwein mit dem Honig verrühren und an die Äpfel geben.
7. So lange überbacken, bis das Marzipan Farbe bekommen hat.
8. Auf 4 Tellern anrichten, mit der Soße überziehen und servieren.

Irish Coffee

(Foto Seite 49)

Eine Spezialität, die Leib und Seele wärmt – das ist der Irish Coffee. Servieren Sie ihn als köstlichen Abschluß eines Festmenüs oder einfach mal zwischendurch (für 4 Personen).

Zutaten

4–6 gehäufte TL Kaffee
½ l Wasser
4 TL Zucker
4 Glas Whisky à 2 cl
4 EL süße Sahne

Zubereitung

1. Einen starken, heißen Kaffee zubereiten und süßen.
2. Je ein Glas Whisky in 4 Irish-Coffee- oder Teegläser gießen und unter vorsichtigem Drehen über einer Rechaud- oder Kerzenflamme erhitzen.
3. Den Whisky anzünden und das Glas mit dem Kaffee auffüllen.
4. Mit geschlagener Sahne krönen und genießen!

Bratäpfel mit Marzipanfüllung (Rezept siehe gegenüberliegende Seite)

Das Rezept für den Irish Coffee finden Sie ebenfalls auf der gegenüberliegenden Seite.

Sieht er nicht lecker aus, dieser Nikolaus, in dem sich zwei verschiedene Füllungen verstecken? Das Rezept steht auf der gegenüberliegenden Seite.

Gefüllter Nikolaus

(Foto Seite 50)

Einen Weihnachtsmann zum Anfassen und Reinbeißen – das ist ein Geschenk, über das sich jeder freut und ein Höhepunkt auf der adventlichen Kaffeetafel.

Zutaten

Für den Teig:
- 240 g Mehl
- 100 g Zucker
- 1 Prise Salz
- 2 Päckchen Vanillezucker
- 1 EL Zimtpulver
- 1 Msp. Nelkenpulver
- 2 EL saure Sahne
- 3 Eigelb
- 150 g Butter

für die Apfelfüllung:
- 200 g Apfelmus
- 1 Päckchen gemahlene Gelatine
- 4 cl Rum
- 1 Päckchen Vanillezucker
- 1 Päckchen Sahnestandmittel

für die Nußfüllung:
- 2 Tassen Schokoladenpudding (Fertigprodukt)
- 50 g gehackte Mandeln
- 50 g gehackte Walnüsse
- 50 g gehackte Haselnüsse
- 100 g Butter

zum Verzieren:
- 1 Becher Schokoladenglasur
- Schokoraspeln
- 50 g Marzipanrohmasse
- 250 g Puderzucker, 2 Eiweiß
- Lebensmittelfarben
- Zuckerstreusel, Zuckerperlen

Zubereitung

1. Für den Teig das Mehl, den Zucker, das Salz, den Vanillezucker, das Zimtpulver und das Nelkenpulver auf einer Arbeitsfläche vermischen und eine Mulde hineindrücken.

2. Die saure Sahne und das Eigelb sowie die zerpflückte Butter dazugeben und alles schnell zu einem geschmeidigen, kompakten Teig verkneten.

3. Den Teig mindestens 2 Stunden im Kühlschrank ruhen lassen.

4. Anschließend ein Backblech mit Backpapier auslegen, den Teig in 3 Teile teilen und hauchdünn ausrollen.

5. Die Nikolausschablone auf den Teig legen und den Nikolaus ausschneiden. Auf das Blech legen und im auf 200° C vorgeheizten Backofen 10 bis 15 Minuten ausbacken, herausnehmen und erkalten lassen.

6. Die beiden anderen Nikolause ebenfalls ausschneiden und backen.

7. Für die Apfelfüllung das Apfelmus in eine Schüssel geben, die nach Anweisung aufgelöste Gelatine unterrühren.

8. Den Rum darunterziehen. Sobald das Apfelmus fest wird, die mit dem Vanillezucker und dem Sahnestandmittel steif geschlagene Sahne unterziehen.

9. Die Apfelfüllung auf einen der Nikolausböden streichen und mit einem zweiten abdecken.

10. Für die Nußfüllung den Schokoladenpudding mit den Nüssen in einer Schüssel verrühren.

11. Die Butter schaumig schlagen und die Nußmasse darunterziehen.

12. Die Nußfüllung auf dem zweiten Nikolausboden gleichmäßig verteilen und mit dem dritten abdecken.

13. Die Marzipanrohmasse mit 50 g Puderzucker anwirken, etwas Marzipan beiseite stellen, den Rest ausrollen und die Mütze damit bedecken.

14. Den restlichen Puderzucker unter das steif geschlagene Eiweiß rühren.

15. Die Oberfläche und die Seiten des Nikolaus leicht mit dieser Eiweißglasur bestreichen. Den Rest in eine Spritztüte geben und damit Haare, Augen und Bart aufspritzen.

16. Den Rand der Torte mit Schokoraspeln verzieren.

17. Den Marzipanrest mit Lebensmittelfarben färben, die Mütze damit verzieren, den Mund und die Brille gestalten.

18. Den Nikolaus mit Zuckerstreuseln, Schokoraspeln und Zuckerperlen bestreuen, die Zuckerperlen mit der Glasur auf die Mütze kleben.

19. Den Nikolaus vollständig abtrocknen lassen und dann servieren.

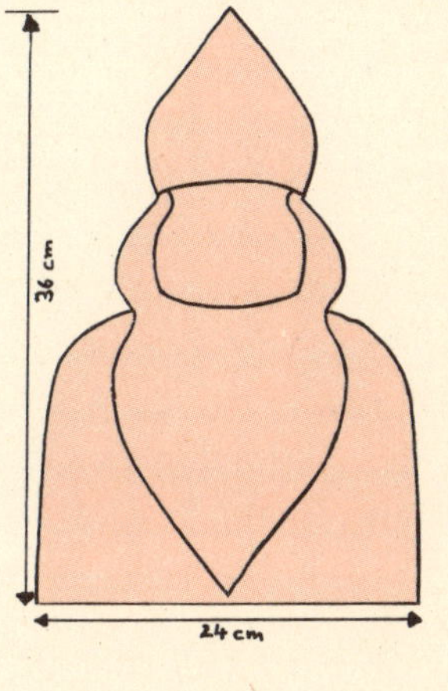

Der Barbaratag

Das kleine Winterwunder

Nach einer schönen alten Sitte werden am 4. Dezember, dem Tag der heiligen Barbara, Zweige mit Blütenknospen geschnitten und ins Wasser gestellt. Am beliebtesten sind Kirschzweige. Aber auch andere Obstbaumzweige, Flieder und Forsythien können genommen werden. Blüht der Zweig am Weihnachtstag, so bedeutete dies früher Glück für das ganze Jahr. Leider blieben die Knospen häufig geschlossen, weil man den Trick mit dem „Winterimpuls“ noch nicht kannte.

Damit die Barbarazweige pünktlich blühen, muß der Lebensrhythmus der Gehölze nachgeahmt werden. Wenn es bis zum Barbaratag schon einmal kräftigen Frost gab, dann haben Bäume und Sträucher ihren Winterimpuls bereits erhalten. Blieb es bis dahin mild, muß mit einem künstlichen Eisschock nachgeholfen werden: Man legt die Äste kurz in den Kühlschrank oder in den Gefrierschrank. Danach werden sie für etwa 1 bis 2 Stunden in handwarmes Wasser getaucht. In dieser Zeit erhalten die Zweige ihren „Frühlingsimpuls“, denn in der Natur lösen Feuchtigkeit und Wärme die Keimung und das Wachstum aus. Das Holz ist nach dem Bad vollgesogen mit Wasser. Die braunen Knospen beginnen schon zu schwellen. Nun brauchen Sie die Zweige nur noch tief anschneiden und in eine Vase mit warmem Wasser stellen. Im geheizten Zimmer treiben die Barbarazweige bereitwillig aus.

Die heilige Barbara kommt durch eine alte Legende zu den Zweigen: Es wird erzählt, daß sie wegen ihrer Anmut und Schönheit vom eifersüchtigen Vater in einen Turm gesperrt wurde und während dieser Gefangenschaft mit den Wassertropfen ihres Trinknapfes ein verdorrtes Kirschbaumzweiglein getränkt habe. Tatsächlich hätten sich dann Knospen an den Zweigen gebildet und seien aufgeblüht – ein Wunder war geschehen.

Als Barbara sich zum Christentum bekehrt hatte und sich trotz Folterungen weigerte, den Göttern zu opfern, wurde sie durch ihren eigenen Vater mit dem Schwert enthauptet. Ein Turm mit drei Fenstern ist das Zeichen der Heiligen, der zu Ehren die Bergleute am 4. Dezember unter Tage ein Licht anzünden. Die drei Fenster symbolisieren dabei die Heilige Dreifaltigkeit, der Turm stellt das Gefängnis dar, in dem die Märtyrerin festgehalten wurde.

Der grausame Vater soll sofort nach der Hinrichtung durch Blitzschlag gestorben sein, so daß die kurz nach ihrem Tod heilig gesprochene Barbara als Schutzpatronin gegen Blitz und Donner angerufen wurde. Vielfach taufte man Feuerglocken auf ihren Namen und bereits im frühen Mittelalter war es Sitte, solche Barbaraglocken zu läuten, sobald ein Gewitter am Himmel stand.

Auch die Artillerie ernannte sie zu ihrer Schutzheiligen, denn durch ihre Kanonen ahmten die Soldaten gleichsam Blitz und Donner nach. Noch heute feuern die Artilleristen in Basel und Sankt Gallen beim Barbaraschießen 22 Kanonenschüsse zu Ehren der Heiligen ab.

Adventsschmuck für die Wohnung

Mit einer festlich dekorierten Wohnung kommt die Advents- und Weihnachtsstimmung ganz von allein – auch wenn Sie noch viele Vorbereitungen zu treffen haben. Am einfachsten ist es natürlich, wenn Sie gekauften Schmuck mit einigen Tannenzweigen hübsch arrangieren; Selbstgebasteltes jedoch hat seinen ganz besonderen Reiz und unterstreicht Ihren individuellen Geschmack.

Adventsbild aus Körnern

Es ist Nacht, die Sterne glitzern am Mondhimmel. Auf den Dächern türmt sich der Schnee, und aus den Schornsteinen quillt dicker Rauch… Solch ein friedliches Bild können auch Kinder leicht aus Körnern kleben.

Material

1 Bilderrahmen
Pappe, zum Rahmen passend zurechtgeschnitten
Mohn für den Himmel
Reis für Wolken
Sesam für Sterne und Schnee
roter Mais und Sonnenblumenkerne für die Dächer
gelber Mais für den Mond
2 Pimentkörner für die Augen des Mondes
Senfkörner für die Fensterrahmen
Watte für den Rauch
Klebstoff
Bleistift

Zuerst malen Sie die Umrisse der Motive mit Bleistift auf die Pappe (nach der Skizze unten oder nach eigenen Entwürfen).
Dann streichen Sie die einzelnen Motive mit Klebstoff ein und legen die großen Körner einzeln darauf. Kleine Körner wie den Mohn streut man vorsichtig auf und drückt sie mit den Fingerspitzen an. Zum Schluß werden duftige Rauchfahnen aus Watte an die Schornsteine geklebt. Wenn alles gut getrocknet ist, wird das Bild gerahmt. Das fertige Bild ist auf Seite 55 zu sehen.

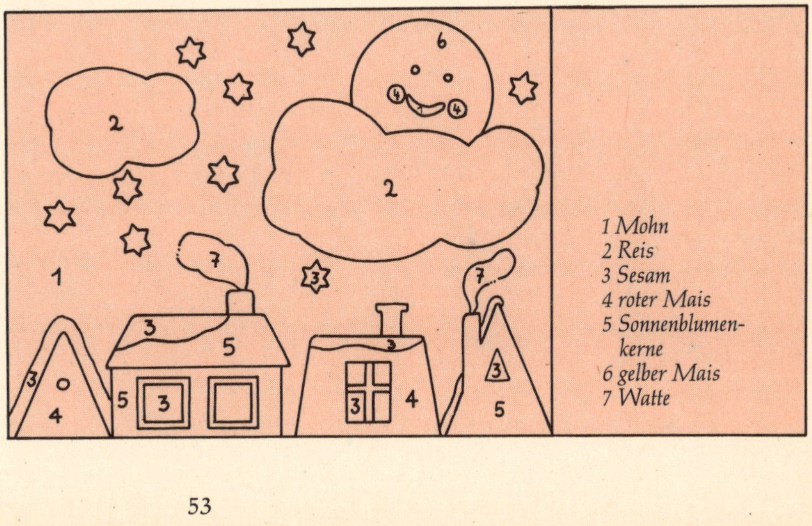

Spitze, dieser Engel!

Mal was ganz anderes: Statt aus Samt und Plüsch hat dieser Engel ein zartes weißes Kleid aus Tortenspitze (auf dem Foto Seite 55 zu sehen).

Material

- 1 Bogen weißer Plaka-Karton DIN A2
- Alleskleber
- 1 große Papiertortendecke
- 3 Spitzendeckchen aus Papier mit etwa 20 cm Durchmesser
- 1 Engelkopf
- 1 Päckchen Engelhaar
- 1 Holzspieß

Arbeitsanleitung

Schneiden Sie aus dem Karton einen Kreis mit 24 cm Durchmesser. Legen Sie den Kreis zu einem Kegel, und kleben Sie ihn zu. Falten Sie die große Tortendecke in 16 Teile, jeweils auf die Hälfte. Dann schneiden Sie oben die Spitze ab und falzen den Rock – eine Falte oben, eine Falte unten – noch einmal. Stülpen Sie den Rock über den Kegel, und stecken Sie den Holzspieß knapp unter dem oberen Rand quer durch den Kegel.

Für die Krause schneiden Sie einen Kreis mit 17 cm Durchmesser aus dem Karton und falten ihn einmal durch die Mitte. Kleben Sie ein kleines Spitzendeckchen darauf und legen die Krause über den Spieß.

Falten Sie für die Flügel 2 Spitzendeckchen durch die Mitte, und kleben Sie sie an die Krause. Anschließend den Engelkopf auf den Kegel kleben und mit dem Engelhaar schmücken. Zum Schluß bekommt der Engel noch ein Krönchen aus Glanzfolie.

Baby-Engel

Dieser kleine Engel aus Goldfolie (auf dem Foto Seite 55 kann man ihn bewundern) ist kinderleicht zu basteln. Alles, was Sie brauchen, ist Goldfolie, eine Wattekugel, Watte, Klebstoff, eine Stecknadel und Farbstifte.

Schneiden Sie einen Streifen Goldfolie zu, der so breit ist, wie der Engel hoch sein soll (ohne Kopf gemessen), und falten Sie ihn ziehharmonikaartig in 0,5 cm tiefe Falten. Nun falten Sie den Streifen zu einer Rosette auf und kleben die Enden zusammen.

Schneiden Sie einen zweiten Streifen zu, der doppelt so breit ist wie der erste, und falten Sie ihn ebenfalls ziehharmonikaartig. Ziehen Sie ihn zu einem Halbkreis auseinander und kleben ihn als Flügel auf die Rosette, so daß das Engelchen steht.

Malen Sie ein Gesicht auf die Wattekugel, kleben Sie die Watte als Haare auf, und krönen Sie das Köpfchen mit einer Krone aus Goldfolie. Zum Schluß wird der Kopf mit einer Stecknadel auf den Körper gesteckt.

Tasche mit Herz

Eine vielseitig verwendbare Tasche ist das – sei es für ganz kleine Aufmerksamkeiten für nette Leute, sei es als dekorativer Anhänger an einem Adventsstrauß oder am Christbaum (siehe Foto auf Seite 55).

Sie brauchen nur zwei verschiedenfarbige Metallfolien, Papier und Bleistift für das Schnittmuster und eine Schere.

Machen Sie sich ein Schnittmuster nach der Form aus Zeichnung 1. Falten Sie die Metallfolien, legen Sie das Schnittmuster an der Faltkante auf, und übertragen Sie die Schnittlinien. Schneiden Sie aus jeder Farbe ein Teil zu.

Nun werden die Teile ineinandergeflochten, wie in der Zeichnung 2 zu sehen. Legen Sie immer einen Streifen ganz ein, bevor der nächste folgt.

Die fertige Herztasche auseinanderfalten und zum Aufhängen einen schmalen Folienstreifen ankleben.

1

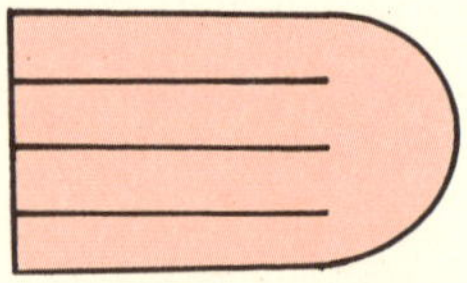

2

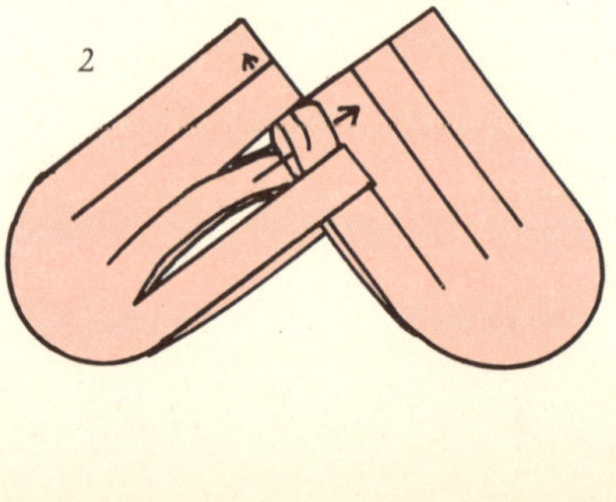

Wenig Aufwand – große Wirkung: Mit Tannengrün und selbstgebasteltem Schmuck wird die Wohnung in der Adventszeit festlich eingestimmt.

Strohsterne verschönern die Wohnung in der Advents- und Weihnachtszeit. Wie man sie anfertigt, steht auf der gegenüberliegenden Seite.

Sterne für lange Nächte

Strohsterne sind die Klassiker unter den Advents- und Weihnachtsdekorationen. Sie sind in vielfältiger Weise abwandelbar, und sie passen überall hin. Ebenso schön und einfach herzustellen sind Sterne aus Spanrollen. In den folgenden Anleitungen werden die Grundformen erklärt – experimentieren Sie, und kreieren Sie Ihre Exklusivmodelle!

Strahlendes aus Stroh

Unbehandelte Strohhalme sind ganz schön spröde. Doch wenn man sie richtig in den Griff bekommt, entpuppen sie sich alle Jahre wieder als feiner weihnachtlicher Schmuck.

Material und Werkzeug

Schüssel mit Wasser
Schere und Federmesser
buntes Garn
Stecknadeln
Bügeleisen

Arbeitsanleitung

Strohhalme gibt es gebleicht oder auch gefärbt. Man kann sie mit einem Bügeleisen flachbügeln oder auch rund lassen je nach Geschmack. Auf jeden Fall müssen sie vor der Verarbeitung etwa 30 Minuten gewässert werden; so wird das Stroh geschmeidig und läßt sich anschließend problemlos verarbeiten.

Bevor Sie die Sterne zusammensetzen, verzieren Sie die Halmenden. Dazu legen Sie das Stroh auf eine Unterlage und schneiden mit dem Federmesser Muster nach Wunsch aus.

Nach diesem Grundprinzip werden die Halme anschließend zu Sternen zusammengefügt: 4 oder mehr Halme kreuzweise übereinanderlegen und in der Mitte der Schnittstelle mit einer Stecknadel fixieren. Dann die Strahlen mit Garn umwickeln.

Für einen dichten Stern können Sie mehrere dieser Einzelsterne aufeinanderlegen, fixieren und mit Garn umweben.

Eine hübsche Variante ist es, wenn Sie einen Stern aus Glanzfolie zwischen die „Sternschichten" kleben.

Gerolltes aus Span

Gut zum Tannengrün paßt auch der leuchtende Naturton der Spansterne. Sie brauchen Spanrollen, Klebstoff, Wäsche- oder Büroklammern und eine Schere.

Die biegsamen Spanrollen werden zu einzelnen Elementen geformt – von Ringen, Rollen, Spiralen, Bogen und Schlaufen bis hin zu Tüten.

Erst einen Spanstreifen in entsprechender Länge abschneiden, in Form biegen, festkleben und zum Trocknen mit einer Wäsche- oder Büroklammer fixieren. Danach Teil für Teil zu einer Sternform zusammenkleben.

Der einfachste Stern entsteht, wenn Sie mehrere Schlaufen mit der Spitze nach außen an einen Mittelring kleben.

Hier noch ein paar Tips:

- Nehmen Sie beim Formen der Späne immer die glatte Seite nach außen.
- Ein Rundholz oder Röhrchen hilft beim Formen runder Grundelemente.
- Für Tüten oder Schlaufen den Span anfeuchten, formen, mit einer Klammer fixieren, trocknen lassen, dann kleben.

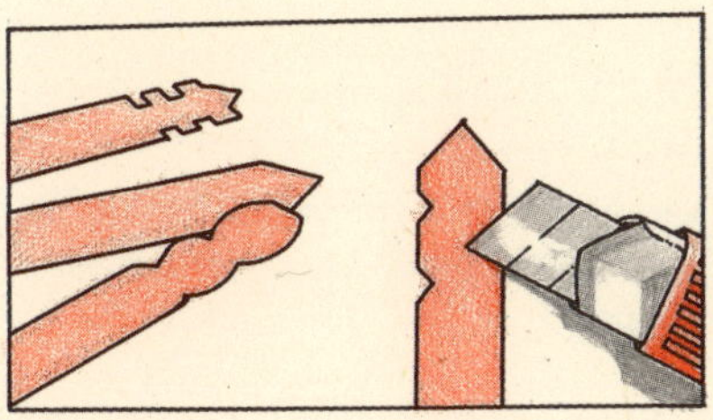

1. *Die Halmenden durch feine Einschnitte mit dem Federmesser verzieren*

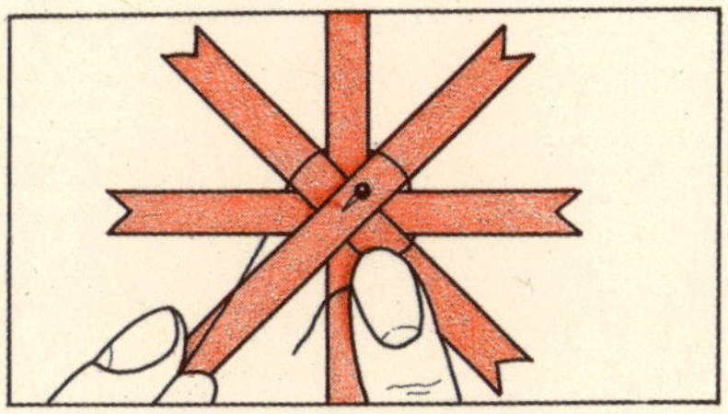

2. *Je Grundstern 4 Strohhalme über Kreuz legen und mit Garn umweben*

Sterne aus einfachen Grundformen: Schlaufen, Ringe und Rollen

Schöne Advents-aussichten

(Foto Seite 56)

Lustig sieht die Schneemanngirlande aus, und die Sterne wirken zart und vielfältig wie Schneeflocken.

Material

Papier und Bleistift
Zeichenkarton, Schere
Transparentpapier
Farbstifte

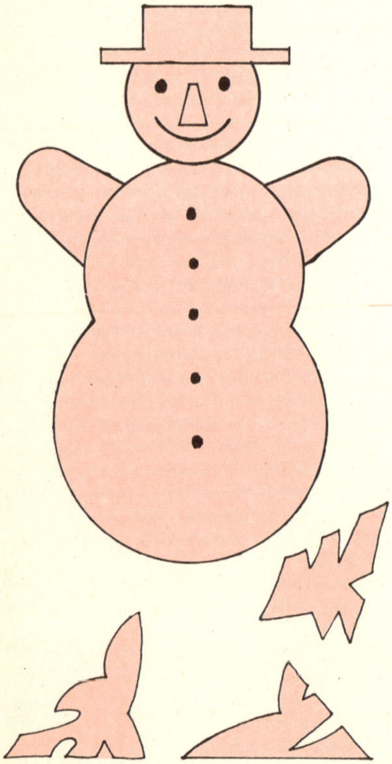

Vorlage für die Schneemanngirlande und Schnittmuster für alle Sterne

Arbeitsanleitung

Vergrößern Sie zunächst die Schneemannzeichnung auf eine Höhe von 12 cm. Das geht am einfachsten mit einem Fotokopierer. Die originalgroße Zeichnung übertragen Sie auf Zeichenkarton und schneiden sie aus.
Nun schneiden Sie einen 12 cm hohen Streifen Transparentpapier zurecht, der so lang ist, wie die Girlande lang sein soll, und falten ihn ziehharmonikaartig (Faltbreite 8 cm). Auf die Oberseite der Ziehharmonika die Schablone übertragen und die Figur ausschneiden. Achtung: Die Arme sind die Verbindungsteile, hier den Papierknick nicht durchschneiden!
Für die Sterne schneiden Sie das Papier zu Quadraten und falten jedes Quadrat dreimal diagonal zur Hälfte. Schneiden Sie nun Muster aus, wie links gezeigt, und erfinden Sie eigene!

Ein Weihnachtsbogen

(Foto Seite 56)

Früher war er einmal der Weihnachtsbaum der armen Leute, die sich einen richtigen Baum nicht leisten konnten. Man stellte den Bogen zur Weihnachtszeit ins Fenster. Dieser Bogen ist frei nach traditionellen Vorbildern gestaltet.

Material

1 Holzleiste, 70 x 7 x 1 cm
2 Bambusstäbe, 50 cm lang
1 Bambusstab, 60 cm lang
2 Stücke Peddigrohr, je 1,4 m lang
1 Rolle Blumendraht
mehrere Sträuße Buchsbaum
4 Kerzenhalter mit Kerzen
Klebstoff

Arbeitsanleitung

Bohren Sie in die Bodenleiste (nach Wunsch vorher farbig anmalen) 3 Löcher: in der Mitte ein Loch in der Stärke des Bambusstabs, je 4 cm von den Enden der Leiste entfernt ein Loch in der Stärke des Peddigrohrs. Einen 50 cm langen Bambusstab im mittleren Loch verleimen. Die Peddigrohrstücke leicht zusammendrehen, zum Halbkreis biegen und die Enden in die beiden äußeren Bohrlöcher leimen. Die Spitze des Bambusstabs und des Peddigrohrbogens mit Blumendraht fest verbinden.
Nun die beiden Bambusquerstäbe anbringen: den längeren mit 17 cm Abstand von der Bodenleiste, den kürzeren mit nochmals 17 cm Abstand. Die Enden durch den Peddigrohrbogen schieben und auf beiden Seiten 4 cm vorstehen lassen. Mit Blumendraht an allen Kreuzungspunkten sichern. Den Buchsbaum in handliche Zweige schneiden und zuerst um das Peddigrohr, dann um die übrigen Stäbe wikkeln und mit Blumendraht befestigen, bis der ganze Bogen über und über mit Grün bedeckt ist.
Die Kerzenhalter seitlich auf den überstehenden Enden der Querstäbe befestigen.
Jetzt müssen Sie nur noch die Süßigkeiten mit Geschenkband daranhängen, und fertig ist der Bogen.

Schillernde Pailletten-kugeln

(Foto Seite 56)

Sehr wirkungsvoll und auch von Kindern schnell zu basteln: Kugeln voller glänzender Pailletten, die wie 1000 bunte Lichter im Schein der Kerzen glänzen.

Material

- Styroporkugeln
- Sprühfarbe in Gold oder Silber
- Metallic-Pailletten
- Klebstoff
- Stecknadeln
- Gold- oder Silberkordel

Arbeitsanleitung

Zuerst werden die Styroporkugeln besprüht. Am besten ist es, wenn sie dazu frei hängen oder aufgespießt sind. Dazu Stecknadeln mit Fäden verknoten und in die Kugeln stechen. Nun mit der Spraydose ringsum das Gold oder das Silber aufsprühen und die Kugeln trocknen lassen. Pailletten gibt es in vielen Formen und Farben: Sterne, Kreise, Blätter oder Blüten; jede Kugel läßt sich also individuell gestalten. Breiten Sie die Pailletten auf dem Tisch aus, und kleben Sie jede einzeln auf – ganz schnell wird sich dabei ein Muster entwickeln.

Zum Aufhängen verknoten Sie 2 Stecknadeln mit der Gold- oder Silberkordel und stecken sie schräg gegeneinander durch das Loch einer Paillette.

Bunte Häkelsterne

(Foto Seite 57)

Eine Arbeit für lange Winterabende: pro Stern müssen Sie schon ein paar Stunden Zeit investieren. Doch es lohnt sich, denn Sie werden jahrelang Freude daran haben.

Material

- Metallic-Garn
- Häkelnadel Nr. 1,75
- Blumendraht

Arbeitsanleitung

Ein Stern besteht aus 12 Blättern, die sich von einem Stäbchen auf das drei- und fünffache verbreitern und wieder verschmälern. 3 Luftmaschen bilden das erste Stäbchen einer neuen Runde. Lm = Luftmasche, Km = Kettmasche, St = Stäbchen.

1. Runde: 5 Lm zum Ring schließen, mit 24 St umhäkeln, 1 Km;
2. Runde: 1 St, 2 Lm, 1 St in das zweite folgende St der Vorreihe, 2 Lm (fortlaufend), 1 Km;
3. Runde: 3 St in das untere St der Vorreihe, 2 Lm (fortlaufend), 1 Km;
4. Runde: 5 St in die unteren 3 St der Vorreihe, 1 Lm (fortlaufend), 1 Km;
5. Runde: 3 St in die 5 St der Vorreihe, 5 Lm (fortlaufend), 1 Km;
6. Runde: 1 St in die 3 St der Vorreihe, 9 Lm (fortlaufend), 1 Km;
7. Runde: die 6. Runde mit festen Maschen umhäkeln (je 12 Maschen in die Lm der Vorreihe), dabei einen Ring aus Blumendraht mitführen.

Adventspyramide

(Foto Seite 57)

In vielen Landstrichen lebt der Brauch, in der Weihnachtszeit eine Adventspyramide aufzustellen. An der Pyramide aus Naturmaterialien werden Sie jedes Jahr erneut Freude haben. Sie brauchen dazu einen Kegel aus Styropor, Blumendraht, Lärchenzapfen, Bucheckernhülsen, Mäusedorn, Hagebutten, rote Schleifen, eine Baumwollkapsel als Kerzenhalter und eine Kerze (die Pyramide ist aber auch ohne Kerze ein schöner Raumschmuck).

Verbinden Sie die einzelnen Materialien mit dem Blumendraht, und stekken Sie das andere Drahtende in den Kegel. Die Baumwollkapsel kommt auf die Spitze, und die Kerze wird mit heißem Wachs befestigt.

Weihnachtliche Gestecke

(Foto Seite 57)

Auch an den festlichen Gestecken können Sie sich länger als eine Adventszeit erfreuen.

Beim linken wurde ein Töpfchen mit Buchs besteckt, und dazwischen stekken verschiedene Zapfen von Nadelgehölzen, die bemalt und mit Draht befestigt sind.

Auch das rechte Töpfchen enthält Buchs, zusammen mit Immergrün; dazwischen stecken Christrosen (frische oder Seidenblumen).

Sankt Nikolaus

Der doppelte Heilige

Der beliebteste Heilige der Kinder ist seit vielen hundert Jahren der Sankt Nikolaus. Sehnsüchtig wird er von ihnen am 6. Dezember erwartet. Je nach Land und Gegend erkennen sie seine Anwesenheit an kleinen Geschenken, die er ihnen über Nacht in die Schuhe gelegt, oder in die an den Kamin gehängten Strümpfe gesteckt hat. Am schönsten ist es natürlich, wenn der Heilige persönlich erscheint. Mit Mitra und Krummstab versehen, tritt der Himmelsmann würdig vor die Kleinen oder – immer häufiger heutzutage – als profanerer, aber nicht minder geliebter Weihnachtsmann mit seinem roten Kapuzenmantel. Weitere Erkennungszeichen sind: ein langer, weißer Bart und eine tiefe Stimme. Seit eh und je versuchen die Kinder herauszufinden, wer sich tatsächlich hinter dem weißen Bart verbirgt.

Hinter dem „echten" Nikolaus jedoch stecken in Wirklichkeit zwei Heilige: Der Bischof Nikolaus von Myra in der heutigen Türkei, der am 6. Dezember 343 zu Tode gekommen ist, und der Abt Nikolaus von Sion, Bischof von Pinara (ebenfalls in der heutigen Türkei), der im Jahre 564 starb. Beide sollen besonders gütige und mildtätige Menschen gewesen sein, und beide sollen sie Kinder besonders geliebt haben. Von den vielen Legenden, die sich um die beiden Nikoläuse ranken, sind die drei am bekanntesten, die sie als Kinderfreunde zeigen.

Drei Schüler, so wird berichtet, kamen eines Abends nach langer Wanderschaft an die Tür eines Metzgers, der sie aufnahm und freundlich bewirtete. Doch in der Nacht erschlug er sie und pökelte sie in Salzfässern ein. Der heilige Nikolaus stieg bald darauf in der gleichen Herberge ab und wurde mit dem Pökelfleisch bewirtet. Er erkannte die grausige Tat, segnete die Fässer – und siehe da, die Knaben erwachten, als hätten sie nur geträumt.

Aber auch in einer anderen Legende wird Sankt Nikolaus als Kinderfreund geschildert: In Kleinasien war vor 1600 Jahren eine furchtbare Hungersnot ausgebrochen, an der viele Menschen starben. Verzweifelt warteten sie auf Getreideschiffe aus Ägypten. Doch hatten Seeräuber die rettende Weizenladung beschlagnahmt. Die Piraten forderten Gold und Schmuck von den Hungernden, andernfalls drohten sie, ihre Kinder mit an Bord zu nehmen und als Sklaven zu verkaufen. Doch sämtlicher Schmuck der Bewohner reichte nicht aus, um die Gier der Seeräuber zu stillen. Der heilige Nikolaus war es schließlich, dem es gelang, die Kinder zu retten, indem er die Goldschätze seiner Kirche opferte. Daraufhin gaben die Piraten die Einfahrt frei.

Die letzte dieser Legenden erzählt von einem Nachbarn des heiligen Nikolaus, der so arm war, daß er seinen drei Töchtern keine Aussteuer mitgeben konnte. Den Mädchen stand eine ungewisse Zukunft bevor, da sie ohne Aussteuer nicht heiraten durften. Nikolaus taten die Töchter leid „... und er ging hin und band einen Klumpen Goldes in ein Tuch und warf ihn des Nachts heimlich dem Armen durch ein Fenster in sein Haus und ging heimlich wieder fort."

Der Weihnachtsmann ist da! Seinen prächtigen Mantel können Sie selber nähen (siehe Seite 66/67).

In seinem Sack bringt der Weihnachtsmann viele Geschenke für brave Kinder (Arbeitsanleitung Seite 68). Wie man den kleinen Stiefel faltet, steht auf Seite 69.

Heut ist Nikolausabend da!

O lieber heiliger Nikolaus,
Komm doch zu uns ins Haus,
Und leer dein Sackl aus,
Beutle viel Glück und Segen heraus.

Natürlich ist es für Kinder herrlich aufregend, wenn der Heilige am Nikolaustag bei ihnen zu Hause erscheint. Einen Leihnikolaus beziehungsweise Leihweihnachtsmann können Sie beim Studentenschnelldienst bekommen oder bei einem Kostümverleih. Manch einer inseriert auch in der Zeitung.

Da befreundete Elternpaare meist von der Idee begeistert sind, einen Nikolaus für eine größere gemeinsame Feier mit allen Kindern zu engagieren, ist es ratsam, rechtzeitig zu klären, wie viele Personen an der Feier teilnehmen werden. Selbst der Nikolaus ist erschüttert, wenn er statt des angekündigten Einzelkindes, einer Bande von zehn quirligen Abc-Schützen gegenübersteht. Da hilft dann nur improvisieren.

Wie läßt sich nun ein guter Weihnachtsmann von einem schlechten Weihnachtsmann unterscheiden? Ein guter Weihnachtsmann wird Sie nach der Anzahl der zu bescherenden Kinder fragen und sich ihre guten und schlechten Taten notieren. Zu dem vereinbarten Auftritt kommt er entweder allein, oder er bringt den dunklen Begleiter des Nikolaus mit, den Knecht Ruprecht. Weder Jeans noch Turnschuhe verraten seine irdische Herkunft. Um auf keinen Fall entlarvt zu werden, parken umsichtige Heilige ihren Wagen in einer Nebenstraße.

In der Regel werden Sie gebeten, die Geschenke vorher ins Treppenhaus zu legen, damit der Weihnachtsmann sie dort finden und in seinen Sack packen kann. Lassen Sie die Kinder beim Eintritt des himmlischen Gastes ein Lied singen oder ein Gedicht aufsagen. Das entkrampft die Stimmung, und den Kleinen macht dieser Beitrag zur Feierstunde meistens auch mächtig Spaß. Eine Bescherung von zwei Kindern dauert etwa 15 bis 20 Minuten.

Wer den Auftritt fotografieren oder filmen will, muß spezielle Vorbereitungen treffen. Unter anderem sind bekanntlich folgende Fragen zu klären: Ist genügend Licht vorhanden? Hat der Weihnachtsmann ausreichend Platz? Was steht hinter ihm (möglichst nichts!)? Reicht das Filmmaterial? Muß eventuell eine Batterie ausgewechselt werden? Damit Sie in Ruhe den Ausschnitt wählen und die Einstellung des Filmgerätes überprüfen können, sollte sich vorher eine neutrale Person an den Platz des Weihnachtsmannes stellen.

Damit der Auftritt des Weihnachtsmannes auch wirklich ein voller Erfolg wird, hier noch ein guter Rat. Drohen Sie Ihren Kindern nicht mit ihm und auch nicht mit dem eventuell erscheinenden Knecht Ruprecht. Gerade sehr kleine und sensible Kinder werden sonst, anstatt fröhlich und stolz ihr Gedicht aufzusagen, in Tränen ausbrechen und sich ängstlich verstecken – und das hätte der kinderfreundliche Heilige, das Vorbild aller heutigen Nikoläuse und Weihnachtsmänner, bestimmt nicht gewollt!

Wie ein Weihnachtsmann entsteht

Die perfekte Verwandlung

Mit einigen Tricks und Kniffen läßt sich aus jedem Herren über 25 ein würdevoller Nikolaus machen, den weder das eigene Kind noch die eigene Mutter entlarven würde. Alles, was Sie zu der Verwandlung brauchen, ist ein Nikolauskostüm (entweder selbstgenäht oder vom Kostümverleih), etwas Schminke und ein dickes, rotes Buch.

Das Kostüm

Material
4,20 m roter Kettsamt oder Filz, 90 cm breit; 1 m weißes Plüsch- oder Fellimitat; 5 Druckknöpfe

Arbeitsanleitung
Einen originalgroßen Papierschnitt nach dem Schnittschema anfertigen. Vorder- und Rückenteil, die Kapuze, die Ärmel und die Keilstücke aus rotem Samt mit 1 cm breiten Nahtzugaben zuschneiden. Vorder- und Rükkenteil rechts auf rechts legen und Seitennähte schließen. Den Keil den Zahlen entsprechend am unteren Armloch einsetzen. Ärmelnähte schließen und Ärmel einsetzen. Ärmel und Mantel säumen. Die Kapuzenteile zusammennähen und die Kapuze rundherum säumen. Mantelvorderkante, Saum und Ärmel sowie den Kapuzenrand mit weißen Plüsch- oder Fellimitatstreifen (etwa 10–15 cm breit) besetzen. Mantel und Kapuze mit Druckknöpfen schließen.

Die Schminke

Reiben Sie Ihr Gesicht zum Schutz mit einer neutralen Hautcreme ein. Anschließend mit getöntem Make-up Hals und Gesicht bräunen. Reichlich Rouge auf Wangen und Nase simuliert winterliche Kälte.
Der Nikolaus ist ein alter Mann. Um ihn darzustellen, müssen Sie sämtliche Grundsätze der Kosmetikindustrie über Bord werfen: Sie müssen Falten bekommen. Verziehen Sie dazu Ihr Gesicht, und zeichnen Sie die dabei entstehenden Falten mit einem gespitzten Kajalstift nach. Die schwarzen Striche leicht mit dem Finger verwischen. Wirkungsvoll ist auch ein Strich genau in der Lidfalte. Er legt die Augen tiefer.
Graue Haare bekommt der Nikolaus durch Trockenshampoo oder weißes Haarspray. Decken Sie beim Sprühen das Gesicht mit einem Taschentuch ab. Die Augenbrauen müssen ebenfalls ergrauen. Nehmen Sie dazu weiße Karnevalsschminke oder Deckweiß. Die Brauen sollen buschig wirken und etwa gleichlang sein. Blonde oder schmale Augenbrauen vorher einschwärzen.

Der Bart

Nehmen Sie bitte keinen Wattebart. Er wirkt auf jeden Fall unecht. Die ebenfalls im Handel erhältlichen Nylon- und Plüschbärte eignen sich weitaus besser. Zupfen Sie Ihren Bart zurecht, und befestigen Sie ihn im Gesicht. Auch, wenn Sie einen Bart zum Umgängen haben, kleben Sie den Schnauzbart mit Wimpernkleber auf der Oberlippe fest. Er verrutscht sonst beim Sprechen. Der Kleber läßt sich mit einer alkoholhaltigen Waschlösung wieder entfernen.

Die Accessoires

Der Nikolaus sollte unbedingt Stiefel tragen. Ein Paar schwarzer Reit- oder Gummistiefel werden sicher noch aufzustöbern sein. Weiße Handschuhe, eine weiße Hose und ein Buch mit einem Umschlag aus Geschenkpapier vervollständigen das Kostüm.

Schnitt für den Mantel des Weihnachtsmanns

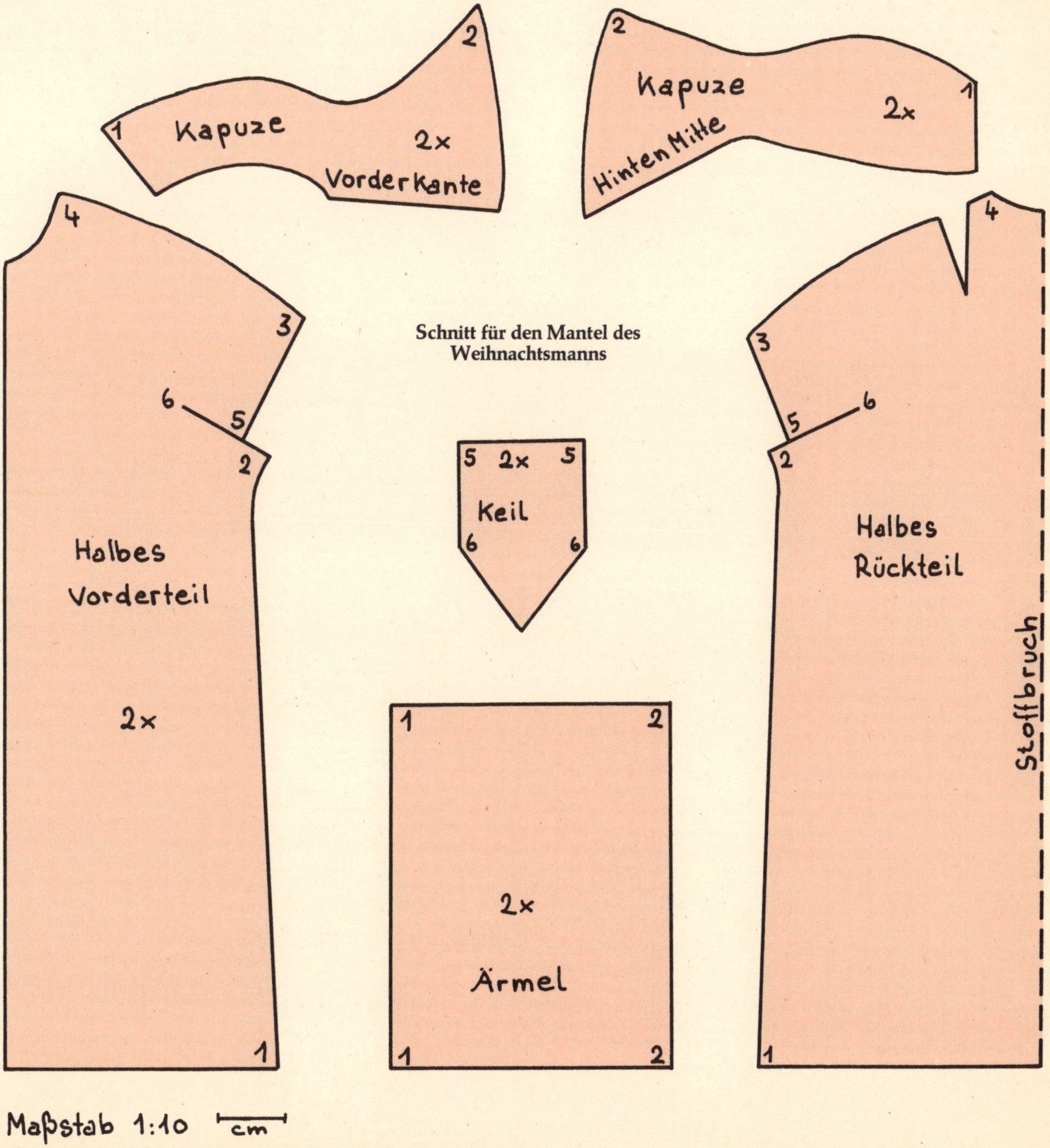

Großer Nikolaussack für die Geschenke

Damit der Nikolaus weiß, wohinein er nachts seine Gaben legen soll, nähen die Kinder einen Geschenksack für ihn (Foto Seite 64). Auch kleinere Kinder können an diesem Teil ihre ersten Nähversuche wagen. Am 6. Dezember werden sie ihn dann bestimmt prallgefüllt wiedersehen.

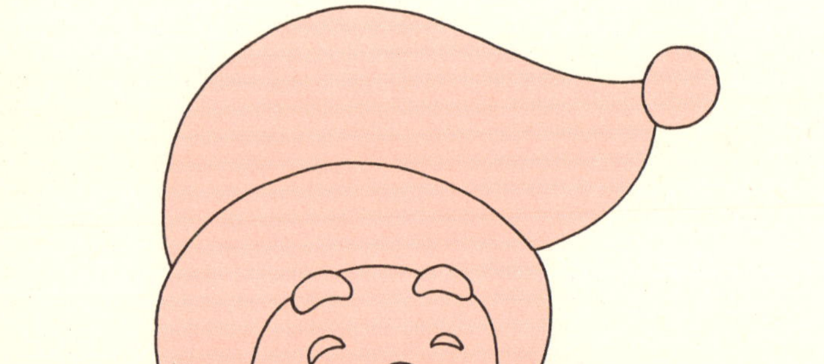

Material
45 cm erdbrauner, fester Stoff, 62 cm breit; verschiedene Filzreste (schwarz, rot, weiß, hautfarben); Nähseide, 1 m rote Kordel, Stoffkleber

Arbeitsanleitung
Das gesamte Beutelteil 43 cm lang und 60 cm breit zuschneiden; dabei rundum 1 cm Nahtzugabe berücksichtigen. Die obere Kante versäubern. Boden- und Seitennaht schließen und die innere Beutelseite nach außen wenden.
Das Nikolausmotiv können Sie mit Transparentpapier original von unserer Vorlage abzeichnen oder nach Wunsch vergrößern (am einfachsten mit einem Fotokopierer).
Schneiden Sie jedes einzelne Teil der Vorlage auf dem Transparentpapier aus, und übertragen Sie es auf das entsprechende Filzstück. Filzteile ausschneiden und gut auf der Vorderseite des Nikolaussackes festkleben. Kordel als Verschluß einziehen. Der fertige Nikolaussack hat eine Größe von etwa 43 x 30 cm.

Der Origamistiefel

Origami – das ist die Kunst, einfache Papierstücke zu wunderschönen Formen und Figuren zu falten. Hier entsteht Schritt für Schritt ein origineller Nikolausstiefel für den Christbaum (Foto Seite 64). Sie brauchen nur ein quadratisches Stück Papier, das Sie zweimal durch die Mitte falten.

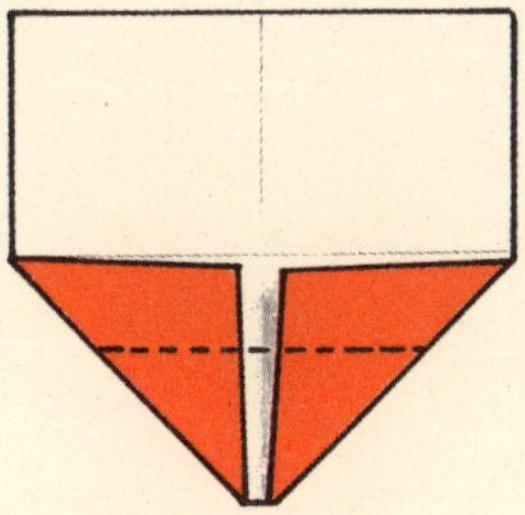

1. *Die beiden unteren Ecken auf die waagerechte Mittellinie falten. An der Markierung…*

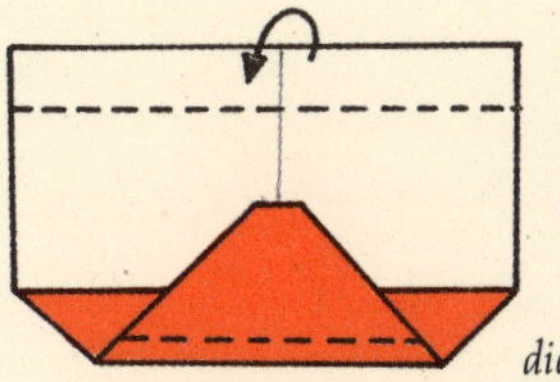

2. *… die untere Spitze nach oben falten. An der gestrichelten Linie die Spitze wieder nach unten falten. An der Markierungslinie…*

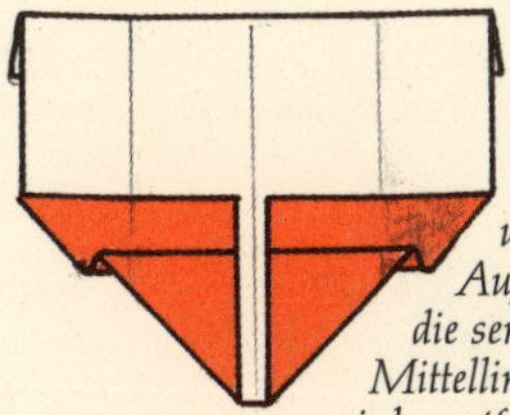

3. *… die obere Kante nach hinten falten. Rechte und linke Außenkante auf die senkrechte Mittellinie falten und wieder entfalten.*

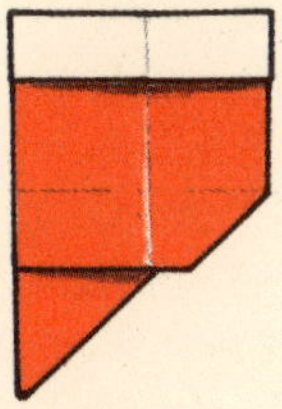

4. *Die linke Hälfte nach rechts falten.*

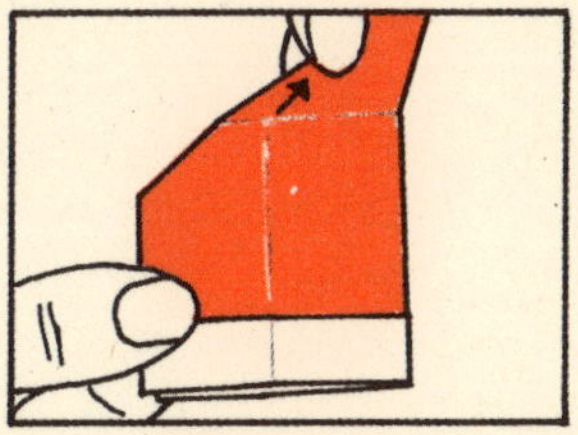

5. *Anschließend die untere Spitze ein bißchen nach links ziehen, und die neue Falte feststreichen.*

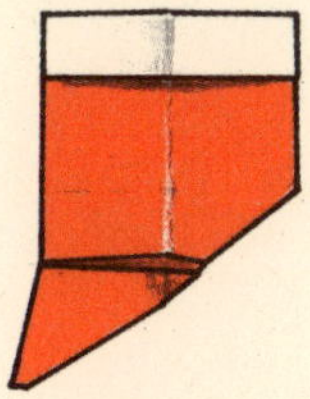

6. *An der Hilfslinie die vordere Seite des Papiers…*

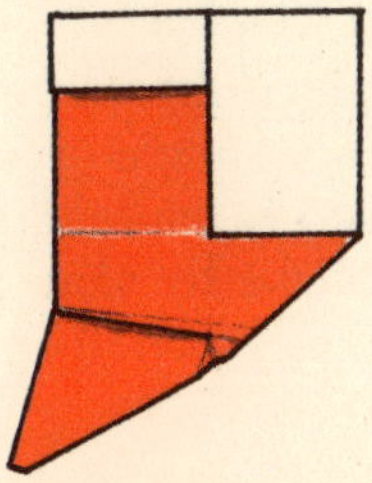

7. *… nach innen falten.*

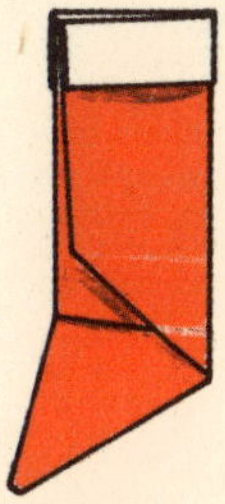

8. *Den rechten Teil des Papiers nach links falten.*

9. *Der Stiefel ist fertig.*

Laßt uns froh und munter sein

Weder der Name des Textdichters noch des Komponisten von diesem wohl bekanntesten deutschen Nikolauslied ist uns überliefert; soviel dürfte aber sicher sein: Wort und Weise stammen aus dem Hunsrück.

2. Bald ist unsre Schule aus,
dann zieh'n wir vergnügt nach Haus.
Lustig, lustig…

3. Dann stell ich den Teller auf,
Niklaus legt gewiß was drauf.
Lustig, lustig…

4. Steht der Teller auf dem Tisch,
sing ich nochmals froh und frisch:
Lustig, lustig…

5. Wenn ich schlaf, dann träume ich:
Jetzt bringt Niklaus was für mich.
Lustig, lustig…

6. Wenn ich aufgestanden bin,
lauf ich schnell zum Teller hin.
Lustig, lustig…

7. Niklaus ist ein guter Mann,
dem man nicht genug danken kann.
Lustig, lustig, traleralera,
nun war Nikolausabend da,
nun war Nikolausabend da!

Knecht Ruprecht

von Theodor Storm

Ruprecht: Von drauß' vom Walde komm ich her;
ich muß euch sagen, es weihnachtet sehr!
Allüberall auf den Tannenspitzen
sah ich goldene Lichtlein sitzen;
und droben aus dem Himmelstor
sah mit großen Augen das Christkind hervor,
und wie ich so strolcht'
durch den finstern Tann,
Da rief's mich mit heller Stimme an:
„Knecht Ruprecht", rief es, „alter Gesell,
hebe die Beine und spute dich schnell!
Die Kerzen fangen zu brennen an,
das Himmelstor ist aufgetan,
Alt' und Junge sollen nun
von der Jagd des Lebens einmal ruhn;
und morgen flieg ich hinab zur Erden;
denn es soll wieder Weihnachten werden!"
Ich sprach: „O lieber Herre Christ,
meine Reise fast zu Ende ist;
ich soll nur noch in diese Stadt,
wo's eitel gute Kinder hat."
– „Hast denn das Säcklein auch bei dir?"
Ich sprach: „Das Säcklein, das ist hier:
Denn Äpfel, Nuß und Mandelkern
fressen fromme Kinder gern."
– „Hast denn die Rute auch bei dir?"
Ich sprach: „Die Rute, die ist hier;
doch für die Kinder nur, die schlechten,
die trifft sie auf den Teil, den rechten."
Christkindlein sprach: „So ist es recht!
So geh mit Gott, mein treuer Knecht!"
Von drauß' vom Walde komm ich her;
ich muß euch sagen, es weihnachtet sehr!
Nun sprecht, wie ich's hierinnen find!
Sind's gute Kind, sind's böse Kind?

Vater: Die Kinder sind wohl alle gut,
haben nur mitunter was trotzigen Mut.

Ruprecht: Ei, ei, für trotz'gen Kindermut
ist meine lange Rute gut!
Heißt es bei euch denn nicht mitunter:
Nieder den Kopf und die Hosen herunter?

Vater: Wie einer sündigt, so wird er gestraft;
die Kinder sind schon alle brav.

Ruprecht: Stecken sie alle die Nas' auch tüchtig ins Buch,
lesen und schreiben und rechnen genug?

Vater: Sie lernen mit ihrer kleinen Kraft;
wir hoffen zu Gott, daß es endlich schafft.

Ruprecht: Beten sie denn nach altem Brauch
im Bett ihr Abendsprüchlein auch?

Vater: Neulich hört' ich im Kämmerlein
eine kleine Stimme sprechen allein,
und als ich an die Tür getreten,
für alle Lieben hört' ich sie beten.

Ruprecht: So nehmet denn Christkindleins Gruß,
Kuchen und Äpfel, Äpfel und Nuß;
probiert einmal von seinen Gaben;
morgen sollt ihr was Besseres haben!
Dann kommt mit seinem Kerzenschein
Christkindlein selbst zu euch herein.
Heut hält es noch am Himmel Wacht;
nun schlafet sanft, habt gute Nacht!

Adventseinladung für liebe Gäste

Den Auftakt zu den folgenden Vorschlägen, wie Sie Ihre Gäste an einem Adventssonntag besonders festlich bewirten können, macht eine winterliche Torte. Auf den nächsten Seiten finden Sie dann ein komplettes Menü.

Schneeballtorte mit Johannisbeeren

(Foto Seite 73)

Wenn's draußen schneit, wachsen natürlich keine Johannisbeeren mehr. Aber in solchen Fällen springt dann eben die Tiefkühltruhe ein.

Zutaten

Für die Böden:

4 Eiweiß, 1 Prise Salz
250 g Zucker
1 Becher Schokoladenglasur

für die Füllung:

je 250 g Quark und saure Sahne
100 g Crème fraîche
1 Päckchen Vanillezucker
1 TL geriebene Zitronenschale
Saft von 1 Zitrone
4 cl Kirschwasser
100–150 g Zucker
8 Blatt weiße Gelatine
500 g rote Johannisbeeren
1 Päckchen Sahnestandmittel
1 Päckchen Vanillezucker

zum Verzieren:

12 Kugeln Vanilleeis
100 g Kokosflocken
Marzipanschneemänner

Zubereitung

1. Für die Böden die Eiweiße mit dem Salz sehr steif schlagen.

2. Den Zucker vorsichtig darunterschlagen und die Masse anschließend in einen Spritzbeutel füllen.

3. Ein Backblech mit Pergamentpapier auslegen und die Baisermasse in Form von zwei Kreisen mit einem Durchmesser von jeweils 26 cm aufspritzen.

4. Die Böden im auf 100° C vorgeheizten Backofen 3 bis 4 Stunden trocknen lassen (sie dürfen keine Farbe annehmen).

5. Die Böden herausnehmen, das Pergamentpapier mit kaltem Wasser anfeuchten, abziehen und die Böden auskühlen lassen.

6. Die Schokoladenglasur im Wasserbad schmelzen und die Böden damit bestreichen.

7. Für die Füllung den Quark mit der sauren Sahne, der Crème fraîche, dem Vanillezucker, Zitronenschale und -saft glattrühren, mit Kirschwasser aromatisieren und je nach Geschmack mit Zucker süßen.

8. Die in kaltem Wasser eingeweichte Gelatine ausdrücken, in etwas heißem Wasser auflösen und unter die Quarkmasse schlagen.

9. Die Sahne mit dem Sahnestandmittel und dem Vanillezucker steif schlagen.

10. Sobald die Quarkmasse zu erstarren beginnt, 400 g Johannisbeeren und die Hälfte der Sahne unterziehen.

11. Die Beerencreme auf einem Boden verteilen und den anderen mit der Schokoladenseite nach unten daraufsetzen. Verwenden Sie dabei einen Papptortenrand, damit die Torte eine schöne Form bekommt.

12. Die restliche Sahne auf der Oberfläche der Torte verteilen und die Torte mindestens 5 Stunden im Kühlschrank ruhen lassen.

13. In der Zwischenzeit die Vanilleeiskugeln einzeln frosten.

14. Kurz vor dem Servieren die Kugeln in den Kokosflocken wälzen und auf die Torte setzen, ebenso die Marzipanschneemänner, die mit den Flocken bestreut werden, und die restlichen Beeren auf der Torte verteilen.

Die kleinen Marzipanschneemänner spielen mit dicken Schneebällen aus Vanilleeis. Das Rezept für diese köstliche Torte finden Sie auf der gegenüberliegenden Seite.

Hirschkalbsrücken (Rezept Seite 75)

Tomatensuppe mit Grießnockerln (Rezept Seite 76)

Schokoladenmousse (Rezept Seite 76)

Hirschkalbsrücken

(Foto Seite 74)

Dieser festliche Braten ist für 8 bis 10 Personen gedacht.
Wenn Sie den Braten nicht beizen wollen, können Sie ihn bereits fertig gespickt kaufen; soll er jedoch gebeizt werden, sollten Sie ihn selber spicken.

Zutaten

4–5 kg gespickter Hirschkalbsrücken
oder ungespickter und zusätzlich
150 g fetter Speck
2 l Buttermilch nach Belieben
Pfeffer und Salz
150 g Butter
1 TL Salz, 1 TL Curry
1 TL Rosenpaprika
1 EL Senf
1 Glas Johannisbeergelee oder
Hagebuttenmus
¼ l Fleischbrühe oder
⅛ l Fleischbrühe und ⅛ l Rotwein

Zubereitung

1. Wenn Sie das Fleisch beizen möchten, legen Sie es in eine große Schüssel und übergießen Sie es mit so viel Buttermilch, daß es ganz bedeckt ist. So 2 bis 3 Tage im Kühlschrank oder an einem kühlen Ort aufbewahren, dabei einmal täglich in der Buttermilch wenden. Dann aus der Marinade nehmen, mit Küchenkrepp trockentupfen und mit dem Speck spicken.

2. Den gespickten Rücken rundherum mit Pfeffer und Salz einreiben. Die Butter erhitzen und mit dem Salz und den Gewürzen sowie dem Senf verrühren.

3. Den Rücken in die Bratenpfanne des Backofens legen und mit der heißen Butter bepinseln.

4. Die Pfanne in den Backofen schieben und den Rücken zunächst bei 250° C 15 Minuten anbraten, dann auf 225° C zurückschalten und in weiteren 60 bis 75 Minuten garen. Zwischendurch einige Male mit der Butter bepinseln und bei Bedarf heiße Fleischbrühe (nach Geschmack mit Rotwein gemischt) in die Bratenpfanne gießen.

5. Den Rücken aus der Bratenpfanne nehmen und vor dem Aufschneiden einige Minuten ruhen lassen, damit sich der Fleischsaft wieder gleichmäßig im Fleisch verteilen kann.

6. Den Bratenfond mit Wasser lösen und mit dem Johannisbeergelee oder dem Hagebuttenmus in einer Kasserolle aufkochen. Die Soße gut abschmecken und zu dem angerichteten Hirschkalbsrücken servieren.

Als Beilagen sind Rotkraut oder Rosenkohl sowie Spätzle oder Kartoffelkroketten (siehe folgendes Rezept) zu empfehlen. Servieren Sie dazu einen französischen oder badischen Rotwein!

Kartoffelkroketten

Besonders fein sind selbstgemachte Kroketten; wenn Sie aber in Eile sind, können Sie auch einmal auf ein Fertigprodukt zurückgreifen. Dieses Rezept ist für 4 Personen.

Zutaten

1 kg gekochte Pellkartoffeln
3 Eigelb
5–6 EL Mehl
Pfeffer und Salz
je 1 Messerspitze Majoran und
geriebene Muskatnuß
2 Eier
Paniermehl
Fett zum Ausbacken

Zubereitung

1. Die Kartoffeln schälen, durch die Kartoffelpresse drücken und abkühlen lassen.

2. Die Kartoffeln mit den Eigelben, dem Mehl und den Gewürzen zu einem pikanten Kartoffelteig verkneten.

3. Den Teig zu langen Würsten mit etwa 2 cm Durchmesser formen und in Stücke von 4 bis 5 cm schneiden.

4. Die Eier verquirlen, die Kroketten darin wenden, anschließend in Paniermehl wälzen und in heißem Fett (die Friteuse auf 180° C erhitzen) schwimmend ausbacken.
Geben Sie nicht mehr als 5 bis 6 Kroketten ins Fett. Ansonsten kühlt es zu stark ab, und die Kroketten saugen sich voll Fett und platzen schließlich auseinander.

Tomatensuppe mit Grießnockerln

Die Grießnockerln, deren Herstellung hier beschrieben wird, können Sie auch als Einlage für andere Suppen verwenden. Das Rezept ist für 4 Personen berechnet (Foto Seite 74).

Zutaten

Für die Suppe:
600 g reife Tomaten
2 EL Butter
1 große Zwiebel
2 EL Tomatenmark
1 EL Mehl
½ l Fleisch- oder Gemüsebrühe
1 Tasse Crème fraîche
Salz
frisch gemahlener Pfeffer
1 Bund Pfefferminze
für die Grießnockerln:
60 g Butter
1 Ei
120 g Grieß
Salz
frisch gemahlener weißer Pfeffer
Öl
außerdem:
1 Bund Schnittlauch

Zubereitung

1. Die Tomaten enthäuten und kleinschneiden.

2. Die Butter in einem Topf erhitzen und die feingehackte Zwiebel darin glasig dünsten.

3. Die Tomaten dazugeben, das Tomatenmark unterziehen, mit dem Mehl bestäuben und unter ständigem Rühren mit der Gemüsebrühe auffüllen.

4. Die Masse bei mittlerer Hitze 10 bis 15 Minuten köcheln lassen. Die Suppe anschließend durch ein Sieb streichen oder – was schneller geht – mit dem Mixer pürieren.

5. In einem Topf nochmals erhitzen, mit der Crème fraîche verfeinern, mit Salz und Pfeffer würzen und die feingehackte Pfefferminze zum Schluß unterziehen.

6. Für die Nockerln die Butter schaumig schlagen, das Ei und den Grieß unterziehen.

7. Mit Salz und Pfeffer abschmecken und zugedeckt etwa 10 Minuten ziehen lassen.

8. Anschließend mit einem Teelöffel aus der Masse gleichmäßige Nockerln formen und diese auf einem geölten Teller im Kühlschrank nochmals 20 Minuten ruhen lassen.

9. Erst dann die Nockerln in kochendem Salzwasser vorsichtig garziehen lassen.

10. Die Tomatensuppe anrichten, die Nockerln aus dem Salzwasser nehmen, gut abtropfen lassen, in die Suppe geben und sofort mit dem gehackten Schnittlauch bestreut auf den Tisch bringen.

Schokoladenmousse

Diese feine Nachspeise aus der französischen Küche ist für 4 Personen berechnet (Foto Seite 74). Sie können dazu Obst nach Belieben reichen.

Zutaten

5 Eigelb
100 g Puderzucker
4 cl Weinbrand
1 Tasse Mokka
125 g Butter
175 g Zartbitterkuvertüre
5 Eiweiß
1 Tasse Sahne
1 Päckchen Vanillezucker
4 EL Schokoladensplitter
Obst nach Belieben

Zubereitung

1. Die Eigelbe mit dem Puderzucker, dem Weinbrand und dem Mokka in einer feuerfesten Schüssel verrühren.

2. Die Masse im Wasserbad oder auf dem Herd bei kleiner Flamme zu einer Creme aufschlagen.

3. Die Butter und die Kuvertüre in einen Topf geben und unter ständigem Rühren schmelzen lassen.

4. Die Butter-Kuvertüre-Masse unter weiterem ständigen Rühren zur Eigelbmasse geben, vom Feuer nehmen und erkalten lassen.

5. Die Eiweiße sehr steif schlagen und unter die kalte Schokoladenmasse heben.

6. Die Mousse in kalte Gläser füllen und über Nacht im Kühlschrank fest werden lassen.

7. Die Sahne mit dem Vanillezucker steif schlagen, die Mousse damit garnieren, Schokoladensplitter daraufstreuen und nach Belieben mit Obst servieren.

Der halbierte Nikolaus

von Karlheinz Schaaf

Ungefähr in der zweiten Novemberwoche gab es für Christof und Jörg keinen Zweifel mehr, daß sich ihr Freund Stefan von ihnen und der Klasse abschloß und auf dem besten Weg war, ein Einzelgänger zu werden. Am auffälligsten zeigte sich dies, als er beim entscheidenden Training für das Spiel im Handballturnier gegen die Realschule fehlte. Kurz danach ließ er seine Freunde ganz überraschend wissen, daß er nicht mehr länger Kapitän und Mittelstürmer der Handballmannschaft bleiben könnte. Er hätte einfach keine Zeit für Trainingsstunden und Spiele. Warum und wieso, sagte er nicht. Aus ihm war nichts herauszubringen.

Natürlich fingen nun Gespött und Sticheleien in der Klasse an. Stefan tat so, als hörte und merkte er nicht, was die anderen hinter ihm herriefen. Während der Pausen zog er sich sogar in einen abgelegenen Winkel des Schulhofes zurück und paukte dort Vokabeln oder ähnliches.

„Das kann doch nicht wahr sein: Stefan, ein Streber", sagten Christof und Jörg immer wieder. Aber es stimmte anscheinend.

Dann kam die Sache mit der Ankündigung des Schilagers. Dr. Moser, der Klassenlehrer, teilte den Buben seiner Untertertia mit, daß sie nach den Weihnachtsferien auf die Obergulm-Alpe zum Schifahren dürften. Er wollte noch hinzufügen, sie sollten sich rechtzeitig darauf einstellen und unter Umständen ihren Wunschzettel entsprechend anlegen. Doch das war nicht mehr möglich. Denn jedes weitere Wort wäre in dem Heidenlärm und dem Jubelgeschrei der Klasse untergegangen.

Nur Stefan blieb mit verschlossenem Gesich still und unbeteiligt sitzen. Christof beobachtete ihn aus den Augenwinkeln, gab Jörg unter der Bank einen leichten Fußtritt und deutete mit dem Kopf zu dem Sonderling hinüber. Jörg nickte. Das hieß soviel wie: „Abgemacht! Wir gehen der Sache nach und bringen schon heraus, was mit unserem Freund los ist."

Die beiden packten ihre Detektivtätigkeit recht geschickt an. Sie erfuhren verhältnismäßig schnell, was sie wissen wollten. Stefans Vater hatte demnach vor Monaten bei einem schweren Betriebsunfall den rechten Arm verloren. Nach langem Krankenhausaufenthalt war er endlich nach Hause gekommen und mußte sich nun um einen neuen Arbeitsplatz kümmern. Das war gar nicht leicht. Augenblicklich hoffte er, in absehbarer Zeit die Stelle eines Pförtners in seinem Werk antreten zu können. Aber noch mußte er warten.

Krankenhausaufenthalt und Arbeitsunfähigkeit des Vaters bedeuten für Mutter und Kinder, daß man mit jedem Pfennig rechnen mußte. Da konnte und wollte Stefan, der Älteste, nicht mehr untätig zusehen. Er suchte sich einen Job für die Freizeit. Morgens vor Schulbeginn trug er Zeitungen aus, und nachmittags übernahm er Botendienste für verschiedene Geschäftsleute in der kleinen Stadt.

Als sie dies erfahren hatten, wußten Christof und Jörg Bescheid. Das war also der Grund dafür, daß Stefan aus der Handballmannschaft ausgeschieden war. Deshalb hatte er in den Pausen wie ein Streber gepaukt. Den beiden fiel es wie Schuppen von den Augen, als sie an das Schilager auf der Obergulm-Alpe dachten. Natürlich, Stefan konnte jetzt überhaupt nicht mehr damit rechnen, das langerwünschte Paar Schi unter dem Christbaum zu finden.

So weit so gut. Das heißt: so weit und eben nicht so gut. Denn Christof und Jörg hätten ihrem Freund gerne geholfen. Schließlich galten sie schon lange mit Stefan zusammen als die drei Unzertrennlichen. Aber wie sollten sie es anfangen?

Bei einer langen Beratung auf Christofs Bude dachten sie über ihre Möglichkeiten nach. Die Köpfe rauchten. Endlich schienen sie eine Lösung gefunden zu haben. Jörg hatte sich nämlich erinnert, daß bei ihm zu Hause

im Keller ein paar Schi stand, mit dem sein ältester Bruder nichts mehr anfangen konnte. Wenn man die Bretter frisch lackierte, die Stahlkanten abschliff und die Bindungen polierte, dann sähen sie bestimmt wie neu aus.

Die beiden Buben legten ihr Taschengeld zusammen, zählten und rechneten ungefähr aus, wieviel sie anlegen müßten. Sie planten noch einen Zuschuß aus den Einnahmen für freiwillige Sonderdienste in den Familien ein. So würden sie es schaffen. Natürlich durfte Jörgs Bruder nicht allzuviel für seine alten Schier verlangen. Aber mit dem konnte man schon handelseins werden.

Anfang Dezember war es dann soweit. Christof und Jörg bewunderten ihr gelungenes Werk. Sie hatten von dem Rest des Geldes sogar noch zwei neue Schistöcke gekauft.

Doch nun kam für die beiden Schifabrikanten ganz unerwartet ein neues Problem auf. Sollten sie die langen Wochen bis Weihnachten warten, um endlich mit ihrer Überraschung bei Stefan aufkreuzen zu können? Wie leicht verrät man durch eine unbedachte Bemerkung das Geheimnis, das man mit sich herumträgt. Da hatte Christof einen großartigen Einfall.

Am Nikolausabend klingelte es stürmisch an der Tür von Stefans elterlicher Wohnung. Die Mutter kam gerade aus der Küche und öffnete kopfschüttelnd. Sie wollte schon über den Lausbuben schimpfen, der solchen Lärm machte, da blieb ihr das Wort im Mund stecken. Vor ihr stand ein langer Nikolaus und tappte, ehe sie den Mann recht ansehen konnte, durch den Flur ins Zimmer.

„Grüß Gott zusammen! Ich bin der Nikolaus", brummte der Lange hinter seinem weißen Bart hervor. Er schien nicht ganz sicher auf den Beinen zu sein, denn er schwankte etwas, als er sich suchend im Zimmer umschaute und murmelte: „Ah, da ist ja der Stefan." Der nickte nur stumm, denn er wußte nicht, was er sagen sollte. Auf den Nikolausbesuch war er nicht gefaßt gewesen.

Die bärtige Gestalt vor ihm schnaufte, als hätte sie eine schwere Last zu tragen. Dann, nach einer längeren Pause kam es: „Du... du bist ein braver Bub und... und deshalb bringe ich dir heute ein Paar Schi." Der Nikolaus ging noch einen Schritt auf Stefan zu und stützte sich auf ein langes Paket. Das heißt, er wollte auf ihn zugehen. Unversehens stolperte er nämlich, schwankte immer mehr, verlor das Gleichgewicht und fiel der Länge nach hin.

Und da geschah es: Beine und Unterkörper des Mannes blieben liegen. Der Oberkörper dagegen rutschte auf dem saubergewachsten Boden des Zimmers ein Stück dahin. Unter dem Mantel tauchte der puterrote Kopf Christofs auf. Der obere Teil des zweiteiligen Nikolaus versuchte, sich aus dem faltigen Mantel herauszuwühlen. Schließlich gelang es ihm. Dabei verhedderte sich der Bart in den Knöpfen und ging ab. Jörg hockte auf dem Boden und schaute verdutzt zu Stefan auf. Der Sturz von Christofs Schulter war zu überraschend geschehen. Doch er machte schließlich gute Miene zum bösen Spiel und lachte mit den andern.

Stefan lachte am lautesten. Denn wer bekommt schon ein Paar Schi von einem halbierten Nikolaus.

Thomas

Die zweite Adventswoche

Pfefferkuchen gibt's nicht mehr

Am Anfang war tatsächlich Pfeffer drin – im Pfefferkuchen.

Nach einem überlieferten Rezept aus dem 15. Jahrhundert kamen 4 Pfund Pfeffer auf 1 Faß Honig. Pfeffer war damals das teuerste Gewürz unter der Sonne. Der Kuchen schmeckte abscheulich. Wer süßen Pfefferkuchen machte, stand im Verdacht, Gutes sich nicht leisten zu können.

Als man später den Honig zu gepfefferten Preisen handelte, wurde aus dem Pfeffer- ein Honigkuchen. Wer heute einen Pfefferkuchen ißt, hat meist einen Lebkuchen vor sich. Denn im Gegensatz zum Honigkuchen enthält der Lebkuchen meist Sirup statt Honig – und Pfeffer ist schon lange keiner mehr drin. Der findet sich heute nur noch als symbolische Menge einer Messerspitze in den Pfeffernüssen. Diesem Gebäck fehlt jedoch wieder zum echten Pfefferkuchen der Honig.

Nichts kann jedoch darüber hinwegtäuschen, daß zum Weihnachtsgebäck die leckersten Backspezialitäten des Jahres gehören. Der Christstollen zum Beispiel sollte schon jetzt in den Ofen geschoben werden. Damit er seinen typischen, vollen Geschmack bekommt, lassen Kenner ihn mindestens zwei Wochen gutverschlossen liegen.

Auch die Geschenke werden jetzt geplant und erarbeitet. Geschichten werden erzählt und der Duft nach Tannengrün, Kerzen und Backwerk hüllt das ganze Haus in weihnachtliche Stimmung.

Naive Hinterglasmalerei

Kaum eine andere Maltechnik ist für Hobbymaler so leicht erlernbar wie gerade Hinterglasmalerei. Sie brauchen keine Angst vor dem vielzitierten seitenverkehrten Malen haben, denn es ist kinderleicht.

Hinterglasmalerei ist eine alte Volkskunst, die vorwiegend von Laien ausgeführt wurde. Die ungekünstelte Ausdruckskraft dieses Malstils hat auch heute nichts von ihrer Anziehungskraft verloren.

Material

Wichtig ist zunächst eine überlegt sortierte Grundausstattung von Malutensilien. Sie besteht aus Farben, Pinseln, Vorlagen und Gläsern mit Rahmen. Wacofin-Mattfarben sind besonders zu empfehlen, weil sie gut auf der Scheibe haften und lichtecht sind. Für den Anfang genügen 6–8 Grundfarben, nämlich Schwarz, Weiß, Rot, Blau, Grün, Ocker, Umbra und Dunkelblau. Daraus kann man weitere Zwischentöne mischen.

Zum Malen der Konturen benötigt man einen Rotmarderpinsel Nr. 0, für größere Flächen empfiehlt sich ein Rotmarderpinsel Nr. 4 oder 5, und für den Auftrag des Hintergrundes ist ein weicher Haarpinsel Nr. 10 bis 12 anzuraten.

Als Farbträger für Hinterglasmalerei eignen sich Fensterglas, unzerbrechliche Acrylscheiben und mundgeblasenes Antikglas.

Arbeitsanleitung

Zunächst die Glasscheibe gründlich säubern, damit Schmutzspuren die Haftbarkeit der Farben nicht beeinträchtigen. Legen Sie dann die Vorlage, den sogenannten „Riß", unter die Scheibe, und verbinden Sie beides mit Klebestreifen. Mit schwarzer Farbe und dem feinen Rotmarderpinsel nun alle Konturen nachmalen. Hernach Glas und Vorlage trennen und prüfen, ob alle abgrenzenden Konturen sich berühren.

Beim Ausmalen mit den kleinsten Flächen beginnen wie Augäpfeln, Mund oder Staubgefäßen in einer Blüte (Pinsel Nr. 0).

Die nächstgrößeren Flächen wie Gesicht und Hände in den entsprechenden Farben gestalten, wobei Sie die Konturen mit dem Pinsel zwar berühren, jedoch nicht übermalen dürfen.

Für die farbige Gestaltung von Kleidung, Gebäuden und Bäumen mit einem Pinsel Nr. 4 arbeiten. Es ist sehr wichtig, rasch und zügig zu malen, damit Konturen, „Schatten" oder „Lichter" durch die Streichbewegungen des Pinsels nicht angelöst und verschoben werden.

Bei ungenügender oder ungleichmäßiger Deckkraft von Farben ist es nötig, nach dem Trocknen die entsprechenden Stellen nochmals zu übermalen.

Nach dem Durchtrocknen aller Farben die Malerei des nun halbfertigen Bildes mit Fixativ übersprühen und damit festigen.

Nun die Farben für den Hintergrund in ausreichender Menge mischen. Mit einem weichen Haarpinsel Nr. 10 bis 12 überstreichen Sie schnell und großzügig das ganze Bild. Ist auf dem Motiv ein Hintergrund beispielsweise mit Wiese und Himmel vorgesehen, zunächst in Querrichtung zum Bild die Wiese ausmalen, wobei Sie Naß-in-Naß und Ton-in-Ton schattieren können. Nach dem Trocknen die Farbe des Himmels in der gleichen Pinselführung aufmalen.

Lassen Sie die Farben etwa 2 Stunden trocknen, und schützen Sie dann die gesamte bemalte Fläche mit Sprühlack.

Das fertige Bild in einen flachen und in dunklen Tönen gehaltenen Rahmen legen, mit Pappe abdecken und mit Metallstiften vorsichtig befestigen.

1. *Riß und Glas mit Klebestreifen verbinden, um ein Verrutschen des Risses beim Ziehen der Konturen zu verhindern.*

2. *Durch Unterlegen eines Stücks Papier unter die malende Hand wird das Werkstück vor Fett- und Schmutzspuren geschützt.*

3. *Die Konturen mit einem klaren, matten Kunstharzspray schützen, damit sie beim späteren Übermalen nicht verletzt werden.*

4. *Beim Ausmalen mit den kleinsten Flächen wie beispielsweise Augen, Mund, zarten Grashalmen oder punktartigen Verzierungen beginnen.*

5. *Angetrocknete Farben muß man beim Auftragen nachfolgender Töne nicht aussparen, sondern kann sie bedenkenlos übermalen.*

6. *Fertig ausgemalte Motivpartien gegen das Licht halten und nach Fehlern absuchen. Farbe, die über die Konturen geraten ist, mit einem spitzen Gegenstand wegkratzen.*

7. *Den Hintergrund schnell und zügig mit einem großen weichen Haarpinsel ausmalen. Bei sehr dünnen und zarten Motivteilen vor der Hintergrundgestaltung einen zweiten Lackfilm aufsprühen.*

8. *Beim Umwenden der Scheibe zeigt sich nun das fertige Bild. Nach dem Trocknen des Hintergrunds die gleiche oder eine ähnliche Farbe nochmals auftragen, damit er völlig abgedeckt ist.*

So sieht das fertige Bild mit den Fischen aus (Schritt-für-Schritt-Anleitung siehe Seite 83).

Auch die Winterlandschaft können Sie mit der Rißzeichnung (Seite 85) und nach den Anleitungen auf Seite 82/83 arbeiten.

Rißzeichnung für die Fische (Sie können sie in Originalgröße abpausen oder nach Belieben vergrößern).

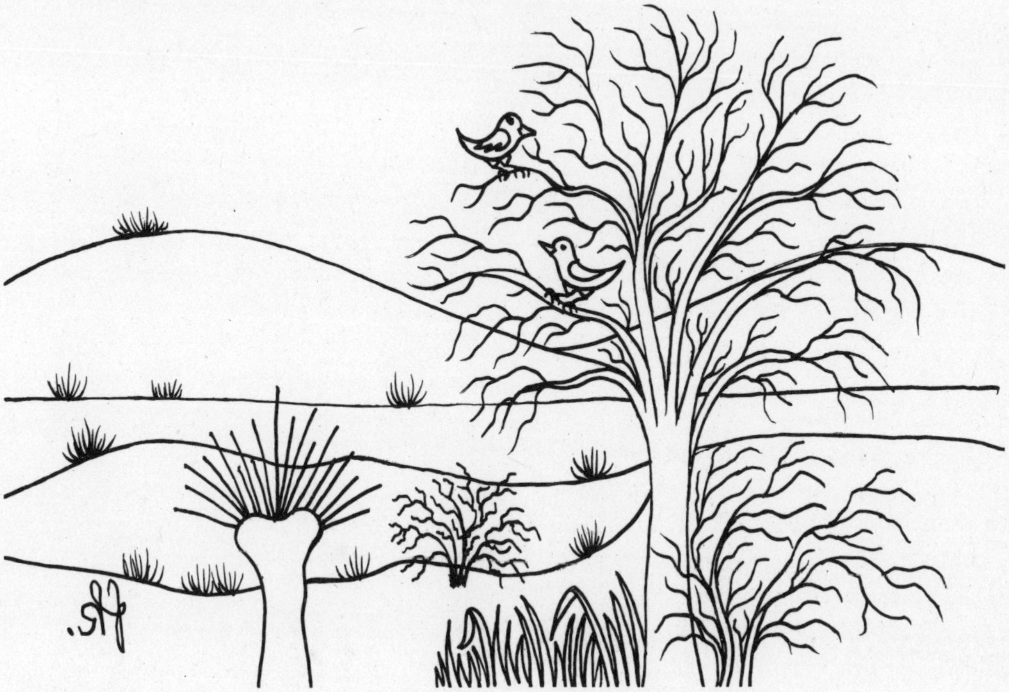

Rißzeichnung für die Winterlandschaft

Der Luciatag

Die Frau mit den zwei Gesichtern

Manche Bräuche anderer Länder sind so schön, daß es schade ist, sie nicht auch bei uns zu kennen. Der Luciatag etwa, so wie er in Schweden begangen wird, gehört mit zu den liebenswertesten, heute noch lebendigen Sitten.

Am 13. Dezember erscheint die älteste Tochter des Hauses als Luciabraut mit langem weißem Gewand und einem Kranz aus Preiselbeerzweigen auf dem Kopf. Auf dem Kranz sind brennende Kerzen befestigt. Die „Lussibrud" weckt die ganze Familie und serviert ihr das Frühstück ans Bett.

Am Luciatag wurde bei uns noch vor 500 Jahren das Fest der Wintersonnenwende gefeiert. An diesem Tag ließ man früher auf den Bergen lodernde Sonnwendfeuer aufflammen oder Feuerräder den Berg hinabrollen. Erst mit der Einführung des Gregorianischen Kalenders verschob sich das Datum auf den 21. Dezember. Nur so ist zu erklären, daß Lucia, die Lichterbringerin, in einigen Gegenden als Totendämonin gefürchtet wurde. Im Fichtelgebirge erschien sie als Schnabelluz, den Oberrock über den Kopf gestülpt, und imitierte mit der Hand unter dem Stoff einen Schnabel. In der Oberpfalz wollte die „Luzier" mit der Sichel schlampigen Mägden den Bauch aufschlitzen und den liegengebliebenen Kehrricht hineinfüllen. Mit einem langen Metzgermesser bewaffnet, schlich die wilde Lucia einst in Bayern um die Häuser. Wer sich nach Anbruch der Dunkelheit noch draußen aufhielt, den nahm sie einfach mit. Um die grausame Lucia zu besänftigen, brachte man ihr Opfergaben wie Bier, Grütze und Fisch. Da sie durch die Lüfte fuhr, stellte man die Speisen aufs Dach.

All diese dämonischen Gestalten haben mit der heiligen Lucia nichts zu tun. Die Legende erzählt, daß Lucia ihre schwerkranke Mutter überredete „in ihrer Begleitung eine Reise zum Grabe der heiligen Agathe zu machen, um Heilung zu erflehen. Dort erschien ihr die Heilige, von Engeln umgeben, und sagte ihr, daß sie den Namen die „Leuchtende", Lucia, zu Recht führe, denn sie würde Licht in manche dunkle Seele bringen; auch sollte die Mutter geheilt davonziehen. Kaum fühlte diese die Gesundheit zurückkehren, als sie in ihrer Freude der Tochter die Erlaubnis gab, sich Gott zu weihen und ihren Reichtum den Armen zu geben. Sowie das ihr Bräutigam erfuhr, gab er sie als verkappte Christin vor Gericht an." Lucia wurde zum Tode verurteilt und sollte verbrannt werden. Das Feuer aber konnte ihr nichts anhaben.

Die Geschenke

Alle Jahre wieder das gleiche Problem – was wem schenken? Freude soll das Geschenk machen, etwas Persönliches soll es sein, und innerhalb eines vernünftigen finanziellen Rahmens soll es auch liegen. Auf den folgenden Seiten finden Sie Anregungen und Tips sowie Anleitungen für selbstgemachte Geschenke und dekorative Verpackungen.

„Weihnachten kommt immer so plötzlich", pflegte meine Mutter zu sagen, wenn sie wieder einmal feststellen mußte, daß ihr die Zeit bis zu den Festtagen weglief. Die Geschenke waren es, die ihr das meiste Kopfzerbrechen machten. Wie bei jedem, der Weihnachten zum Anlaß nimmt, Freude zu bereiten, sollten es Dinge sein, die der zu Beschenkende brauchte, ohne sie je genannt zu haben; ja möglichst, ohne es selbst zu wissen, daß er sie brauchte. Besonders hilfreich beim Planen war ein Geschenkebuch, in das sie das ganze Jahr über eintrug, wer sich was wünschte. Denn nicht der Preis des Geschenkten, sondern die Idee war entscheidend.

Seit es die Winterfeste gibt, wird um die Jahreswende gern und reichlich geschenkt. In Rom wurden Sklaven im Rahmen der Saturnfeste und Beamte zum neuen Jahr beschenkt. Die Dienstherren belohnten das Gesinde für Treue und Fleiß, und innerhalb der dörflichen Gemeinden wünschte man sich gegenseitig Glück. Die Haustiere erhielten mehr Futter als gewöhnlich, die Bäume bescherte man mit einem Schluck Punsch, die Vögel mit Gebäck und die Obstbäume mit einem Löffel Honig, damit alles im nächsten Jahr sprösse und gedeihe. Ein alter Volksglaube besagte, daß, wer nichts verschenkt, im neuen Jahr kein Glück habe. Wer ein Geschenk abschlüge oder nur gezwungen schenke, dem solle es ähnlich widerfahren.

Im 18. Jahrhundert wurde Weihnachten mehr und mehr zum Bescherfest für Kinder. Aus Norddeutschland wird berichtet, daß die Kinder einen Teller mit Nüssen, Weihnachtsgebäck und Äpfeln bekamen. In einem der Äpfel steckte ein Geldstück.

Dann wurde das Spielzeug entdeckt. Eins der häufigsten Spielzeuge auf den Weihnachtstischen war die Arche. Die Holzgehäuse mit den vielen Tieren gab es in allen Variationen. Auch Puppen durften auf dem Tisch der kleinen Mädchen nicht fehlen. Oft war es allerdings keine neue Puppe – es war üblich, daß das Puppenkind in der Vorweihnachtszeit spurlos verschwand und mit neuer Perücke, einem neuen Arm oder einem bildschönen Augenpaar unter dem Weihnachtsbaum saß.

Heute gibt's Spielsachen wie Sand am Meer, und jeder, der einem Kind etwas schenken möchte, steht hilflos vor dem Warenangebot, sofern er nicht auf

Erfahrungen mit eigenen Sprößlingen zurückgreifen kann. Grundsätzlich gilt: Kleine Kinder brauchen große Spielsachen, und große Kinder brauchen kleines Spielzeug. Geschicklichkeit und Vorstellungsvermögen entwickeln sich erst nach und nach.

Zwei- bis vierjährige Kinder haben einen starken Bewegungs- und Entdeckungsdrang. Sie freuen sich über Bauklötze, Fingerfarben und Stofftiere aller Art.

Vier- bis sechsjährige Kinder beginnen sich kreativ mit ihrer Umwelt auseinanderzusetzen und die Erwachsenen nachzuahmen. Kasperpuppen, Holzeisenbahn mit Schienen, Puzzle- und Gesellschaftsspiele sind jetzt gefragt.

Sechs- bis neunjährige Kinder sind schon geschickt genug, um auch mit schwierigeren Materialien umgehen zu können. Schenken Sie Modelliermasse, Grundstoffe zum Basteln und Werken, Webrahmen, Schlittschuhe oder Rollschuhe.

Neun- bis vierzehnjährige Kinder haben meist starkes Interesse an technischen Dingen. Mit einem einfachen Fotoapparat, einer Marionette oder Aquarellfarben liegen Sie bestimmt richtig.

Bedenken Sie beim Kauf, daß Ihr Geschenk auch eventuell umgetauscht werden kann. Darum für alle Fälle Kassenzettel und Preisschild aufbewahren. Machen Sie einen „Einkauf unter Vorbehalt", das heißt: Sagen Sie vor dem Kauf, daß Sie das Teil nur probeweise kaufen. Dann ist das Geschäft zum Umtausch verpflichtet. Allerdings nur innerhalb der vereinbarten Zeit. Umtausch bei Sonderangeboten, Räumungs- und Schlußverkäufen ist in der Regel ausgeschlossen.

Pakete und Päckchen, die verschickt werden sollen, brauchen – besonders ins Ausland – lang. Am besten, man macht sich rechtzeitig eine Liste, auf der man vermerkt, welche Materialien gekauft werden müssen: Paketpapier, Wellpappe, genügend Schnur, Aufkleber, Paketkarten, Zollerklärungen für Auslandspakete, Klebeband. Suchen Sie sich einen Nachmittag zum Packen, und stellen Sie vorher kleine Häufchen für die einzelnen Personen zusammen. Anschließend verpackt man die Geschenke in Kartons. Ist es ein sehr zerbrechliches Geschenk, werden besser zwei ineinandergestellte Kartons verwendet. Vorsorglich zwei Adressenaufkleber pro Paket schreiben. Einen für außen und einen für innen, falls das Paket beim Zoll geöffnet, der Aufkleber dadurch vielleicht beschädigt wird oder verlorengeht. Wer ganz sicher sein will, daß sein Geschenk wirklich bis zum Heiligen Abend ankommt, schickt es lieber etwas zu früh als zu spät. Der Vermerk: Erst Heiligabend öffnen! verhindert vorzeitige Überraschungen.

Schenken

von Joachim Ringelnatz

Schenke groß oder klein,
aber immer gediegen.
Wenn die Bedachten
die Gaben wiegen,
sei dein Gewissen rein.

Schenke herzlich und frei.
Schenke dabei
was in dir wohnt
an Meinung, Geschmack und Humor,
so daß die eigene Freude zuvor
dich herzlich belohnt.

Schenke mit Geist ohne List.
Sei eingedenk,
daß dein Geschenk
du selber bist.

Ob modern oder traditionell gestaltet: Der Anblick eines üppigen Gabentisches läßt nicht nur Kinderherzen höher schlagen (Anleitungen Seite 93).

Porzellanmalerei ist ein Hobby für Leute mit künstlerischem Einfühlungsvermögen (Anleitung Seite 98).

Holzbrandarbeiten gehören zu den sehr persönlichen Weihnachtsgeschenken. Wie man's macht, steht auf Seite 99.

Einfache Gebrauchsgegenstände werden, mit Bauernmalerei verziert, zum wertvollen Geschenk (siehe Seite 170 bis 173).

So etwas basteln Kinder gern: ein Utensilio aus Papprollen, Streichholzschachteln und vielen Nudeln (Anleitung Seite 96).

Hier gehört die Verpackung gleich mit zum Geschenk: Einpackpapier und Plätzchendosen sind handgemalt (Anleitungen Seite 94/95 und 97).

Die Kunst, ein Geschenk zu verpacken

„Das Auge ißt mit" gilt nicht nur für kulinarische Genüsse. Eine geschmackvolle Verpackung unterscheidet das Geschenk von den Dingen, die man sich selbst kauft. Gerade das Vergängliche macht den Zauber kunstvoller Verpackungen aus.

Gabentisch in Perlmutt

(Foto Seite 89)

Frische Farben – bunte Schleifen. Dieser Gabentisch bringt Farbe unter den Weihnachtsbaum. Schenken ist eine fröhliche Sache, und genauso sieht dieser Tisch auch aus.

Material

- Perlmutt-Klebefolie
- Perlmutt-Transparentfolie
- Kräuselband
- Schleifenband
- Kartons in verschiedenen Größen

Arbeitsanleitung

Zeichnen Sie das Schnittmuster Ihres Kartons auf die Rückseite der Klebefolie, und schneiden Sie es mit einer großen Schere oder einem Teppichmesser aus. Das Schutzpapier langsam und gleichmäßig abziehen. Der Karton wird von der unten liegenden Fläche her bezogen. Wenn Sie die Fläche aufkleben, versuchen Sie, Lufteinschlüsse zu vermeiden. Sollte dennoch einmal eine Luftblase zurückbleiben, nehmen Sie eine Nadel oder ein Messer und stechen oder schneiden die Blase auf. Die eingeschlossene Luft vorsichtig mit der Fingerkuppe zum Stich oder Schnitt hindrücken. Um Kanten geklebte Folie wird mit Daumen oder Zeigefinger mehrmals entlang der Kante festgedrückt. Füttern Sie den Karton mit einigen Bögen zerknülltem Seidenpapier und legen Sie Ihr Geschenk hinein. Mit Schleifenband den Karton über Kreuz umwickeln. Die Schleifen werden wie gewohnt gebunden.

Formschöne Geschenke, Flaschen oder Geschirr werden in Perlmutt-Transparentfolie eingewickelt. Dazu die Folie um das Geschenk schlagen und etwa zwei Handbreit oberhalb des Geschenkes mit Kräuselband zusammenbinden. Um das Band aufzukräuseln, ziehen Sie es über die Kante einer geschlossenen Schere. Drücken Sie die Folie nach unten, so daß sie lokker um das Geschenk liegt. Das Kräuselband wird zu einer großen Schleife gebunden. Die Folie oben aufbiegen, leicht zusammenstauchen und mit einem glatten Schnitt die Kanten begradigen.

Vor der Bescherung ordnen Sie die Geschenke in beliebiger Reihenfolge auf dem Gabentisch an. Kerzenlicht läßt das Perlmutt geheimnisvoll schimmern.

Gabentisch in Gold

(Foto Seite 89)

Die klassische Weihnachtsfarbe ist selbstverständlich Gold. Um diesen stimmungsvollen Gabentisch herzurichten, brauchen Sie nicht viel Material: Die Geschenke werden in weißgoldenes Sternchenpapier eingeschlagen und mit Goldband und Goldkugeln verziert. Um das Band aufzukräuseln, wird es über die Kante einer geschlossenen Schere gezogen. Stellen Sie die Geschenke zusammen, und legen Sie eine goldene Kugelkette rund um den Gabentisch.

Besonders schön ist es natürlich, wenn der Weihnachtsbaum im gleichen Stil geschmückt wird.

Gabentisch in Marmor

(Foto Seite 92)

Die stilvoll verpackten Geschenke bestechen durch ihre unaufdringliche Eleganz. Hier gehört das Papier mit zum Geschenk. Es wurde nach dem alten Buchbinderverfahren handmarmoriert. Bei dieser Papierfärbetechnik wird nicht gemalt, sondern Sie wählen die Farben, streuen die Dichte und bestimmen die Richtung, in der die Linien verlaufen. Die Farbe wird auf eine Trägerflüssigkeit aufgetragen, auf der sie schwimmt und dann als Muster mit dem Papier von der Oberfläche abgezogen.

Die Technik des Marmorierens

Material

Eine flache Schale (zum Beispiel eine Fotoschale), Ölfarben, Tapetenkleister, reines Balsam-Terpentinöl und Ochsengalle (zu erhalten in Farben- und Bastelgeschäften), eine Gabel, eine Schere oder ein Schneidemesser, Zeitungspapier, verschiedene Pinsel, einige große Bögen gut saugendes Papier (Ingrespapier, Büttenpapier), einen Marmorierkamm.

Ein Marmorierkamm ist ein wichtiges Hilfsmittel zum Herstellen des typischen Marmormusters. Mit ein wenig Aufwand läßt er sich leicht selbst herstellen: Kleben Sie zwischen zwei Holzbrettchen Nägel in Abständen von 1 bis 2 cm, oder brechen Sie aus einem alten Kamm einen Teil der Zinken heraus.

Arbeitsanleitung

Rühren Sie zuerst in einem Eimer Tapetenkleister und Wasser an. Sie brauchen etwa 8 Liter Wasser pro Packung Tapetenkleister. Um den aufgelösten Kleister besser verarbeiten zu können, sollte er mindestens zwölf Stunden ruhen. Vor Gebrauch nochmals kräftig durchrühren.

In kleinen Gefäßen, Eierbechern oder ähnlichem, die Ölfarben mit Balsam-Terpentinöl verdünnen und pro Farbe einen Schuß Ochsengalle hinzufügen. Geben Sie den fertigen Kleister 2 bis 3 cm hoch in eine flache Schale, und tupfen Sie mit einem Pinsel die Farben möglichst gleichmäßig verteilt auf. Je mehr Galle den Farben beigemischt ist, desto mehr breiten sie sich kreisförmig auf der Kleisteroberfläche aus. Wenn Sie nacheinander verschiedene Farben in die vorherigen Farbkreise tupfen, entstehen bunte Ringe, die Sie nach Wunsch symmetrisch anordnen können (Abb. 1).

Wichtig: Der Marmoriergrund sowie alle verwendeten Farben müssen die Temperatur des Raumes haben, in dem gearbeitet wird.

Um die auf dem Kleister schwimmenden Farben zu mustern, nimmt man eine Gabel und zieht sie vorsichtig über die Kleisteroberfläche. Aus den Farbkreisen werden ineinander verlaufende Linien, die sich mit jeder Bewegung der Gabel verändern.

Für das richtige Kamm-Marmor beginnen Sie mit einer Nagelspitze oder einem Pinselkiel die Trägerflüssigkeit in Schlangenlinien zu durchfahren (Abb. 2). Das entstandene Muster wird waagerecht zur ersten Ziehrichtung nochmals in Schlangenlinien durchfahren (Abb. 3). Anschließend den Marmorierkamm senkrecht zur Schlangenlinie durch das Muster ziehen (Abb. 4). Abwandlungen ergeben sich, wenn in Wellenlinien „gekämmt“ wird oder der Kamm aus verschiedenen Richtungen das Muster kreuzt.

Wenn Sie mit dem Farbmuster auf der Kleisteroberfläche zufrieden sind, kann es mit Papier abgehoben werden. Dazu sämtliche Blasen von der Kleisteroberfläche entfernen (Blasen nehmen keine Farbe an und erscheinen später auf dem Papier als weiße Flächen) und das Papier von einer Seite beginnend auf die Kleisteroberfläche legen. Auch hierbei dürfen keine Blasen entstehen. Fassen Sie das Papier mit beiden Händen an einer Seite und heben es von der Oberfläche ab. Überschüssigen Kleister abtropfen lassen und unter einer Handbrause gründlich abspülen.

Farbreste auf der Kleisteroberfläche mit einem Streifen Zeitungspapier entfernen. Dazu das Zeitungspapier an einer Seite der Schale auflegen und langsam zur gegenüberliegenden Seite ziehen.

Die fertig marmorierten Papiere werden auf Zeitungspapier zum Trocknen ausgelegt und anschließend von der Rückseite glattgebügelt.

So wird's gemacht

1. *Tupfen Sie möglichst gleichmäßig verteilte Kreise auf den Kleister, eventuell in verschiedenen Farben.*

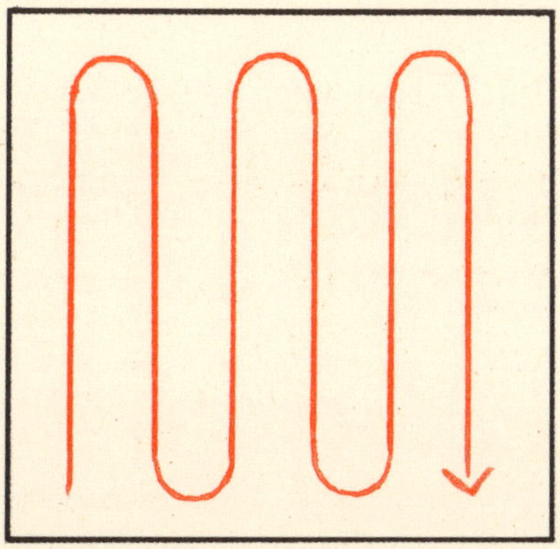

2. *Durchfahren Sie die Farb-Kleister-Masse in senkrechten Schlangenlinien mit einer Nagelspitze.*

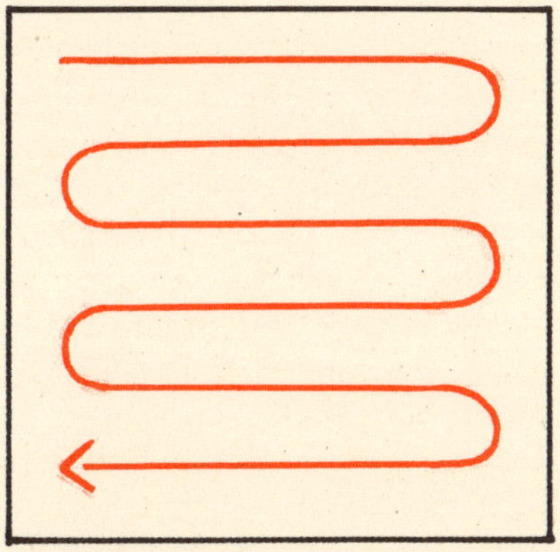

3. *Anschließend durchfahren Sie die Flüssigkeit ebenso, jedoch diesmal mit waagerechten Schlangenlinien.*

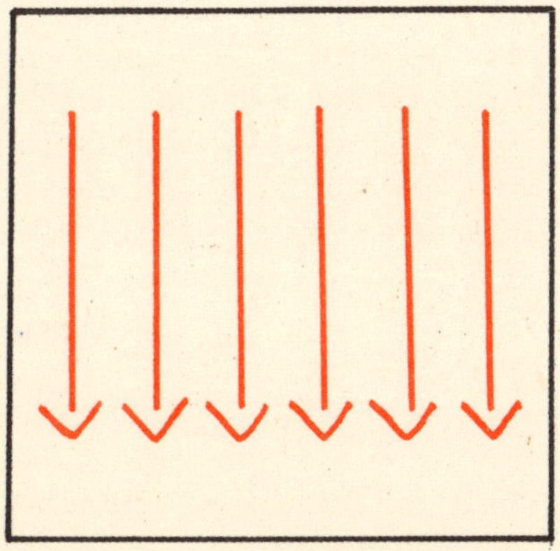

4. *Nun tritt der Marmorkamm in Aktion: Ziehen Sie ihn senkrecht zur letzten Schlangenlinie durch das Muster.*

Die Geschenke werden dekoriert

Material

Einige Bögen marmoriertes Papier, Kräuselband, Kerzen, Tannenzapfen, Strohsterne, einen Stoffengel, Geschenkanhänger

Arbeitsanleitung

Schlagen Sie die Kartons mit den Geschenken in die marmorierten Papierbögen ein. Mit farblich passendem Kräuselband werden die Kartons verschnürt und anschließend mit Strohsternen verziert. Für den Schutzumschlag des Buches ein entsprechend großes Stück Marmorpapier zuschneiden und an den Längsseiten etwa 5 cm überstehen lassen. Persönliche Bucheinbände eignen sich besonders zum Verschenken von Tagebüchern und Poesiealben.

Die Geschenkanhänger werden aus weißem Pappkarton gearbeitet. Halten Sie den Karton direkt über eine Kerzenflamme. Durch leichtes Hin- und Herbewegen entsteht ein Schlierenmuster. Den Karton in Kärtchengröße zuschneiden und entlang der Kanten nochmals in die Kerzenflamme halten. Mit einem dicken Filzstift schreiben Sie den Namen des Geschenkempfängers in die Kärtchenmitte.

Zum Schluß wird der Gabentisch je nach Geschmack mit Tannenzapfen, Stoffengeln und Kerzen dekoriert.

Was Kinder schenken können

Kinder schenken gern. Doch brauchen sie in den meisten Fällen Hilfe und Unterstützung durch die Erwachsenen, vor allem bei den Bastelarbeiten, aber auch bei der Organisation. Sie sollten sich dafür Zeit nehmen.

Beim Schenken ist es wie bei allem anderen: Kinder nehmen sich die Eltern zum Vorbild. Wenn Mutter und Vater ihre Geschenke für liebe Freunde und Verwandte sorgfältig auswählen und liebevoll verpacken, werden sie es mit ihren Präsenten ebenso halten wollen. Merken sie jedoch, daß das Schenken für die Erwachsenen nur eine mehr oder weniger lästige Pflicht ist, als daß es von Herzen kommt, werden auch sie Sinn und Wert von Geschenken nicht verstehen lernen.

Als Eltern sollten Sie also gemeinsam mit Ihren Kindern rechtzeitig beratschlagen, wer was bekommen soll, und die Geschenke in eine Liste eintragen. Dann können Sie zusammen das Material für Basteleien besorgen.

Lassen Sie Ihre Kinder ruhig selbst bestimmen, was sie schenken möchten, solange die Geschenke nicht zu teuer werden und Sie sicher sein können, daß die geplante Bastelarbeit auch bewältigt wird. Sie werden wahrscheinlich staunen, wieviel Phantasie Kinder oft entwickeln!

Kleine Kinder kann man mit Bunt- oder Wachsmalstiften eine schöne Zeichnung anfertigen lassen. Von der Mutter in einen ansprechenden Rahmen gesteckt, ist das Bild ein Geschenk, das mit den Jahren noch an Wert gewinnt. Der Reiz einer Kinderzeichnung macht sich ebenfalls auf Porzellan sehr gut. Kinder ab 6 Jahren können durchaus unter Anleitung mit Porzellanmalfarben umgehen. Ebenfalls unter Anleitung lassen sich Linolschnitt-, Laubsäge- und Brandmalarbeiten ausführen. Kindern macht es Spaß, den nachstehenden Bleistift- und Krimskramsordner anzufertigen, und auch Erwachsene benutzen ihn gern.

Utensilio – Tischschmuck, der Ordnung hält

(Foto Seite 91)

Material

- Sprühlack (Silber oder Gold)
- Haushalts- und Toilettenpapierrollen
- ein Stück Pappkarton
- Alleskleber
- Messer
- Schere
- Streichholzschachteln
- verschiedene Nudelsorten

Arbeitsanleitung

Schneiden Sie sechs Haushalts- und Toilettenpapierrollen in verschiedene Größen, und kleben Sie sie senkrecht auf dem Pappkarton fest. Ebenso wird mit den Streichholzschachteln verfahren. Die Außenflächen mit Klebstoff bestreichen und die Nudeln darauf verteilen. Zum Schluß wird das getrocknete Utensilio mit Silber- oder Goldlack besprüht.

Kleben Sie die Papprollen und die Streichholzschachteln nach Belieben auf den Karton. Verteilen Sie die Nudeln über die Oberfläche, und kleben Sie sie ebenfalls fest.

Selbermachen: Geschenke mit besonderem Wert

Weihnachten ist die Zeit der schönen selbstgemachten Geschenke. Nutzen Sie die Möglichkeit, ein neues Hobby kennenzulernen oder eine neue Technik auszuprobieren. Einmal über den eigenen Schatten springen und etwas tun, was Sie sich sonst nicht zugetraut hätten.
Der Anfang ist bekanntlich das schwerste. Wenn Sie erst mittendrin sind, kommt der Spaß von selbst.

Hübsche Dosen für leckere Kekse

(Foto Seite 92)

Weihnachtsgeschenke, die jedem gefallen: schöne Keksdosen, die mit einem blauen Farbspray besprüht richtig edel aussehen. Da passen viele Plätzchen hinein.

Material

- Leere Blechdosen (zum Beispiel Keksdosen, Tee- und Kaffeedosen)
- farbiger Sprühlack
- klarer Sprühlack
- Pinsel in verschiedenen Stärken
- Bleistift
- Teppichmesser
- Kohlepapier
- durchsichtige Klebefolie
- Zeitungspapier

Arbeitsanleitung

Um eventuelle Fettflecken von der Oberfläche zu entfernen, waschen Sie die Dose vor der Bemalung mit einem Spülmittel. Die saubere und trockene Dose wird anschließend mit farbigem Sprühlack grundiert.
Dazu möglichst nicht im geschlossenen Zimmer, sondern auf dem Balkon oder in der Garage arbeiten. Falls Sie doch im Zimmer arbeiten müssen, besorgen Sie sich einen großen Karton, in den Sie die Dose stellen und dort besprühen können. So ist Ihre Einrichtung vor dem Farbnebel geschützt. Vergessen Sie nicht, gründlich zu lüften.
Meist muß die Dose nach dem ersten Farbauftrag noch ein zweites Mal übersprüht werden. Anschließend die Farbe trocknen lassen.
Weihnachtliche Motive für den Deckel finden Sie in Zeitschriften und Büchern. Es können auch persönliche Motive, wie die auf dem Foto gezeigten Sternzeichen des jeweiligen Empfängers, genommen werden.
Die Vorlage mit Kohlepapier auf die Klebefolie übertragen und ausschneiden. Wichtig: Nicht die ausgeschnittene Form, sondern das „Loch" in der Folie wird als Schablone gebraucht.
Kleben Sie die Folie anschließend so auf den Dosendeckel, daß alle Teile, die nicht zum Motiv gehören, abgedeckt sind. Den auf diese Weise vorbereiteten Deckel mit einer zweiten Lackfarbe besprühen.
Die Innenlinien des Motivs, wie beispielsweise Augen und Haare, werden anschließend mit einem dünnen Pinsel nachgezogen.
Nach dem Trocknen überziehen Sie die fertige Dose mit klarem Sprühlack, damit die Farben nicht mehr verwischen.

Zart gemalt auf Porzellan

(Foto Seite 90)

Edle Farben auf weißem Gold verwandeln ein unscheinbares Döschen in ein kostbares Schmuckstück. Die Technik des Porzellanmalens ist leicht zu erlernen, die Farben sind kratzfest und hitzebeständig. Sie lassen sich bei normaler Beanspruchung weder abwaschen noch abreiben.
Wählen Sie für das Döschen die Lieblingsfarben des Beschenkten. Wenn es gefällt, läßt sich durch die Bemalung mit gleichen Motiven weiterer Dosen, Becher und Schalen eine sehr persönliche Porzellansammlung zusammenstellen.

Material

- Weiße Porzellandose
- Spiritus
- Glasscheibe
- Palettmesser oder Spachtel
- etwas Schaumgummi oder ein Schwämmchen
- Porzellanmalfarbe in Schwarz, Weiß und Rot
- Copavia-Balsam
- Kurzhaar- und Langhaarpinsel (Feh- oder Marderhaar)
- gereinigtes Terpentin
- Nelkenöl

Arbeitsanleitung

Säubern Sie die unbehandelte Porzellandose mit Spiritus. Auf einer Glasscheibe etwas schwarze Farbe mit Terpentin und ein bis zwei Tropfen Copavia-Balsam mit dem Palettmesser durchspachteln. Die Farbe muß einen matten Schimmer bekommen – sie kann eventuell durch Zugabe einiger weiterer Tropfen Terpentin verdünnt werden.
Tauchen Sie den Langhaarpinsel in die Farbe, und malen Sie die Konturen auf die Dose. Wer will, kann die Konturlinien auch mit Bleistift vorzeichnen. Das ist jedoch nicht unbedingt nötig, weil sich die Farbe noch (!) spurlos wieder abwischen läßt.
Damit die Konturen nicht mehr verwischen können, trocknen Sie die Dose vor dem nächsten Malschritt bei 200° C rund zehn Minuten lang im Backofen. In dieser Zeit mischen Sie schon die graue und die rote Farbe an. Die stark mit Terpentin und Nelkenöl verdünnte graue Farbe in gleichmäßigen Strichen mit einem Langhaarpinsel in die Felder neben den schwarzen Linien setzen und mit einem Schwämmchen wieder abtupfen, bis die Pinselstriche nicht mehr erkennbar sind und eine glatte Farbfläche entsteht.
Die letzten Felder in der Farbe Rot mit langen Strichen möglichst deckend ausmalen. Danach neben die Linien kleine und große Kringel in allen Farben setzen.
Die fertig bemalte Dose müssen Sie nun brennen. Dazu ist auch ein Emaillierofen geeignet – es muß eine Temperatur von 800° C erreicht werden. Haben Sie keinen eigenen Ofen, können Sie die Dose auch bei einem Keramiker, in einem Spezialgeschäft oder bei einer Volkshochschule brennen lassen. Danach kann sich die Farbe nicht mehr ablösen, auch nicht in der Spülmaschine.

Dies sind die Konturlinien der Dose, die auf Seite 90 gezeigt ist. Sie können auch Muster nach eigenem Entwurf aufmalen, freihändig oder nach einer Bleistiftskizze.

Brandmalerei: Bilder aus dem heißen Stift

(Foto Seite 90)

Stilvolle Holzbrandmalerei findet schnell Liebhaber. Nur durch unterschiedliche Brauntöne wird bei dieser Kunst ein Höchstmaß an Leben und Ausdruck erreicht. Mehr Platz als die Fläche eines Küchentisches braucht der Holzmaler nicht für sein Hobby. Holzteller und Holzbrettchen sowie der zum Brennen erforderliche Brandmalstift sind zu erschwinglichen Preisen in Bastelgeschäften erhältlich. Das Motiv wird aus Kalenderblättern oder Zeitschriften herausgesucht und anschließend mit Kugelschreiber direkt vom Bild auf das Holz durchgedrückt. Die übertragenen Linien brauchen nur noch mit dem Brandmalstift nachgezogen zu werden.

Material

- Brandmalstift mit auswechselbaren Spitzen
- Holzbrettchen oder ein Holzteller
- Motivvorlage
- Kugelschreiber
- Pinsel
- Klarlack
- Klebeband

Arbeitsanleitung

Bevor Sie mit der Arbeit beginnen, schauen Sie sich die Holzmaserung daraufhin an, ob sich die feinen Schattierungen, die Adern und Linien in das Motiv mit einbringen lassen. Dann wird die Vorlage auf das Holzteil gelegt und mit Klebeband an einer Seite befestigt. Drücken Sie mit Kugelschreiber alle wichtigen Linien durch. Ausrutscher sind nicht schlimm. Sie verschwinden später beim Brand.

Bevor Sie das Motiv wieder abnehmen, halten Sie das ganze Teil schräg gegen das Licht. Dadurch werden die durchgedrückten Linien sichtbar. Eventuell vergessene Striche können noch nachgezogen werden.

Jetzt geht's mit dem eigentlichen Brandmalen los. Setzen Sie in Ihren Holzbrandstift die Spitze mit der abgeflachten Kante ein. Zuerst werden in geraden Strichen die Umrißlinien gezogen. Halten Sie dazu den Stift wie einen Federhalter, und fahren Sie mit der Spitze zügig über die Holzfläche. Etwaige Ausrutscher lassen sich später in Bäume, Sträuche, Wolken oder Vögel verwandeln.

Im zweiten Malschritt werden die Konturen ausgearbeitet. Um die Zeichnung lebendig zu machen, wird abwechselnd mit hellen und dunklen, breiten und dünnen Linien gemalt. Dunkle Linien entstehen, wenn Sie den Brennstift langsam über das Holz führen. Je schneller Sie zeichnen, um so heller wird die Brennspur. Für dünne Linien halten Sie den Brennstift steil und für breite Linien schräg. Tiefe erhält das Motiv, indem Sie Flächen wie Dächer oder Hauswände unterschiedlich stark mit Punkten, Kreisen oder kleinen Strichen versehen. Beiwerk (Wolken, Bäume und Vögel) wird zum Schluß eingezeichnet. Das fertig bemalte Bild sollten Sie dann noch zum Schutz der Malerei mit Klarlack überstreichen. Lassen Sie den Lack gut antrocknen, damit die Oberfläche nicht mehr klebt.

Legen Sie beim Brandmalen das Motiv neben sich, damit Sie Ihre Arbeit ständig mit der Vorlage vergleichen können. Halten Sie den Brandmalstift locker und unverkrampft wie einen Federhalter.

Zur Krippe her kommet!

Die allererste Weihnachtskrippe soll der heilige Hieronymus im Jahr 386 gebaut haben. Von da an wurde es Brauch, in Kirchen und Klöstern zur Weihnachtszeit Krippen aufzustellen. Bis sie allerdings in die Privathaushalte einzogen, verging noch eine lange Zeit; die erste sicher nachgewiesene wurde 1567 im Palast der Fürsten Piccolomini aufgestellt.

Es sollte noch bis zum 18. Jahrhundert dauern, bis die Krippe allgemein Einzug in die Bürgerhäuser hielt. Doch seit dieser Zeit ist sie bei einer richtigen Weihnachtsfeier nicht mehr wegzudenken. Sie wird gehütet und gepflegt, und es ist jedes Jahr wieder ein großer Augenblick, wenn die Krippenfiguren ausgepackt, wenn nötig instand gesetzt und liebevoll um das Krippenhaus arrangiert werden.
Vielerlei Figuren können zur Krippe gehören; was aber in einer traditionellen Krippe auf keinen Fall fehlen darf, hat Franz Graf von Pocci in Gedichtform aufgezählt:

Vergeßt die Krippe ja mir nicht
und oben den Stern mit hellem Licht,
und diesem sei ein Zettel nah,
drauf „in excelsis gloria".
Joseph, Maria und das Kind
stellt nun darunter nur geschwind,
vergeßt nicht Ochs und Eselein,
die in dem Stalle müssen sein.

Sperrholzkrippe

(Foto Seite 106)

Dieses schöne Krippenhaus ist für etwa 10 cm große Figuren berechnet; Sie können den Plan aber leicht vergrößern oder verkleinern, so daß die Krippe zu Ihren Figuren paßt, falls Sie bereits welche besitzen.

Material und Werkzeug
3 mm starke Sperrholzplatten in folgenden Größen: 2 Dachflächen von 500 x 205 mm; 2 Seitenwände von 300 x 257 mm; 1 Rückwand von 444 x 160 mm; 2 Blenden für die Vorderseite, 27 x 160 mm; 2 Fensterblenden für die Seitenwände von 60 x 68 mm; 2 Fensterblenden für die Rückwand, 60 x 37 mm. Weiter brauchen Sie einen etwa 3 m langen Vierkantstab, 10 x 10 mm; 9 Holzkeile, 80 x 26 x 10 mm; etwa 500 Strohhalme; Bleistift; Transparent- oder Pauspapiere; Bohrer (Durchmesser: 3 mm); grobe und mittelfeine Sägeblätter; Holzschleifpapier; Leim; Plaka- oder Acrylfarben nach Wahl; farbloser Lack

Arbeitsanleitung
Vergrößern Sie die Baupläne auf den angegebenen Maßstab, sägen Sie die Einzelteile zurecht, und schleifen Sie die Kanten ab. Leimen Sie die Teile zusammen, und kleben Sie zur Verstärkung in alle 4 Ecken und an die oberen und unteren Kanten je Vierkantstäbe. Zur Unterstützung des Firstes werden im Abstand von je etwa 5 cm die Holzkeile mit dem Neigungswinkel eingeleimt. Das Dach soll beidseitig etwa 2 cm überstehen.
Streichen Sie das Haus an, oder sengen Sie es über einer offenen Flamme ab (Vorsicht!), und lackieren Sie es anschließend. Zum Schluß wird das Dach mit den Strohhalmen gedeckt. Die Umgebung der Krippe können Sie nach eigenem Geschmack mit Naturmaterialien gestalten.

Bauplan für die Sperrholzkrippe

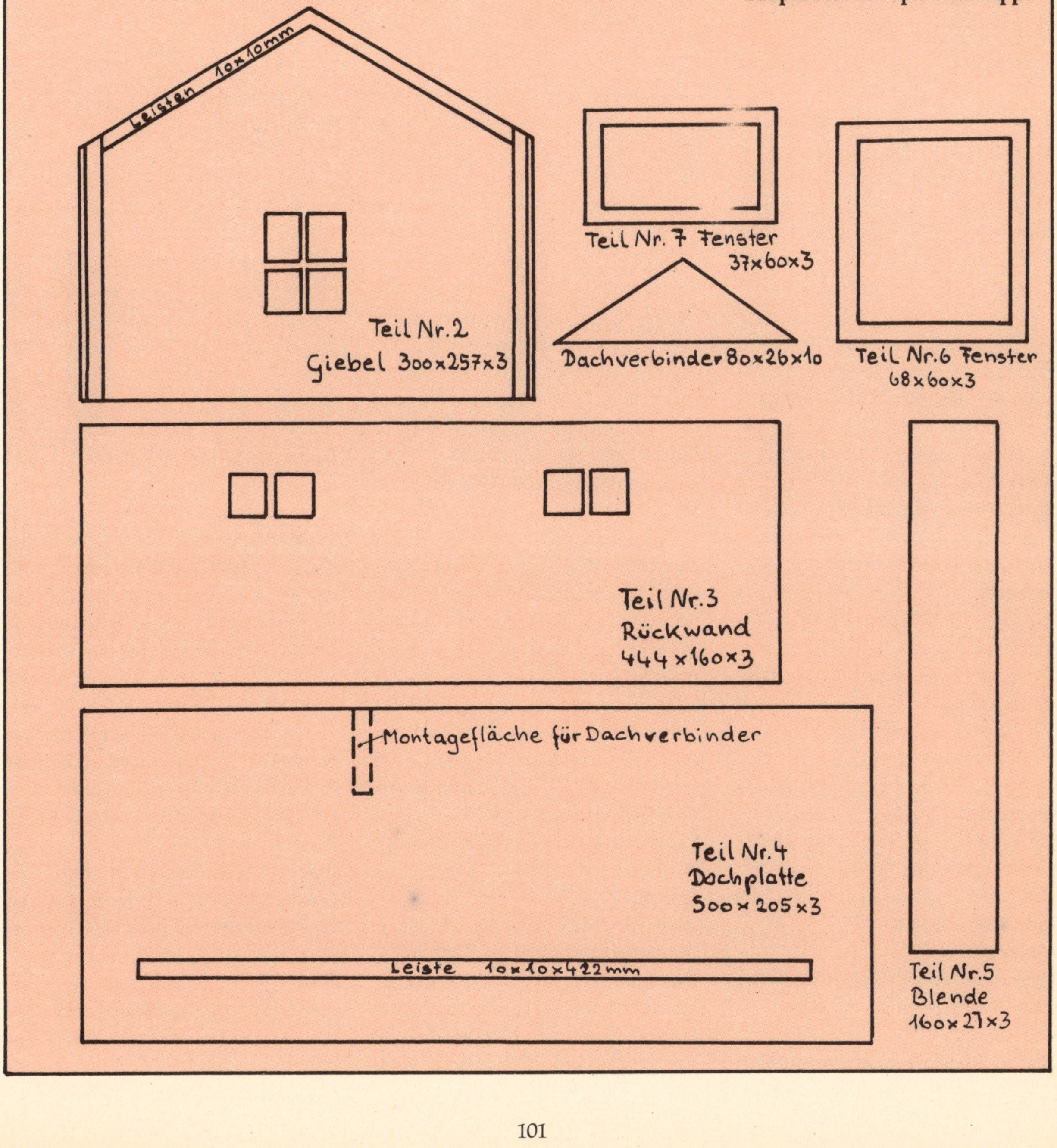

Krippe aus Rupfenpuppen

(Foto Seite 105)

Wie einst die Hirten in Bethlehem bewundern unsere Kleinen das Kind in den Armen Marias. Die Krippenfiguren aus dem rauhen Rupfengewebe erzählen ungekünstelt und voller Wärme die Begebenheit, die sich vor fast zweitausend Jahren zutrug.

Die Grundfigur
Material
Rupfen (in Bastelgeschäften erhältlich. Farben: Natur und Braun), farblich abgestimmter Zwirn, ein kleiner Strang Hanf, Watte- oder Styroporeier (30 x 40 mm), Sisaldraht (6 mm ∅), Watte, Tapetenkleister, Blumendraht, eine Flasche mit schlankem Hals, Klebstoff.

Arbeitsanleitung
Die Puppenteile aus Rupfengewebe zuschneiden.
Der Rock: 10 x 24 cm
Das Oberteil: 3 x 6 cm
Das Armteil: 18 x 4 cm (mit schrägem Fadenlauf schneiden)
Der Kopf: Einen Kreis mit 7 cm Durchmesser schneiden
Das Beinteil: 24 x 4 cm (mit schrägem Fadenlauf schneiden)
Der Rock:
Den Rock hinten schließen, unten säumen und oben einkräuseln.
Das Armteil:
Den Rupfenstreifen für die Arme an den Seiten abrunden und ein 16 cm langes Stück Sisaldraht einnähen.
Das Oberteil:
Den Stoff versäubern und zur Hälfte falten. Das Armteil in die Knickstelle legen. Aber darauf achten, daß beide Arme rechts und links gleich lang sind. Die Seitennähte schließen. Das Oberteil mit Watte füllen, um den Rock herum einschlagen und festnähen.
Der Kopf:
Das Watte- oder Styroporei mit Klebstoff bestreichen und auf das Rupfenteil für den Kopf legen. Den Rupfen faltenfrei um das „Gesichtsteil" kleben und mit überwendlichen Stichen am Hinterkopf zusammennähen. Den Kopf auf dem Oberteil festnähen.
Das Beinteil:
Den Rupfenstreifen für die Beine an den Seiten abrunden und ein 22 cm langes Stück Sisaldraht einnähen. Das Beinteil in der Mitte knicken und an das Oberteil nähen.
Accessoires:
Puppenschuhe können Sie aus Lederresten nähen oder aus Fimo formen. Als Gaben für die Hirten eignen sich selbstgebackene Salzteigbrote. Außerdem sind im Fachhandel für Hobbybedarf kleine Bastkörbe, Holzschuhe, Strohhüte und weitere Zubehörteile erhältlich.
Die Rupfenpuppen bekommen entweder ein Beinteil oder einen Rock an den Oberkörper genäht. (Einzige Ausnahme: die Maria. Sie hat Rock und Beine.) Die Figuren mit Rock werden gekleistert. Dazu rühren Sie etwas Tapetenkleister nach Vorschrift an und streichen den Rupfenrock bis zur Taille gleichmäßig damit ein. Die Puppe auf eine Flasche mit schlankem Hals stellen und etwa einen Tag lang trocknen lassen.
Für die Perücke einen Hanfstrang mit grobem Kamm gut auskämmen und mit sehr kleinen Stichen den „Scheitel" nähen.
Den Puppenhinterkopf mit Klebstoff einstreichen und die Perücke von der Stirn her über den Hinterkopf bis zum Halsansatz kleben. Danach die Hanfhaare zurechtschneiden und hübsch frisieren.

Maria
Im Gegensatz zu den anderen Rupfenpuppen wird die Grundfigur der Maria mit Rock und Beinen gearbeitet. Dafür braucht nicht gekleistert zu werden. Das Hemd aus naturfarbenen Rupfen nach der Zeichnung zuschneiden. Die Ärmel einschlagen, und die Seitennähte schließen. Das Hemd der Figur überziehen, an der Taille festnähen und hinten schließen. Für die Schürze 7 x 7 cm braunen Rupfen zuschneiden, versäubern und oben kräuseln. Nun die Schürze an der Taille befestigen.
Eine Hanfperücke aufkleben, die Haare beidseitig nach vorn kämmen und mit Zwirn umwickeln.
Aus braunem Rupfen wird ein dreieckiges Kopftuch nach der Zeichnung zugeschnitten. Die lange Kante säumen, die beiden anderen Kanten 1 cm breit ausfransen.

Die Hirten

Die weiblichen Hirten werden aus der Grundfigur mit Rock gearbeitet, die männlichen erhalten statt dessen zwei Beine. Die Hemden wie bei Maria beschrieben zusammennähen und den Figuren überziehen. Hirtenfrauen bekommen einen Rupfenrock, der mit einer Kordel zusammengehalten wird. Hirtenmänner bekommen eine Hose. Dazu schneidet man zwei gleich große Teile (14 x 10 cm) zurecht und näht jeweils links die Teile auf Beinlänge zusammen. Beide Teile wenden. Nun zieht man die beiden Hosenteile über die Beine und schließt am Puppenkörper die Vorder- und Rückennaht. Am Bund die Hose mit einem Rupfengürtel zusammenhalten.

Die Heiligen Drei Könige

Zwei Könige aus der Grundfigur mit Rock arbeiten. Der dritte König wird aus braunem Rupfen und der Grundfigur mit Beinen hergestellt. Für die Kleidung leichte Sommer- oder Futterstoffe nehmen. Für die Umhänge Samtreste oder Filzstücke verwenden. Es wird nach den Grundschnitten von Rock, Hemd und Hose gearbeitet. Ein Umhang hat die Maße 20 x 20 cm. Sämtliche Teile reichlich mit Gold- und Silberspitze verzieren.

Kind

Ein Steckkissen aus 10 x 5 cm naturfarbenem Rupfen zuschneiden und so vernähen, daß eine Seite geöffnet bleibt. Für den Babykopf eine kleine Holzkugel in ein „Tuch" aus braunem Rupfen einschlagen. Das Gesichtsteil bleibt frei. Kugel und Tuch in die geöffnete Seite des Steckkissens schieben und festkleben.

Josef

Die Grundfigur mit Rock arbeiten. Das Hemd wird aus naturfarbenem Rupfen nach der Zeichnung zugeschnitten und wie bei der Marienfigur beschrieben zusammengenäht. Ein zweiter Rock aus naturfarbenem Rupfen über den gekleisterten Rock der Grundfigur ziehen und in der Taille mit einem Rupfengürtel oder einer Kordel zusammenhalten.

Für den Umhang je ein Dreieck aus naturfarbenem und aus braunem Rupfen zuschneiden, rundherum einschlagen, übereinanderlegen und vernähen.

Mit der spitzen Seite nach oben den Umhang am Rücken befestigen und die Spitze in Schulterhöhe nach hinten umbiegen.

Die Perücke aus einem Hanfstrang zurechtschneiden und aus Hanfabfällen den Bart aufkleben.

Zum Schluß einen runden Hut aus dem naturfarbenen Garn mit festen Maschen häkeln und auf dem Kopf festkleben.

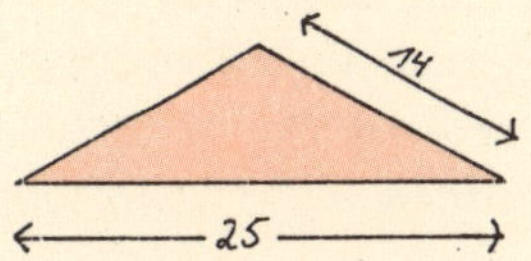

Marias Kopftuch

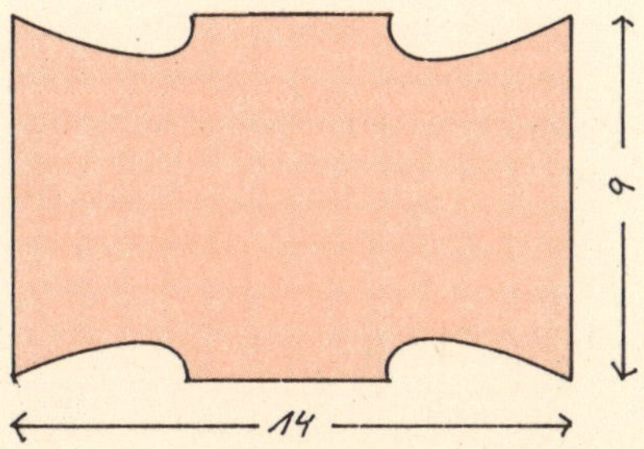

Hemd

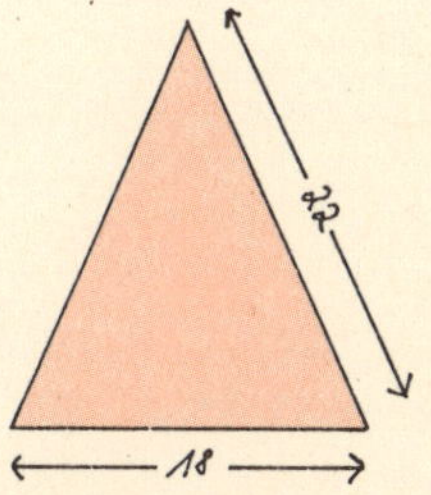

Josefs Umhang

Der Stall für die Rupfenpuppen
Material

Sperrholz- oder Tischlerplatten
Rindenstücke, Zweige, Äste, Stroh
Stich- oder Handsäge
Grundplatte: 42 x 35 cm
Dach: 20 x 33 cm (2mal zuschneiden)
Rückwand: siehe Zeichnung unten

Arbeitsanleitung

Die Krippenteile aus Sperrholzbrettern zuschneiden. Grundplatte und Rückwand miteinander verleimen und mit kleinen Nägeln zusätzlich befestigen. Die beiden Dachteile mit zurechtgeschnittenen Aststücken abstützen und ebenfalls verleimen und nageln. Zur Verzierung das Dach mit Rindenstücken und Stroh bekleben. Die Vorderkante mit Aststücken verblenden. Bestreichen Sie Rückwand und Grundplatte mit Klebstoff und belegen Sie beide Platten mit Stroh. Für die Maria werden einige Rindenstücke als Sitzplatz bereitgestellt. Der Stern für das Dach aus einer schmalen Sperrholzplatte zuschneiden und mit Goldfarbe bestreichen.

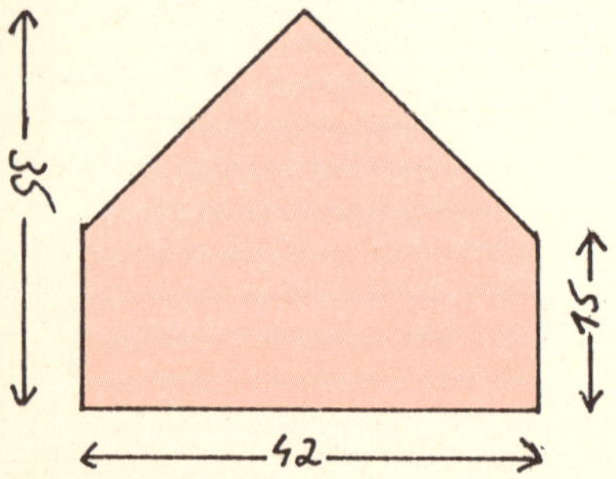

Rückwand des Stalles

Salzteigfiguren

(Foto Seite 105)

Diese Krippenfiguren sind etwas für Fortgeschrittene im Umgang mit Salzteig. Sie herzustellen erfordert Geduld und künstlerisches Einfühlungsvermögen – doch das Ergebnis lohnt die Mühe.

Teig

Der Grundteig für alle Figuren besteht aus 200 g Mehl, 200 g Salz und 125 g Wasser. Als Klebemittel, womit man bereits getrocknete mit feuchten Teilen zusammenfügt, wird frischer Salzteigbrei (Schlicker) verwendet, das heißt, Sie rühren mit einem Modellierstäbchen aus etwas Teig und Wasser einen Brei an.

Trocknen und Backen

Pro 0,5 cm Dicke des Modells berechnet man zunächst 1 Stunde Trockenzeit im Backofen bei 75° C. Anschließend folgen 3 Backzeiten: 30 Minuten bei 100° C, 30 Minuten bei 125° C und 1 Stunde bei 50° C, und zwar unabhängig von der Dicke des Modells. Wenn das Modell noch gebräunt werden soll, erfolgt das anschließend bei 200° C. (Beim Gasherd verkürzen sich die Backzeiten auf die Hälfte.)

Arbeitsanleitung

Die menschlichen Figuren sind etwa 12 cm hoch. Sie werden in drei Arbeitsgängen erstellt: Im 1. Schritt wird die Figur halbseitig modelliert und gebacken, im 2. Schritt wird das Rückenteil der Figur gearbeitet, und im 3. Schritt formen Sie Bekleidung, Haare und Arme.
Die Kronen der Könige müssen vor der Plazierung in das noch feuchte Haar gearbeitet und getrocknet werden. Gestaltet werden sie auf großen Spritzbeuteltüllen. Mit einer kleinen Tülle können Kreise oder Halbmonde ausgestochen werden. Die Kronen läßt man bei niedriger Temperatur etwa 1 Stunde antrocknen. Dann werden sie vorsichtig von der Tülle gezogen und gebacken.
Das Kamel und andere große Tiere werden ebenfalls in drei Arbeitsgängen gearbeitet. Sie erhalten als „Innenleben" ein Knäuel aus Alufolie. Falls nötig, stabilisieren Sie auch den Hals mit Alufolie. (Durch die Folie verkürzen sich die Backzeiten wesentlich.)
Bis auf die Schafe werden alle Figuren im Ofen gebräunt. Danach bemalen Sie die Gesichter dezent mit Wasserfarben. Zum Schluß werden die Figuren mit Mattlack besprüht.
Für die Feuerstelle wird ein Stück Salzteig flachgedrückt und leicht befeuchtet. Aus groben Teigstücken erstellen Sie die Asche und stecken 3 Stöckchen hinein. Den Topf gestalten Sie mit Hilfe eines Fingerhuts und stechen 3 Löcher in den oberen Teil. Der fertige Topf wird mit Fäden an den Stöckchen befestigt. Das Feuer besteht aus rotem Transparentpapier unter kleinen Ästen.

Die Krippe mit den Rupfenpuppen (oben) können Sie nach den Anleitungen auf Seite 102 bis 104 basteln. Die Salzteigkrippe (unten) ist etwas für erfahrene Salzteigkünstler (Anleitung Seite 104).

Eine schöne Laubsägearbeit ist dieses Krippenhaus. Die Baupläne und eine Arbeitsanleitung finden Sie auf Seite 100 und 101.

An der Herstellung einer leuchtenden Transparentkrippe können sich auch Kinder schon gut beteiligen (siehe Seite 107).

Transparentkrippe für Kinder

(Foto Seite 106)

An dieser Transparentkrippe können sich auch die kleinen Künstler beteiligen. Aus einem Stück Karton werden weihnachtliche Figuren ausgeschnitten und mit durchscheinendem Papier hinterklebt. Warmes Kerzenlicht bringt die Farben zum Leuchten.

Material

- Schwarzer Fotokarton
- farbiges Transparentpapier
- Kopierpapier
- Messer
- harter Bleistift
- Klebstoff

Arbeitsanleitung

Vergrößern Sie das Motiv (am besten mit einem Fotokopierer). Dann mit Kopierpapier die maßstabgetreue Vorlage auf schwarzen Karton durchpausen. Alle Flächen entlang der Konturen mit dem scharfen Messer ausschneiden. Legen Sie eine dicke Lage Zeitungspapier zum Schutz der Arbeitsplatte unter den Karton. Die freien Flächen mit farbigem Transparentpapier hinterkleben. Dazu schneiden Sie die einzelnen Papierstücke zunächst nur grob vor. Die überstehenden Ränder werden erst nach dem Aufkleben mit einer kleinen Schere abgeschnitten. Um das Transparent aufzustellen, ritzen Sie die Knickstellen mit dem Schneidemesser leicht ein. Dadurch entsteht beim Falten eine scharfe Kante, und die Seitenteile des Krippenbildes lassen sich nach hinten biegen. Das fertige Transparent können Sie mit einer Kerze beleuchten oder am Fenster befestigen.

Hirtenspiel

von Karlheinz Schaaf

Das folgende Spiel beschränkt sich auf eine einfache, überschaubare Szene. Es entstand vor etlichen Jahren im Deutschunterricht einer Gymnasialklasse des schwäbischen Oberlandes. Man braucht kein aufwendiges Bühnenbild, keine besonderen Requisiten und Kostüme dazu.

Das Spiel stellt an die Mitwirkenden keine allzu hohen Ansprüche. Es erinnert in seinem Aufbau und in der Gesprächsführung an bestimmte Wendungen überlieferter, volkstümlicher Texte. Die Szene soll nicht als schlechthin mustergültig vorgelegt werden. Das heißt: Spielleiter und Darsteller müssen sich nicht sklavisch an den Text halten. Sie können ihn abwandeln. Er kann auch als Vorlage für ein Stegreifspiel dienen. Dies hat den Vorteil, daß man die Dialoge nicht auswendig zu beherrschen braucht. Das gilt besonders für eine Aufführung im kleinen Kreis der Familie. Hier wird man wohl kaum längere Vorbereitungen ansetzen können. Man darf allerdings das Stegreifspiel nicht zu leicht nehmen. Es verlangt ein gewisses Maß an Übungen und Proben. Nur dann kann es gelingen. Wer sich indes das darstellende Spiel in einer kleineren Gruppe oder in der Familie nicht zutraut, der kann die Szene als sogenanntes Lesespiel erarbeiten. Da jeweils nur fünf Personen „auftreten“, dürfte man mit einer Textvorlage zurechtkommen, wenn die Sitzordnung der Lesenden entsprechend arrangiert wird. Das Lesespiel läßt sich übrigens auch auf einem Tonband mitschneiden. Wir immer man es erarbeitet, der Spielleiter muß darauf achten, daß die Dialoge lebendig und den handelnden Figuren gemäß gesprochen werden.

Die Mitwirkenden

Andreas, ein alter Hirt
Vitus, ein junger Hirt
Lippai, der jüngste Hirt
Ein Fremder
Jakob, ein junger Hirt
Die Stimme eines Engels

Andreas: Du, Lippai, das Feuer ist heruntergebrannt. Geh, hol Holz und leg nach. Die Kälte beißt heute durch Mantel und Pelz.

Lippai: Immer ich. Der Vitus könnt' ja auch mal gehen und was tun.

Vitus: Du bist der Jüngere. Drum maul nicht lange. Schläfst ohnehin fast den ganzen Tag.

Lippai: Aber ich…

Andreas: Fangt ihr schon wieder zu händeln an! Du gehst jetzt ohne Widerrede, Lippai! Der Vitus muß nachher den Jakob von der Wache bei der Herde ablösen. (Lippai geht und legt Holz nach. Andreas und Vitus rücken näher ans Feuer.)

Vitus: Paß auf, daß es nicht wieder so qualmt. Ich will nicht geräuchert werden.

Andreas: Der Jakob wird draußen bei der Herde schön frieren. Heut bläst der Wind wieder einmal so scharf von Bethlehem herüber. Man meint grad, er sticht und kratzt einem mit Nadeln ins Gesicht. – Du, Vitus, schau nachher, wenn du raus kommst, nach den Muttertieren mit ihren Lämmern. Sie müssen mitten in die Herde hinein. Dann fangen die Hammel und die stärkeren Tiere mit ihren Leibern den Wind ab.

Lippai: Ja, und paß auf, daß der Wolf nicht rankommt und ein Schaf reißt. Neulich…

Vitus: Das muß mir ausgerechnet Lippai sagen. Du hast ja schon Angst, wenn man bloß von den Wölfen redet.

Andreas: Laß ihn doch in Ruh'. Bei dir war's auch nicht viel anders, als du in seinem Alter warst. Als Bub hat man halt noch Angst. Das gibt sich dann mit der Zeit.

Vitus: Das schon. Aber so… Na ja, du weißt doch, was er sich neulich wieder geleistet hat, oder?

Andreas: Mir hat er noch nichts erzählt.

Vitus: Das kann ich mir denken. – Los, Lippai, sag, wie es war!

Lippai: Ach, laß doch. Ihr habt mich genug deswegen ausgelacht.

Vitus: Dann erzähl' ich's eben. Der Andreas muß doch wissen, was du für ein Mordskerl bist. Der sieht nämlich Wölfe, wenn gar keine da sind.

Lippai: Jetzt zieht er mich wieder auf. Und ich hab doch wirklich…

Andreas: Jetzt hat er schon A gesagt. Erzähl, Vitus! Ich möcht' wissen, was los war. Aber übertreib nicht. Du ärgerst den Kleinen oft genug.

Vitus: Ich erzähl', wie's war. Ohne Übertreibung. – Du weißt, Andreas, wir schikken den Lippai abends, so lange wir Brotzeit machen, zur Herde hinüber. Wenn 's dann ganz dunkel wird, übernehmen wir die Wache, wie üblich. Neulich nun sind wir ein wenig länger am Feuer geblieben. 's war mondhell. Jakob will mir gerade was erzählen, von den Römern und so, da stürzt Lippai zu uns her, wie wenn ein ganzes Rudel Wölfe oder Räuber hinter ihm dreikämen. Bleich und ganz außer Atem schreit er nur immer: „Ein Wolf, ein Wolf! Dort, dort drüben beim Pferch!" Wir das hören und unsere Stöcke packen war eins. Im Laufen wundere ich mich noch, daß die Tiere so ruhig sind, und die Hunde keinen Laut geben. Da bleibt der Lippai stehen und deutet zum Pferch hin, zu der Stelle, wo die Tränke ist, und die Salzbrocken herumliegen. Und da seh' ich's. Es glitzert so grün wie Wolfsaugen. Das Geschrei von Lippai treibt mich an. Ich stürze vorwärts und will mit meinem Stock zustoßen. Die Eisenspitze ist ja besonders scharf. Da, da ... jetzt kommt's, Andreas, da liegen zwei Glasscherben, die glänzen im Mondlicht.

Lippai: Glaub ihm nicht alles, Andreas. Er übertreibt.

Vitus: Ach was, du kannst bloß die Wahrheit nicht hören. Traum-Lippai, du.

Andreas: Laß gut sein. Ich glaub's ist Zeit. Lippai, du kannst dich schlafen legen. Da nimm das Fell und deck dich zu. Ich denk', das Feuer hält noch eine gute Weile warm. Später leg' ich wieder nach. Und für dich, Vitus, ist's auch soweit. Bei der Kälte soll der Jakob nicht länger warten müssen.

Vitus: Still! Ich glaub', da ist einer. Wenn das wieder der Kerl sein sollte, der uns vor einigen Tagen das neugeborene Lamm aus dem Pferch gestohlen hat, dann kann er sich auf etwas gefaßt machen. Ich schlag' ihm alle Rippen im Leib zusammen.

Lippai: Jetzt hör' ich's auch. Dort drüben schleicht er herum.
(Andreas und Lippai springen auf.)

Andreas: Halt! Halt! du Dieb! Diesmal kommst du uns nicht aus. Los, Vitus, Lippai, packt den Kerl. (Ehe Vitus und Lippai zupacken können, tritt der Fremde in den Lichtkreis beim Feuer.)

Fremder: Was soll das? Haltet den Dieb, und packt den Kerl! Ich komm' gerade aus Bethlehem herauf. Weil ich euer Feuer gesehen hab', bin ich darauf zugegangen. Heut ist's ja so dunkel, daß man beinah' die Hand vor den Augen nicht sieht.

Andreas: Wenn's so ist, dann komm näher. Kannst dich zu uns ans Feuer setzen. – Aber, was willst du denn hier draußen, in Nacht und Kälte? Ich an deiner Stelle wäre in der warmen Stube geblieben.

Fremder: Ich such' zwei Leute, einen Mann und eine Frau. Drunten in der Stadt haben sie um Herberge gebeten. Aber der Fettwanst von Wirt hat sie fortgejagt. Ich möcht' ihnen etwas zu essen bringen und die Decke da für die Frau, damit sie wenigstens nicht so arg frieren muß.

Vitus: Die beiden sind vor einer guten Weile hier vorbeigekommen. Sie fragten, ob wir ihnen nicht eine windgeschützte Stelle am Hügel zeigen könnten oder einen Schuppen, in dem sie Unterschlupf finden könnten. Da hat sie der Lippai zum Stall hinübergeführt. Der ist zwar schon alt, windschief und baufällig, aber zur Not kann man's eine Nacht darin aushalten. Man muß eben die Ritzen mit Heu zustopfen.

Andreas: Da müßt' ja noch genug drinliegen.

Lippai: Unsern alten Zugochsen und den steifbeinigen Esel vom Andreas mußten sie in den hinteren Winkel treiben. Dann gab's schon Platz für die zwei Leute.

Andreas: Wie sieht's eigentlich in der Stadt drunten aus?

Fremder: Da geht's hoch her. Ihr wißt doch, der Kaiser hat mit seiner Volkszählung das ganze Land in Bewegung gebracht. Die Wirte und die Zöllner reiben sich natürlich die Hände. Die kommen in diesen Tagen zu ihrem Geld.

Vitus: Ich sag's ja immer. Das reiche Pack. Die sitzen jetzt beim warmen Ofen und scheffeln Silberlinge, ohne auch nur einen Finger krumm zu machen. Und wir? – Wir hocken um ein dürftiges, qualmendes Feuer. Vorne braten wir und hinten sind wir Eiszapfen. 's geht einfach nicht gerecht zu in der Welt.

Andreas: Wie oft soll ich dir noch sagen, daß auch für uns einmal bessere Zeiten kommen werden. Ob ich das noch erlebe, weiß ich nicht. Aber ich hab' euch doch erst gestern die Geschichte vom Messias erzählt. Du mußt daran glauben.

Vitus: Glauben könnt' ich schon. Deine Geschichte war ja auch sehr schön. Aber der Messias wird dann halt doch wieder zuerst die Reichen beglücken. Der kommt doch nicht zu uns armen Hirten. Für uns bleibt das, was die Reichen übriglassen.

Andreas: Wenn du so daherredest, dann glaubst du nicht recht.

Fremder: Übrigens, im Wirtshaus drunten haben sie auch vom Messias gesprochen. Die meinen, er komme noch in dieser Nacht. Jetzt hocken sie um den runden Tisch und warten auf ihn.

Vitus: Hörst du's Andreas. Ich hab' doch recht. Die Reichen haben sich auf den Messias eingestellt. Wir sind halt arm. Wir leben abseits. An unsere Not denkt keiner. Auch nicht der Messias.

Andreas: Wart ab. Du wirst schon noch sehen und erleben, was geschieht, wenn der Messias kommt! – Jetzt schau an, der Lippai ist am Feuer eingeschlafen. Und für dich ist's höchste Zeit, Vitus. Wir hätten fast den Jakob vergessen bei unserem Reden. Du mußt ihn ablösen. Wenn du zum Pferch gehst, kannst du ja gleich den Fremden mitnehmen und ihm den Weg zum Stall zeigen.

Jakob: (rennt zum Feuer) Andreas, Vitus!

Andreas: Was ist los?

Vitus: Sind Wölf' in der Nähe?

Jakob: Das nicht. Aber es ist so seltsam draußen.

Vitus: Ei, ei, was du nicht sagst! Ich glaub' fast, du machst's wie der Lippai neulich. Brauchst bloß noch zu sagen, du hättest was Besonderes gesehen.

Jakob: Aber deshalb bin ich doch so schnell gerannt.

Vitus: Jetzt schlägt's dreizehn. Auch den Jakob hat's gepackt. Dabei warst du doch bisher ganz normal.

Andreas: Laß doch endlich den Jakob reden. Ich möcht' wissen, was los ist.

Jakob: Schon seit einer guten Weile sind die Tiere so eigenartig. Die Hunde ziehen die Schwänze ein, stellen die Ohren und machen große Augen. Sonst rennen sie um diese Zeit noch ein paarmal um den Pferch. Aber heute drükken sie sich gegen meine Knie, grad so als hätten sie Angst. Und die Schafe im Pferch sind aufgesprungen. Sie drängen sich so eng aneinander und stekken die Köpfe zusammen, wie sonst vor den großen Stürmen.

Vitus: Na und? Was ist schon dabei. 's wird halt ein Wetter heranziehen. Prost Mahlzeit! Und ich muß bei den Tieren Wache schieben.

Jakob: Aber es ist doch ganz windstill geworden. Wenn wirklich ein Sturm heraufkäme, dann würden die Tiere schreien. Hörst du etwas? Sie sind ganz still.

Fremder: Schaut doch mal da hinüber!

Andreas: Was ist? Siehst du etwas Auffälliges?

Fremder: Ja, dort, das Licht.

Vitus: Haben die dreckigen Römer wohl wieder einen Hof angezündet. Da sollte man doch dreinschlagen können.

Fremder: Sei still! Horch, das klingt ja wie Gesang.

Andreas: Das Licht wird immer heller. Es kommt auf uns zu. Ich ertrag' den Glanz nicht mehr.

Jakob: Hört doch den Gesang!

Andreas: Auf die Knie! So singen keine Menschen. Das ist kein irdisches Licht. Gott steh uns bei! (Sie fallen auf die Knie und halten die Hände vors Gesicht.)

Stimme des Engels: Fürchtet euch nicht. Ich verkünde euch eine große Freude. Sie ist allem Volk widerfahren. Heut ist euch der Messias geboren. Der Heiland. Und das nehmt als Zeichen: Ihr werdet ein Kind finden. Es ist in Windeln gewickelt und liegt in einer Krippe.

Vitus: (richtet sich als erster wieder auf) Hast doch recht gehabt, Alter. Das war kein gewöhnliches Licht. Das war nicht die Stimme eines Menschen. – Aber was war es dann?

Andreas: Wart, so schnell kann ich keine Antwort finden. Ich muß nachdenken. – Halt, jetzt hab' ich's: der Messias, ein Kind in der Krippe. – In meiner Geschichte, die ich euch erzählt hab', hat's doch so ähnlich geheißen. Ja, dann muß es die Stimme des Engels gewesen sein.

Vitus: Ausgerechnet zu uns armen Hirten soll ein Engel geredet haben.

Andreas: Sei doch nicht so schwer von Begriff. Du, wir alle haben es erlebt. Der Engel hat uns verkündet, daß der Messias gekommen ist. Und wir sollen zu ihm gehen.

Vitus: Leut', das muß gefeiert werden.

Jakob: Ja, nachher. Aber erst müssen wir das Kind in der Krippe suchen.

Andreas: Das schon. Aber wo?

Fremder: Schaut doch mal dort hin! Grad über dem windschiefen Stall steht ein großer Stern. Ich kann mich nicht erinnern, je einen so strahlenden Stern gesehen zu haben.

Jakob: Könnte das nicht ein Zeichen für uns sein?

Vitus: In dem Stall sind doch die zwei Leute untergekrochen. Die Frau war schwanger. Sollten die…? Aber das ist doch nicht möglich!

Andreas: Und doch ist's möglich. Der Stern zeigt, wo wir den Messias finden.

Jakob: Ich will noch schnell den Lippai aufwecken. Wir können den Buben doch nicht allein lassen. Der darf auch mit zum Kind in der Krippe.

Andreas: Ehe wir weggehen, noch eins. Wir können doch nicht mit leeren Händen zu dem Neugeborenen und seinen Eltern kommen.

Vitus: Was haben wir schon zu schenken!

Andreas: Natürlich können wir keine großartigen Gaben mitnehmen. Aber das muß ja nicht sein.

Vitus: Dann wollen wir mal zusammentragen, was wir haben.

Andreas: Ich hab' ein Glas Honig.

Vitus: Meinst du, die könnten den runden Laib Käse brauchen? Ich hab' ihn in Ahornblätter gewickelt.

Andreas: Nimm ihn ruhig mit.

Fremder: Die Leute sind doch arm. Ich hab' ja gehört, was der Wirt gesagt hat.

Jakob: Dann nehm' ich das Lammfell mit.

Lippai: Und ich hab' nichts, was ich schenken könnte. Was mach' ich bloß? Halt, ich hab' noch drei Äpfel. Die schenk' ich dem Kind.

Andreas: Dann hätten wir's. Auf geht's. Der Stern zeigt uns den Weg.

Gehaltvolles aus dem Backofen

Christstollen und ein Teller mit bunten Plätzchen gehören auf jeden Weihnachtstisch. Und auch als äußerst standhaft bekannte Mitmenschen können es sich meist nicht versagen, hier tüchtig zuzugreifen. Die folgenden Rezepte sollen auch Ihnen den Mund wässrig machen!

Sächsischer Christstollen

(Foto Seite 115)

Das Rezept für diesen traditionellen Stollen ergibt gleich mehrere Stücke – so haben Sie auch ein überall willkommenes Geschenk.

Zutaten

1 kg süße Mandeln
10 bittere Mandeln
Saft und Schale von 4 Zitronen
1 kg Zitronat und Orangeat
1 kg Sultaninen, Rum
2,5 kg gesiebtes Mehl
¾ l Milch
250 g Hefe
500 g Butterschmalz
250 g Margarine
250 g Schweinefett
125 g Rindertalg
500 g Zucker
5 Päckchen Vanillezucker
1 EL Salz
zerlassene Butter, Puderzucker

Zubereitung

1. Alle Zutaten am Abend vor dem Backen zugedeckt in einen warmen Raum stellen (sehr wichtig!).

2. Die Mandeln überbrühen und abziehen; die süßen grob oder fein, die bitteren sehr fein mahlen, beide gut mischen.

3. Die Zitronenschale abreiben, den Saft auspressen, beides über das fein gewürfelte Zitronat und Orangeat geben.

4. Die gewaschenen und abgetrockneten Sultaninen in eine Schüssel geben, mit Rum übergießen und zugedeckt durchziehen lassen.

5. Das Mehl in eine große Schüssel sieben und eine Mulde eindrücken. In die Mulde die zuvor mit der Milch und etwas Zucker glattgerührte Hefe geben. Den Vorteig zudecken und an warmer Stelle etwa 30 Minuten gehen lassen.

6. Das Butterschmalz, die Margarine, das Schweinefett und den Talg mit den Mandeln, dem Zucker, dem Vanillezucker, dem Salz sowie dem Zitronat und Orangeat mischen.

7. Die Masse ganz langsam unter den Vorteig und das Mehl mischen (wenn Sie zu schnell arbeiten, geht die Hefe nicht mehr auf!).

8. Zum Schluß die Sultaninen unter den Teig arbeiten. Dann den Teig nochmals 1 Stunde zugedeckt an warmer Stelle gehen lassen.

9. Aus dem Teig mehrere gleichgroße, etwa 1,5 kg schwere Stollen formen.

10. Das Backblech mit gefetteter Alufolie belegen und den Stollen darauf legen. Auf beide Seiten des Stollens eine Königskuchenform oder einen anderen Gegenstand stellen, damit der Teig nicht breit läuft.

11. Die Stollen im auf 175°C vorgeheizten Backofen etwa 60 Minuten backen. Mit einer Nadel einstechen und prüfen, ob der Stollen trocken ist.

12. Noch heiß sofort mit zerlassener Butter bestreichen und dick mit Puderzucker bestreuen.

13. Die Stollen nach dem völligen Abkühlen einzeln in Folie packen und an einem kühlen Ort bis Weihnachten liegen lassen.

Der echte sächsische Christstollen darf an Weihnachten nicht fehlen. Wie er zubereitet wird, ist auf der gegenüberliegenden Seite beschrieben.

Auf dem bunten Teller liegen Schokobrezeln, Zimtsterne, Marzipanherzen und Zuckerplätzchen. Die dazugehörigen Rezepte finden Sie auf Seite 117. Das Rezept für das Linzer Törtchen neben dem Teller steht auf Seite 134.

Marzipanherzen

(Foto Seite 116)

Zutaten

175 g Mehl, 75 g Speisestärke
1 Prise Backpulver, 165 g Butter
65 g Zucker, 1 Ei
1 Päckchen Vanillezucker
1 Prise Salz
½ Glas Aprikosenkonfitüre
150 g Marzipanrohmasse
50 g Puderzucker
1 Becher Schokoglasur
Mandeln, Pistazien oder Walnüsse

Zubereitung

1. Mehl, Stärke und Backpulver in einer Rührschüssel mischen. Die Butter in Flöckchen dazugeben. Zucker, Ei, Vanillezucker und Salz dazugeben; alles zu einem glatten Teig verkneten und 30 Minuten im Kühlschrank ruhen lassen.
2. Den Teig auf der bemehlten Arbeitsfläche etwa 2 mm dick ausrollen. Eine gerade Anzahl Herzen ausstechen und auf einem mit Backpapier belegten Blech bei 200° C 5 bis 10 Minuten backen.
3. Die Konfitüre glattrühren und mit einem Messer auf die Unterseiten der Herzen streichen.
4. Das Marzipan mit dem Puderzucker verkneten, zwischen Pergamentpapier dünn ausrollen und ebenfalls Herzen ausstechen. Je 1 Marzipanherz zwischen 2 Teigherzen legen.
5. Die Glasur im Wasserbad schmelzen lassen, die gefüllten Herzen damit überziehen und mit je 1 Mandel, Pistazie oder halben Walnuß schmücken.

Zuckerplätzchen

(Foto Seite 116)

Zutaten

250 g Mehl, ½ P. Backpulver
100 g Butter, 100 g Zucker
1 Ei, 100 g Mandeln
1 Eiweiß, 150 g Puderzucker
Lebensmittelfarben
gehackte Pistazien, Zuckerperlen

Zubereitung

1. Mehl und Backpulver mischen. Die Butter in Flöckchen schneiden, Zucker und Ei dazugeben.
2. Die Mandeln fein mahlen und darüberstreuen; alles zu einem glatten Teig verarbeiten und 1 Stunde im Kühlschrank ruhen lassen.
3. Auf der bemehlten Arbeitsfläche den Teig 2 bis 3 mm dick ausrollen und Plätzchen ausstechen.
4. Die Plätzchen auf ein mit Backpapier belegtes Blech legen und bei 200° C 10 bis 15 Minuten backen.
5. Das Eiweiß steif schlagen, den gesiebten Puderzucker unterrühren. Den Guß mit Lebensmittelfarben färben. Die Plätzchen damit und mit Pistazien und Zuckerperlen verzieren.

Zimtsterne

(Foto Seite 116)

Zutaten

400 g ungeschälte Mandeln
4 Eiweiß, 1 Prise Salz
Saft einer halben Zitrone
250 g Zucker, 4–5 TL Zimt

Zubereitung

1. Die Mandeln fein mahlen.
2. Den Zitronensaft mit den Eiweißen und dem Salz sehr steif schlagen. 5 EL zugedeckt beiseite stellen.
3. Die Mandeln und den Zimt unter den restlichen Eischnee heben und 30 Minuten ruhen lassen.
4. Auf der bemehlten Arbeitsfläche die Mandelmasse portionsweise ausrollen; Sterne ausstechen.
5. Die Sterne auf einem mit Backpapier belegten Blech bei 150° C 15 Minuten backen, mit dem übrigen Eischnee bestreichen und nochmals kurz backen.

Schokobrezeln

(Foto Seite 116)

Zutaten

300 g Mehl, 100 g Zucker
100 g Marzipanrohmasse
1 Prise Salz, ½ TL Zimt
1 Päckchen Schokopuddingpulver
150 g Butter, 2 Eier
Schokofettglasur, Zuckerperlen

Zubereitung

1. Mehl, Zucker, kleingeschnittenes Marzipan, Salz, Zimt und Puddingpulver vermischen.
2. Die Butter in Flöckchen darüber verteilen, die Eier hinzufügen und alles verkneten.
3. Auf der bemehlten Arbeitsfläche je ein walnußgroßes Teigstückchen zu einer dünnen Wurst rollen und auf einem mit Backpapier ausgelegten Blech zur Brezel formen; bei 175° C 10 bis 15 Minuten backen.
4. Die Glasur im Wasserbad schmelzen lassen, die Brezeln damit überziehen und die Zuckerperlen aufstreuen.

Die dritte Adventswoche

Nun leuchtet schlicht ein drittes Licht,
vermehrt den Glanz auf unsrem Kranz!

Die dunkelste Zeit des Jahres ist gekommen, die längsten Nächte stehen bevor. Aber es gibt einen Lichtblick: Weihnachten rückt mit großen Schritten näher. Jetzt wird es allmählich höchste Zeit, die Weihnachtskarten zu versenden, vor allem die ins Ausland. Und auch das eine oder andere Päckchen muß noch schnell auf die Reise gebracht werden.

Meist ist jetzt noch eine weitere Runde Weihnachtsbäckerei fällig – selbst gut versteckte Plätzchendosen erweisen sich bei einer gelegentlichen Kontrolle oft als überraschend leer…

Doch über diesen Vorbereitungen sollten die Kinder nicht zu kurz kommen. Sie können beim Plätzchenbacken helfen, selber Weihnachtskarten basteln – oder vielleicht macht es dem einen oder anderen auch Spaß, ein Kuscheltier für kleinere Geschwister zu stricken. Und schließlich ist jetzt eine gute Gelegenheit, mal wieder gemeinsam zu spielen – ob am Familientisch oder draußen im Schnee.

Advents- und Weihnachtszeit, Spielzeit für alle

Die Vorbereitungen auf das Weihnachtsfest nehmen eine Menge Zeit in Anspruch. Plätzchen backen, Geschenke basteln und Kartengrüße schreiben, das macht zwar alles auch Spaß, doch daneben sollte man sich den Spaß an gemeinsamen Spielen nicht entgehen lassen.

Ist es nicht oft eine im Wortsinn „faule" Ausrede, wenn wir behaupten, für Spiele, solchen Kinderkram, keine Zeit zu haben? Dabei sind die langen Winterabende und die Adventsonntage doch wie geschaffen, um sich mal wieder so richtig der Spielleidenschaft hinzugeben.

Die hier aus Gründen der Übersichtlichkeit gewählte Unterteilung „Spiele für Erwachsene" und „Spiele für Kinder" sollte nicht zu eng gesehen werden. Auch Muttis und Vatis könnten sich, wenn sie nicht aufpassen, beim „Federpusten" unversehens amüsieren, bis ihnen vor Lachen die Puste ausgeht. Bei der „Weißen Fuchsjagd" könnten sie ebenfalls außer Puste geraten, allerdings aus anderen Gründen. Deshalb sei an dieser Stelle vielleicht doch gewarnt vor solchem „Kinderkram"...

Gerade in den letzten Jahren sind eine Menge neuer Gesellschaftsspiele auf den Markt gekommen. Spielefreaks kennen sie und brauchen nicht erst aufgefordert werden, das eine oder andere wieder mal aus dem Schrank zu holen. Die Vorschläge hier richten sich auch eher an die professionellen Nichtspieler, für die „Mensch ärgere dich nicht" allerhöchstens noch ein gutgemeinter Rat kurz vor dem Herzinfarkt ist.

Wie wäre es zum Beispiel mal wieder mit einem zünftigen Skatabend? Einer Runde Rommé, Sechsundsechzig, Binokel oder Mau-Mau? Ein Spielbrett für Dame, Mühle oder Halma ist vielleicht auch noch irgendwo aufzutreiben. Und bestimmt sind Streichhölzer im Haus. Mit Knobeln haben sich

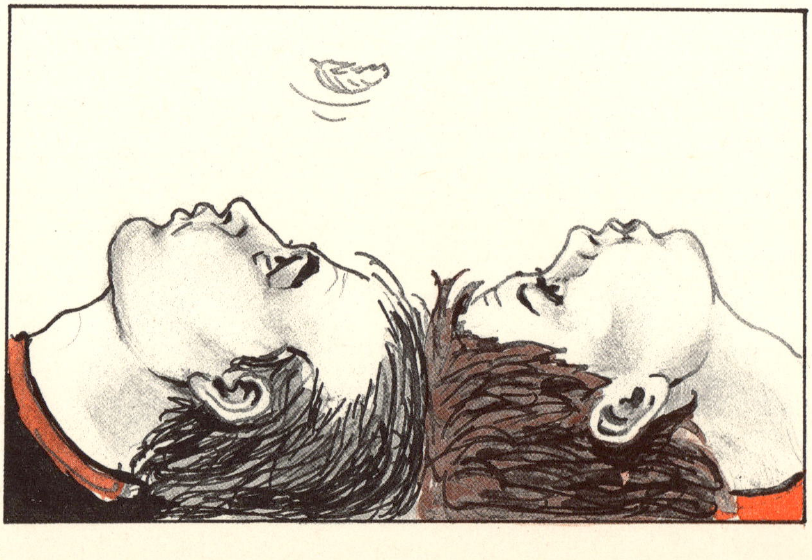

auch ansonsten überaus seriöse Mitmenschen schon ganze Nächte um die Ohren geschlagen!
Bei vier Mitspielern bekommt jeder vier Streichhölzer. Der erste in der Runde verteilt seine Hölzer hinter seinem Rücken oder unter dem Tisch auf beide Hände. Dann legt er die geschlossene rechte Hand auf den Tisch, und die anderen müssen raten, wie viele Streichhölzer er in der Faust hat. Wer die richtige Zahl trifft, erhält die Hölzchen als Prämie. Diejenigen, die falsch geraten haben, müssen die Differenz zwischen der von ihnen genannten Summe und der tatsächlich vorhandenen Zahl an Hölzern bezahlen. So geht es reihum.
Lediglich Papier und Bleistift braucht man für die „Dauerbrenner" Stadt, Land, Fluß und Schiffe versenken. Zwei Kapitäne markieren die Lage ihrer Schiffe auf der Karte (= ein Blatt kariertes Papier). Jeder hat vier verschieden große Schiffe, das kleinste ist nur ein Kästchen lang, das größte mißt vier oder fünf Kästchen.
Nun wird abwechselnd „geschossen". C5 wäre bei unserem Beispiel ein Treffer. Er muß dem Gegner auch als solcher gemeldet werden, genauso wie daneben genannte Schüsse und der Untergang eines Schiffes, wenn sämtliche Kästchen getroffen wurden. Gewonnen hat natürlich, wer die gegnerische Flotte zuerst versenkt hat.
Stadt, Land, Fluß, das Spiel, bei dem es gilt, möglichst schnell verschiedene Begriffe mit demselben, vorher bestimmten Anfangsbuchstaben zu finden, kann erheblich komplizierter und somit auch spannender gemacht werden, wenn nicht nur Städte-, Länder- und Flußnamen gefunden werden müssen, sondern außerdem nach bekannten Sportlern, Politikern, Autoren und Komponisten gefragt wird. (Die Liste läßt sich beliebig fortsetzen.)
Eine Variante dazu ist das Länder-Abc. Hier werden sämtliche Buchstaben von A bis Z untereinander geschrieben, und zu jedem muß ein Land, ein Städtename, eine Pflanze etc. gesucht werden. Die Eieruhr läuft mit! Beim Auszählen gibt es nur für die Begriffe, die kein anderer Mitspieler hat, jeweils einen Punkt.
Beim Wortsuchspiel kommt es darauf an, in einer vorgegebenen Zeit möglichst viele Haupt- und Zeitwörter aus den Buchstaben eines bestimmten Begriffs zu bilden. Nehmen wir z. B. den Nikolaus. Er hat die Laus in sich, den Klaus, die Lok, das Los usw. Alle Mitspieler nennen reihum einen Begriff, der dann von jedem zerpflückt und neu zusammengesetzt wird.
Ein weiteres Schreibspiel heißt Wo ist Ben? „Ben" ist das arabische Wort für Sohn, und möglichst viele Bens sollen gefunden werden. Einer hat sich z. B. im Tau-ben-schlag versteckt, ein anderer sitzt bei den Lau-ben-piepern und betrachtet das A-ben-drot. Ben wird als Sohn nur anerkannt, wenn er mitten in einem Hauptwort steckt. Getarnt als Sie-ben hat er keine Chance, erst im Sie-ben-gebirge kann er wieder Punkte holen – falls die Eieruhr noch nicht abgelaufen ist.
Und wenn alle Mitspieler sich warmgespielt haben, weiß bestimmt der eine oder andere die richtige Antwort auf Fragen wie:
Warum heißt die Sonne Sonne? (Weil sie sonne Hitze macht.) oder Warum heißt die Erde Erde? (Weil der Indianer sie vererde.) oder Warum heißt die Gans Gans? (Weil sie gans schön dumm ist.) oder Warum heißt der Clown Clown? (Weil sie ihm sein Lachen clown.) oder Warum heißt das Auto Auto? (Weil sonst der ADAC seinen Namen ändern müßte...)
Die jüngeren Familienmitglieder und ihre Freunde sparen sich die Scherzfragen nicht bis zum Schluß auf. Sie steigen gleich voll ein und fragen:
Was ist das? Es fängt mit P an, hat vier Buchstaben, und man kann darauf sitzen? (Das Pony.) Warum weinen Felsen nicht? (Weil sie ein Herz aus Stein haben.) Was gehört zu einem guten Schuh? (Der zweite.) Woran erkennt man, daß Ehen im Himmel geschlossen werden? (Weil die Frischvermählten nach ihren Flitterwochen aus allen Wolken fallen.) Weshalb heißen Meerschweinchen Meerschweinchen? (Weil es immer mehr werden...) Wie unterscheidet man ein Eichhörnchen von einem Bleistift? (Das, was auf dem Baum herumklettert, ist das Eichhörnchen.) Wie unterscheidet man zwei Eichhörnchen von einem Bleistift? (Die beiden, die sich ähnlich sehen, sind die Eichhörnchen.) Und wie unterscheidet man drei Eichhörnchen von einem Bleistift? (Das, womit du schreibst, ist der Bleistift.)

Spiele im Haus und draußen

Federpusten

Alle Mitspieler legen sich im Kreis auf den Boden, so daß Kopf an Kopf stößt. Nun wird gemeinsam versucht, eine in die Luft geworfene Feder (oder ein Stückchen von einem Papiertaschentuch) möglichst lange schweben zu lassen. Wenn die Feder auf einem Mitspieler landet, muß dieser ausscheiden. Die anderen pusten mit vollen Backen weiter.

Auf einen langen Atem kommt es auch beim Pusterohr an. Jeder Mitspieler erhält einen Trinkhalm und zehn Streichhölzchen. In die Mitte des Zimmers wird eine große Schüssel oder ein Eimer gestellt. Alle Pusterohrbläser stellen sich in einem Abstand von etwa fünf Schritten im Kreis um das Gefäß herum auf. Der Jüngste beginnt. Er legt ein Streichhölzchen in das Pusterohr (aber natürlich so, daß der Zündkopf nach vorn, also in Blasrichtung zeigt) und versucht, es in den Eimer zu pusten. Schafft er das, darf er so lange weitermachen, bis eines seiner Hölzchen auf dem Boden landet. Dann kommt der nächste dran. Wer hat nach fünf Runden die meisten Treffer?

Achten Sie bei diesen Pustespielen jedoch darauf, daß sich Ihre Kinder im Eifer des Gefechts nicht überanstrengen; beim Pusten kann es einem leicht schwindelig werden.

Schlüssellochspion

Es gibt zwei Spielmöglichkeiten.

1. Die Spieler befinden sich im Zimmer, ein Horchposten steht draußen vor der Tür mit dem Ohr am Schlüsselloch. Jeder flüstert, brummt oder fistelt nun einen Satz durchs Schlüsselloch, und der Horcher muß raten, mit wem er es zu tun hat. Hat er richtig geraten, tauscht er mit dem Ertappten den Posten.
2. Ein Spieler geht vor die Tür. Er sucht sich fünf Gegenstände, die er den Spionen nacheinander durchs Schlüsselloch zeigt. Natürlich hält er sie so, daß die Raterei möglichst schwierig wird. Jeder Schlüssellochspion schreibt auf, was er gesehen hat. Am Ende werden die Gegenstände offen gezeigt. Wer alle richtig erkannt hat, ist Meisterspion.

Kim-Spiele

Geschmacks-Kim

Sämtliche Kandidaten werden nacheinander einzeln ins Zimmer gerufen. Vorher wurden ihnen draußen die Augen verbunden. Vom Spielleiter erhalten sie etwa zehn Kostproben von verschiedenen eßbaren Dingen. Es sollte fairerweise aber wirklich alles eßbar bzw. trinkbar sein. Wer auf ein Stück Seife oder etwas, was ähnlich schlecht schmeckt, beißt, findet das nämlich meist nicht witzig.

Die Testesser müssen herausfinden, was sie gerade auf der Zunge haben, und versuchen, sich möglichst viel davon zu merken. Wer sich nach dem Spiel an die meisten Bissen erinnern kann, ist König des Geschmacks!

Tast-Kim

Hier werden zehn bis fünfzehn verschiedene Gegenstände in ein Säckchen getan, z. B. eine Murmel, ein Bleistiftanspitzer, Löffel, Fingerring, Backförmchen usw. Ein Kandidat nach dem anderen muß nun erraten, was er ertastet hat.

Guck-Kim

Diesmal dürfen sich alle Kandidaten gleichzeitig die 15 Gegenstände einprägen, die ihnen der Spielleiter auf einem Tablett präsentiert. Dann wird der Kim-Schatz mit einem Tuch verdeckt und ein Gegenstand entfernt. Das Tuch wird wieder gelüftet, und jetzt heißt es raten, was fehlt. Wer es als erster sagen kann, bekommt den Gegenstand. Das wird so lange wiederholt, bis das Tablett leergeräumt ist. Gewonnen hat, wer am Schluß die meisten Dinge ergattert hat.

Spiele im Schnee

Wenn der erste Schnee fällt, hält es keinen mehr im Haus. Die Rodelbahn muß eingefahren werden, auf dem Bolzplatz sollten mindestens zwei bis drei Schneemänner stehen, und jeden Tag eine zünftige Schneeballschlacht ergibt sich von selbst. Danach ist genau die richtige Zeit für ein paar Schneespiele wie diese:

Schneetauben schießen

Einer aus der Gruppe wirft seine Mütze möglichst hoch in die Luft, und die anderen versuchen, diese Schneetaube mit Schneebällen abzuschießen. Jeder Treffer bringt 10 Punkte.

Zieht den Schneemann an

Hier treten zwei gleich starke Mannschaften gegeneinander an. Zuerst baut jede einen richtig dicken, großen Schneemann. Der Schiedsrichter überlegt in der Zwischenzeit, womit die Schneemänner geschmückt werden könnten. Er verlangt zum Beispiel Zeitungspapier für einen Fächer, Fausthandschuhe, eine rote Backsteinnase und einen grünen Schal, zwei Blechdosen als Ohrenwärmer, ein Springseil als Gürtel und ein Stück Kreide als Hosenknopf. Die Mannschaften haben eine halbe Stunde Zeit, um die gewünschten Sachen zu beschaffen. Nach Ablauf der Frist heißt es „stop"! Der Schiedsrichter zählt, wie viele Gegenstände jede Mannschaft ihrem Schneemann verpaßt hat. Das ist wichtig, denn Punkte gibt es nur für die Dinge, die der weiße Onkel auch tatsächlich anhat.

Zielwerfen

Wieder muß der Schneemann herhalten, doch diesmal kommt es nur auf seinen Hut an. Auf den zielen nämlich sämtliche Mitspieler der Reihe nach. Die Schneebälle werden aus einer Entfernung von etwa 20 Schritten geworfen, und jeder Treffer zählt einen Punkt. Fällt die Kopfbedeckung, gibt es drei Punkte.

Schneekreis

Sämtliche Schneehasen legen gemeinsam aus Schneebällen einen Kreis von etwa einem Meter Durchmesser, stellen sich um diesen Kreis herum auf und fassen sich an den Händen. Jetzt wird gezogen und gezerrt, bis einer versehentlich in den Kreis tritt und ausscheiden muß. Je weniger Kinder übrigbleiben, desto näher kommen sie den Schneebällen, und desto größer ist die Chance, daß eines das Gleichgewicht verliert. Aber was macht das schon? Wer sich vor Schnee fürchtet, ist hier sowieso nicht dabei.

Weiße Schnitzeljagd

Dieses Spiel ist nur möglich, wenn es frisch geschneit hat und noch nicht allzu viele Spuren im Schnee sind. Ein Mitspieler, der Fuchs, geht los und versucht dabei, den Jägern die Verfolgung so schwer wie möglich zu machen. Das heißt, er geht im Kreis, legt Sackgassen an (indem er in der eigenen Spur wieder zurückgeht), oder er tritt in eine fremde Fußspur. Nach zwanzig Minuten muß er sich verstecken.
Fünf Minuten nach ihm sind die Jäger losgezogen, die der Fuchs, sobald sie vor seinem Versteck auftauchen, mit einer Schneeballsalve empfängt. Wer von den Jägern getroffen ist, fällt auf der Stelle um und rührt sich nicht mehr. Hat der Fuchs den dritten Ball abbekommen, ist das Spiel aus.

Spiele für die ganze Familie

Mitmachen ist Trumpf!

Wer hat die sicherste Hand? Der darf beim Silhouettenmalen den Bleistift führen. Die dabei entstandenen Portraits der einzelnen Familienmitglieder könnten auch noch ein hübsches Geschenk für die Großeltern abgeben, falls nicht die hauseigene „Galerie" damit geschmückt werden soll (oder einer der Sprößlinge die Bilder für sein Gruselkabinett beansprucht…)

Der erste Kandidat setzt sich etwa 50 cm von der Wand entfernt auf einen Hocker, und zwar so, daß die rechte oder linke Schulter zur Wand zeigt. Dort wird hinter seinem Kopf ein weißes Blatt Papier angeheftet (mindestens Zeichenblockgröße). Eine starke Taschenlampe, eine Stehlampe mit Spot oder abmontiertem Lampenschirm dient als Lichtquelle, die im Abstand von ungefähr vier Schritten vor dem Kandidaten aufgestellt wird. Brennt nur diese eine Lichtquelle in dem sonst dunklen Zimmer, zeichnet sich sein Kopf als Schattenbild mit scharfen Umrissen auf dem weißen Papier ab. Man braucht diese Umrisse nur noch mit einem Stift nachzufahren, die Silhouette anschließend auszuschneiden und auf schwarzen Karton zu übertragen.

Wenn zum Nachmittagskaffee alle Familienmitglieder (einschließlich Omas und Opas) am Tisch versammelt sind, ist der richtige Zeitpunkt für das Detektivspiel gekommen. Unter sämtlichen Anwesenden werden die Karten eines Quartettspiels verteilt. Wer den Schwarzen Peter auf der Hand hat, ist der Mörder. Alle beobachten sich gegenseitig sehr genau, und in einem günstigen Augenblick blinzelt der Mörder einem Familienmitglied zu. Dieses zählt in Gedanken langsam bis zehn, bevor es mit einem schauerlichen Stöhnen auf seinem Stuhl zusammensackt. Für sie oder ihn ist die Runde zu Ende, doch die anderen müssen versuchen, diesen Mörder zu entlarven, bevor sie selbst umgeblinzelt werden.

Für den Zeitlupenfußball sollte etwas Platz im Zimmer geschaffen werden. Ein Ball ist nicht nötig, doch die Spieler kämpfen wie bei einem richtigen Match – allerdings werden alle Bewegungen in Zeitlupe ausgeführt. So vergehen z. B. fast zwei Minuten, bis das Familienoberhaupt sich nach dem Abstoß des Jahrhunderts um seine eigene Achse gedreht hat (und schließlich doch das Gleichgewicht verliert). Verletzte wird es bei diesem Spiel nicht geben, aber ein kräftiger Muskelkater ist nicht ausgeschlossen.

Nicht halb so anstrengend ist das Ja-nein-Spiel. Vor jeder Runde einigen sich alle auf ein häufig gebrauchtes Wort wie z. B. ja, nein, ich oder du. Dieses Wort darf dann fünf Minuten lang nicht erwähnt werden. Während dieser Zeit geht die Unterhaltung ganz zwanglos weiter, aber es ist natürlich klar, daß jeder durch geschickte Fragen die anderen dazu zu bringen versucht, eben dieses Wort zu sagen. Wer sich verplappert, muß einen Strafpunkt einstecken.

Sternhüpfen

Ein Spiel für zwei

Jeder der beiden Spieler erhält vier Spielsteine, z. B. schwarze Mühlesteine der eine und weiße der andere. Damit werden jeweils vier nebeneinanderliegende Sternspitzen besetzt. Der erste Zug auf das freie Feld in der Mitte des Sterns muß immer mit einem Stein erfolgen, der neben einem gegnerischen liegt. Der freigewordene Platz ist für den Gegner die einzige Möglichkeit zum Zug, da immer nur von Punkt zu Punkt entlang der breiten Linien gezogen werden darf. Einen Stein zu überspringen ist nicht erlaubt, und selbstverständlich haben auf einem Feld auch keine zwei Steine Platz. Wer so eingekesselt wurde, daß er keine Zugmöglichkeit mehr hat, muß sich geschlagen geben und sein Glück in der nächsten Runde versuchen. Bei diesem Spiel kommt es vor allem auf Schnelligkeit an, dann macht es noch mehr Spaß.

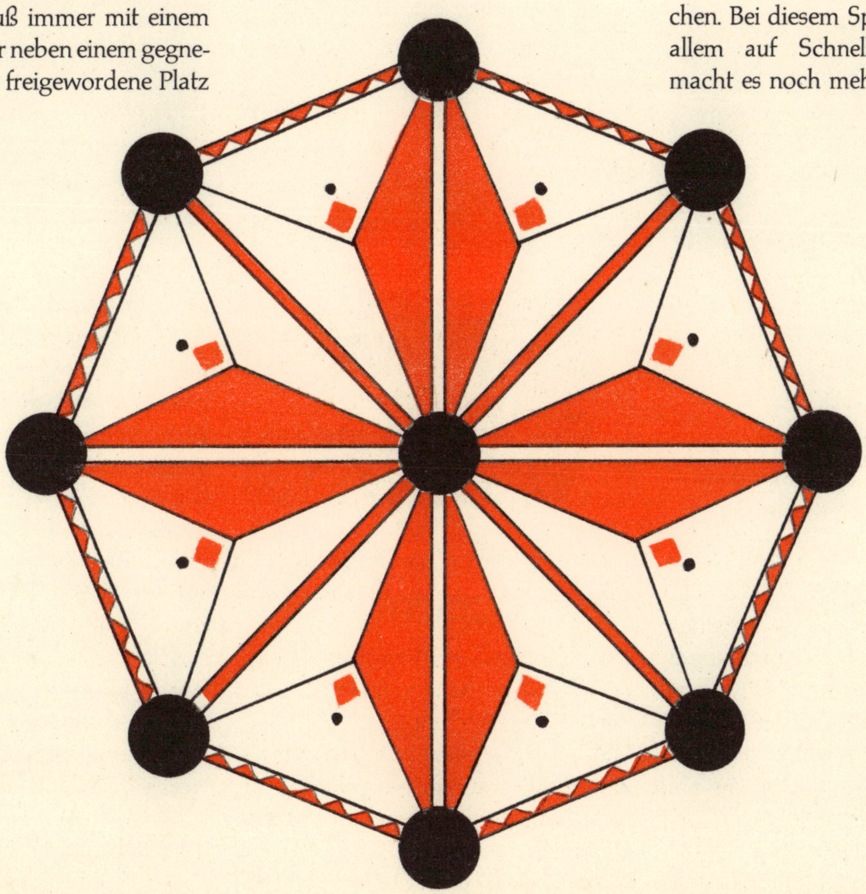

Kuscheltiere zum Liebhaben

Suchen Sie noch ein Geschenk? Probieren sie es doch einmal mit einem selbstgemachten Kuscheltier: Sie werden sehen, die Freude ist groß – und das nicht nur bei Kindern. Man muß sie einfach liebhaben, die Katzenkinder, die Marienkäferchen und den lustigen roten Elefanten!

Marienkäfer

Diese Marienkäfer (Foto Seite 129) gehören zur Familie der Pompontiere, einer Familie, die Sie in keinem Zoologiebuch finden werden. Kein Wunder, denn der Name bezeichnet die Technik, nach der man die Käferchen herstellt. Pompons sind gewickelte und zusammengenähte Wollkugeln, deren Anfertigung auch Kindern leicht gelingt und Spaß macht.

Material (für zwei Käfer)

20 g rote Wolle
schwarze Wollreste
Pappkarton

Arbeitsanleitung
Für den Körper brauchen Sie einen roten Pompon von 5 cm Durchmesser und für den Kopf einen schwarzen von 4 cm Durchmesser.
Und so fertigt man die Pompons an: Schneiden Sie zwei Kartonscheiben für jeden Pompon zurecht mit dem jeweils benötigten Durchmesser (also 2 Scheiben mit 5 cm und 2 Scheiben mit

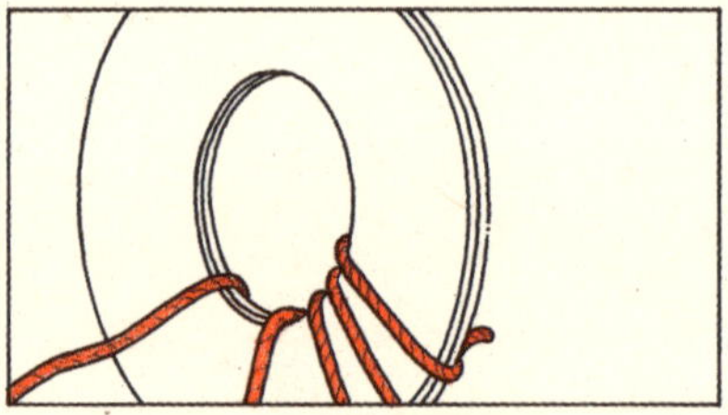

1. *Die beiden Scheiben aufeinanderlegen und mit Wolle umwickeln.*

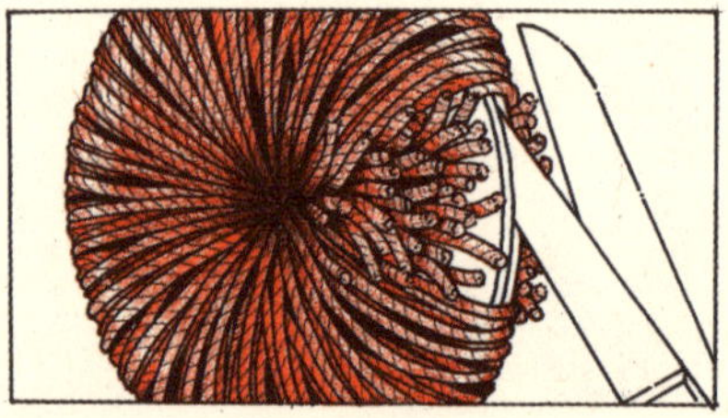

2. *Mit einer spitzen Schere die Wolle am Rand zwischen den Scheiben aufschneiden.*

4 cm Durchmesser). Versehen Sie jede Scheibe in der Mitte mit einem Loch von 1,5 cm Durchmesser.
Nun legen Sie beide Scheiben aufeinander und umwickeln sie durch das Mittelloch gleichmäßig und dicht mit Wolle, bis das Loch ausgefüllt ist (Abbildung 1). Dabei können Sie zu Anfang einen kleinen Wollknäuel durch das Loch führen; je mehr Sie jedoch wickeln, desto kleiner wird das Loch. Fädeln Sie dann das Ende des Wollfadens auf eine Nadel, und stechen Sie durch die Mitte. Sie können ohne weiteres einen neuen Faden ansetzen.
Schneiden Sie dann die Wolle rund um den Rand der Scheiben vorsichtig auf (Abbildung 2). Ziehen Sie die Scheiben wenige Millimeter auseinander, und binden Sie den Wollstrang zwischen den Scheiben ab.
Jetzt können Sie die Pappscheiben aufschneiden und entfernen. Wenn Sie beide Pompons (für Kopf und Körper) fertiggestellt haben, binden Sie sie mit den Abbindfäden zusammen.
Herausstehende Fäden werden gestutzt, damit die Käferchen schön rundlich aussehen.
Für die schwarzen Tupfen im Körper schwarze Wollfäden und für die Augen im Kopf weiße Wollfäden einziehen. Für die Füße 3 Luftmaschenketten von 10 cm Länge häkeln, in der Mitte zusammenbinden, die Fußenden verknoten und annähen.

Katzenkinder

An Anmut und Zierlichkeit sind Katzenkinder kaum zu übertreffen. Und diese gestrickten Exemplare stehen den lebendigen kaum nach (Foto Seite 129).

Das Schema, nach dem die Kätzchen gearbeitet werden, läßt sich leicht abwandeln und für andere Tiere verwenden.

Material

- Wollreste
- Filzreste
- Watte zum Ausstopfen
- Stickgarn
- 1 Nadelspiel und 1 Häkelnadel, in der Stärke zur Wolle passend
- 1 Sticknadel
- 1 Stopfnadel

Arbeitsanleitung

Zuerst wird der Körper gestrickt. Schlagen Sie dazu 48 Maschen an, und verteilen Sie sie gleichmäßig auf das Nadelspiel (je Nadel 12 Maschen). Stricken Sie 60 Runden glatt rechts. Nun für die Kopfform von einer Seitenkante ausgehend wie nachfolgend beschrieben abnehmen.

1. Nadel: die 1. Masche stricken, die 2. und 3. Masche zusammenstricken; 2. Nadel: am Ende die dritt- und zweitletzte Masche zusammenstrikken, die letzte Masche stricken; 3. und 4. Nadel: wie die 1. und 2. Nadel strikken. In den nächsten 6 Runden wieder jeweils 4 Maschen auf die gleiche Weise abnehmen und dann die restlichen 20 Maschen auf einmal abketten.

Nun wird die Kopfnaht mit der Stopfnadel von links zugenäht. Den Kopf mit Watte ausstopfen und an der im Schnittmuster bezeichneten Stelle abbinden.

Anschließend werden die Arme und die Beine abgesteppt (siehe Schnittmuster) und ausgestopft.

Schlagen Sie für die Fußsohlen je 3 Luftmaschen an, und schließen Sie sie mit einer Kettmasche zum Ring. In diesen Luftmaschenring 6 feste Maschen häkeln, dann noch weitere 5 Runden häkeln und dabei 4 Maschen je Runde verteilt zunehmen. Die Fußsohlen annähen.

Sticken Sie nun das lustige Katzengesicht auf, oder schneiden Sie die Teile aus Filz aus und nähen sie an. Als Stupsnase sieht auch ein kleiner Pompon (siehe die Marienkäfer auf Seite 126) nett aus.

Für die Außenohren schlagen Sie mit 2 Wollfäden in der Farbe des Körpers 10 Maschen an, stricken 6 Reihen kraus und stricken dann in jeder folgenden Reihe die 2 ersten Maschen zusammen, bis alle Maschen aufgebraucht sind.

Die Innenohren werden genauso gestrickt, nur nehmen Sie dazu nur einen Faden in andersfarbiger Wolle.

Nähen Sie nun die Ohrteile zusammen, halten Sie die unteren Kanten ein, und heften Sie die Ohren an den Kopf.

Für den Schwanz schlagen Sie mit der gleichen Wolle wie für den Körper und der Häkelnadel 6 Luftmaschen an und schließen sie mit 1 Kettmasche zum Ring. In diesen Luftmaschenring 6 feste Maschen häkeln. In den folgenden Runden immer 6 feste Maschen häkeln, bis der Schwanz eine Länge von etwa 25 cm hat.

An das Schwanzende nähen Sie einen kleinen Pompon (siehe die Marienkäfer auf Seite 126), das andere Ende wird zusammengezogen und an den Körper genäht.

Zum Schluß bekommt das Katzenkind noch eine schöne Schleife – eventuell mit einem Glöckchen – um den Hals.

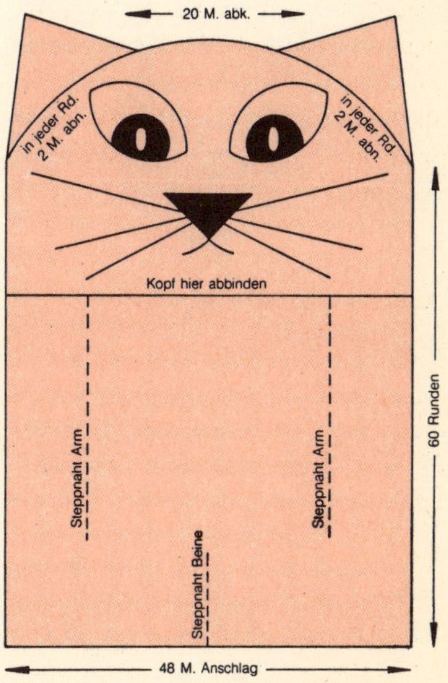

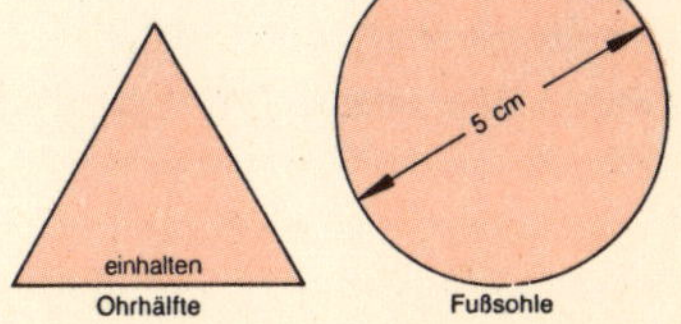

Roter Kugelelefant

Elefanten sind kluge und liebenswerte Geschöpfe und genießen bei jung und alt großes Ansehen. Das Innenleben dieses lustigen Gesellen (auf der gegenüberliegenden Seite ist er abgebildet) besteht aus einem kleinen, weichen Ball (oder ersatzweise auch aus einer Styroporkugel). Für die Standfestigkeit der strammen Beine sorgen je Bein 2 Flaschenkorken. Er läßt sich schnell und einfach herstellen – man häkelt ihn mit festen Maschen. Vielleicht macht Ihnen die Arbeit so viel Freude, daß Sie gleich eine ganze Elefantenfamilie produzieren?!

Material

- 1 Ball oder Styroporkugel mit 15 cm Durchmesser
- 150 g nicht zu dicke rote Wolle
- 8 Flaschenkorken
- Watte zum Ausstopfen
- etwas schwarzer und weißer Filz
- 1 Häkelnadel, zur Wolle passend

Arbeitsanleitung

Die Einzelteile des Elefanten werden getrennt gearbeitet und zum Schluß zusammengenäht.

Körper

Die Elefantenhaut wird in festen Maschen spiralförmig gehäkelt. Schlagen Sie dazu 3 Luftmaschen an, und schließen Sie sie mit einer Kettmasche zum Ring. Häkeln Sie in diesen Ring 6 feste Maschen, und markieren Sie den Rundenbeginn mit einem Faden. In der 2. Runde die Maschenzahl verdoppeln und in der 3. Runde 4 Maschen verteilt zunehmen; diese 3. Runde 13mal mit je 4 Zunahmen wiederholen. Dann häkeln Sie noch 18 Runden ohne Zunahme, und die Haut ist fertig.

Rüssel

Schlagen Sie wieder 3 Luftmaschen an, und schließen Sie sie mit einer Kettmasche zum Ring. Häkeln Sie 8 feste Maschen in diesen Ring, und arbeiten Sie anschließend 16 Runden feste Maschen ohne Zunahmen. Darauf folgen 20 Runden, in denen Sie pro Runde 1 Masche zunehmen. In der nächsten Runde verdoppeln Sie jede 2. Masche, und zum Abschluß werden noch 4 bis 5 Runden ohne weitere Zunahme gehäkelt.

Ohren

Nun kommen die großen Segelohren unseres Elefanten an die Reihe. Schlagen Sie 15 Luftmaschen an, und arbeiten Sie in Reihen mit festen Maschen weiter. Dabei in jeder 2. Reihe auf beiden Seiten 1 Masche zunehmen, insgesamt 5mal (25 Maschen). Dann folgen 4 Reihen ohne Zunahme. Anschließend nehmen Sie in jeder 2. Reihe auf beiden Seiten 1 Masche ab, insgesamt 6mal. Die Außenkanten werden zum Schluß mit einer Reihe fester Maschen umhäkelt.
Arbeiten Sie anschließend das zweite Ohr auf die gleiche Weise wie das erste.

Beine

Kleben Sie 2 Flaschenkorken aufeinander, und umhäkeln Sie sie mit festen Maschen. Schlagen Sie dazu 3 Luftmaschen an, die Sie mit einer Kettmasche zum Ring schließen. In diesen Ring werden 6 feste Maschen gehäkelt. In den folgenden 2 Runden je 3 feste Maschen verteilt zunehmen. Ohne zuzunehmen weiterhäkeln, bis die beiden Korken vollständig umhäkelt sind. Arbeiten Sie die drei anderen Beine auf die gleiche Weise wie das erste.

Fertigstellung

Stecken Sie den Ball oder die Styroporkugel in die Elefantenhaut, reihen Sie die Öffnung mit einem Faden ein, ziehen Sie den Faden zusammen und vernähen ihn.
Nun kommt der Rüssel an die Reihe: Er wird fest mit Watte ausgestopft und an der zusammengezogenen Kugelhülle rundherum angenäht. Rollen Sie die Rüsselspitze etwas ein (wie auf dem Foto auf Seite 129 zu sehen), und befestigen Sie sie mit einem Wollfaden.
Die Augen werden aus dem schwarzen und dem weißen Filzrest ausgeschnitten und mit kleinen Stichen angenäht. Anschließend nähen Sie die Ohren und die Beine an.
Jetzt fehlt nur noch das Schwänzchen. Schneiden Sie dafür 4 Wollfäden zurecht, und drehen Sie sie zusammen. Das Schwänzchen sollte etwa 10 cm lang werden. Sobald dieses letzte Körperteil angenäht ist, kann man den roten Burschen springen lassen.

Katzenkinder warten auf Spielgefährten (Arbeitsanleitung Seite 127).

Marienkäferparade (Arbeitsanleitung Seite 126)

Lustiger roter Kugelelefant (Arbeitsanleitung Seite 128)

Die fruchtige Festtagstorte (Rezept auf der gegenüberliegenden Seite) hat eine Füllung aus Stachelbeeren.

Die Weihnachtsbackstube

Ganz friedliche Bomben, viererlei köstliche Plätzchen – oder Gutsle, wie die Schwaben sagen, weil Plätzchen eben so gut schmecken – und eine fruchtige Festtagstorte stehen diesmal auf dem Programm der Weihnachtsbackstube.

Fruchtige Festtagstorte

(Foto Seite 132)

Für die Fruchtfüllung dieser Torte können Sie ein Glas eingemachtes Obst verwenden, aber auch tiefgekühltes. Im letzteren Fall sollten Sie die aufgetauten Früchte zusätzlich zuckern.

Zutaten

Für den Teig:
4 Eiweiß
200 g Zucker
100 g Margarine
4 Eigelb
125 g Zucker
150 g Mehl
½ Päckchen Backpulver
100 g Mandelblättchen
für die Füllung:
1 Glas Stachelbeeren (oder anderes säuerliches Obst)
2 Päckchen Tortenguß, 2 EL Zucker
2 Becher Schlagsahne
2 Päckchen Vanillezucker
2 Päckchen Sahnestandmittel
zum Bestreuen:
1–2 EL Puderzucker

Zubereitung

1. Die Eiweiße in einem hohen Rührbecher in etwa 10 Minuten sehr steif schlagen. Dabei den Zucker einrieseln lassen. Beiseite stellen.

2. Die Margarine zusammen mit den Eigelben und dem Zucker schaumig rühren.

3. Das Mehl mit dem Backpulver mischen, zu der Fett-Eigelb-Zuckermasse geben und zu einem glatten Teig verrühren.

4. Eine Springform mit etwas Butter einfetten. Den Boden der Form mit der Hälfte des Teigs bestreichen. Den Springformrand herumlegen und die Hälfte des Eischnees darauf verteilen und die Hälfte der Mandelblättchen daraufstreuen.

5. Den Boden bei 200°C etwa 15 bis 20 Minuten backen. Auf die gleiche Weise den zweiten Boden herstellen.

6. Den ersten Boden auf einem Kuchengitter auskühlen lassen, den zweiten mit einem Messer von der Form lösen, sofort in 16 Stücke teilen und auf dem Springformboden auskühlen lassen.

7. Die Stachelbeeren in ein Sieb schütten, den Saft auffangen, ¼ l davon abmessen und erhitzen.

8. Den Tortenguß mit dem Zucker vermischen, mit etwas Saft glattrühren, zum erhitzten Saft geben und aufkochen lassen.

9. Die Stachelbeeren mit dem Tortenguß vermischen, auf den unteren Teigboden geben und abkühlen lassen.

10. In der Zwischenzeit die Sahne steif schlagen, das Sahnestandmittel mit dem Vanillezucker mischen und einrieseln lassen.

11. Die Sahne auf den Stachelbeeren verteilen und den geschnittenen Boden auf der Sahne wieder zusammensetzen.

12. Zum Schluß den Kuchen durch ein Sieb mit Puderzucker bestreuen.

Liegnitzer Bomben

(Foto Seite 130)

Wie schon gesagt – diese Bomben sind äußerst friedlich. Beim Genuß der raffinierten Honigschleckerei muß man höchstens um die schlanke Linie fürchten... Ihre Heimatstadt Liegnitz übrigens liegt an der Katzbach in Niederschlesien.

Zutaten

Für den Teig:
200 g Honig
125 g Zucker
50 g Butter
5 EL Sahne
2 Eier
1 TL Zimt
1 TL Lebkuchengewürz
1 Päckchen Vanillezucker
250 g Mehl
2 TL Backpulver
3 EL Kakao
50 g Korinthen
50 g Zitronat
50 g Mandeln
für die Füllung:
50 g Mandeln
50 g Haselnüsse
50 g Sultaninen
100 g Marzipanrohmasse
100 g Aprikosenkonfitüre
⅛ l Rum
außerdem:
200 g Kuvertüre

Zubereitung

1. Den Honig, den Zucker, die Butter und die Sahne in einen Topf geben und unter Rühren erwärmen, bis eine glatte Masse entstanden ist. Die Masse anschließend in eine Rührschüssel geben.

2. Die Eier, die Gewürze und den Vanillezucker schaumig schlagen und löffelweise unter die Honigmasse rühren.

3. Das Mehl mit dem Backpulver und dem Kakao mischen und dazugeben.

4. Die Korinthen, das gewürfelte Zitronat und die gehackten Mandeln ebenfalls dazugeben und das Ganze zu einem glatten Teig rühren.

5. Für die Füllung die Mandeln und die Haselnüsse fein mahlen und mit den Sultaninen, der Marzipanrohmasse, der Konfitüre und dem Rum gut verrühren.

6. Aus extra starker Alufolie 18 Quadrate von etwa 15 cm Seitenlänge schneiden. Die Stücke über einem kleinen Glas zu Näpfchen formen und mit Margarine einfetten.

7. Jetzt werden die Näpfchen gefüllt: in jedes Näpfchen 1 bis 2 Eßlöffel Teig geben, darauf 1 bis 2 Teelöffel Füllung und obendrauf wieder etwas Teig.

8. Die Näpfchen auf ein Backblech stellen und bei 200° C 20 bis 30 Minuten backen.

9. Die Bomben aus dem Backofen nehmen. Die Kuvertüre im Wasserbad schmelzen lassen, die Bomben aus der Alufolie nehmen, mit der Kuvertüre überziehen und auf einem Kuchengitter auskühlen lassen.

Vanillekipferln

Zutaten

350 g Mehl
1 Messerspitze Backpulver
250 g Butter
50 g Haselnüsse
100 g Zucker
2 Päckchen Vanillezucker
1 Prise Salz
1 Ei
zum Bestreuen:
100 g Puderzucker
2 Päckchen Vanillezucker

Zubereitung

1. Das Mehl und das Backpulver in einer Rührschüssel mischen. Die Butter in Flöckchen dazugeben.

2. Die Haselnüsse fein mahlen und zusammen mit dem Zucker, dem Vanillezucker, dem Salz und dem Ei zum Mehl geben.

3. Einen glatten Teig zusammenkneten und 30 Minuten im Kühlschrank ruhen lassen.

4. Die Arbeitsfläche mit etwas Mehl bestreuen, die Hände ebenfalls bemehlen und aus dem Teig Rollen von etwa 1 cm Durchmesser formen. Diese Rollen in etwa 6 cm lange Stücke schneiden und Kipferln daraus formen.

5. Die Kipferln auf ein mit Backpapier ausgelegtes Backblech legen und bei 175° C 10 bis 15 Minuten backen.

6. Den Puderzucker in einen tiefen Teller sieben, mit dem Vanillezucker mischen und die heißen Kipferln darin wälzen. Auf einem Kuchengitter auskühlen lassen.

Orangen-Schokoladen-Kekse

(Foto Seite 131)

Zutaten

250 g Mehl, 1 TL Backpulver
125 g Butter, 125 g Zucker
1 Ei
2 EL Orangenmarmelade
1 EL Orangenlikör
1 EL Milch
50 g Zartbitterschokolade

Zubereitung

1. Das Mehl und das Backpulver mischen. Die Butter in Flöckchen darüber verteilen, den Zucker und das Ei hinzufügen und alles zu einem glatten Teig verarbeiten.
2. Den Teig halbieren. Die eine Hälfte mit der Orangenmarmelade und dem Orangenlikör verkneten und kalt stellen.
3. Die Milch in einen Topf geben und die Schokolade darin schmelzen lassen. Die Masse etwas abkühlen lassen, dann unter die zweite Teighälfte kneten, kalt stellen und 30 Minuten ruhen lassen.
4. Den Schokoladenteig auf der bemehlten Arbeitsfläche zu einem 0,5 cm dicken Rechteck ausrollen. Den Orangenteig zu einer Rolle formen und mit dem Schokoladenteig einrollen; 30 Minuten kalt stellen.
5. Die Rollen in 0,5 cm dicke Scheiben schneiden, die Plätzchen auf ein mit Backpapier belegtes Blech legen und bei 175°C 15 bis 20 Minuten backen.

Linzer Törtchen

(Foto Seite 131)

Zutaten

500 g Mehl
1 Messerspitze Backpulver
250 g Butter, 250 g Zucker
125 g Mandeln, 2 Eier
1 Glas Aprikosenkonfitüre oder Himbeergelee
2 EL Puderzucker

Zubereitung

1. Mehl und Backpulver mischen, die Butter in Flöckchen dazugeben. Den Zucker, die feingemahlenen Mandeln und die Eier hinzufügen und alles zu einem glatten Teig kneten. 1 Stunde im Kühlschrank ruhen lassen.
2. Eine Hälfte des Teigs auf der bemehlten Arbeitsfläche 2 bis 3 mm dick ausrollen, die andere Hälfte im Kühlschrank aufbewahren.
3. Runde Plätzchen ausstechen, auf ein mit Backpapier ausgelegtes Blech legen und bei 175° C 10 bis 15 Minuten backen.
4. Die zweite Teighälfte ebenfalls ausrollen, die gleiche Menge Plätzchen ausstechen und mit einem kleinen Ausstecher in der Mitte eine Form ausstechen, so daß Ringe entstehen.
5. Die Ringe vorsichtig auf Backpapier legen, das Papier auf das Blech ziehen und die Plätzchen backen.
6. Die Konfitüre glattrühren, auf die erstgebackenen Plätzchen streichen.
7. Die Ringe durch ein Sieb mit dem Puderzucker bestreuen und auf die Konfitüre setzen.

Londoner Stangen

(Foto Seite 131)

Zutaten

6 Eiweiß, 150 g Zucker
200 g Mandeln
250 g Butter
200 g Zucker
6 Eigelb
2 TL Zitronenzucker
1 Päckchen Vanillezucker
250 g Mehl
1 Glas Aprikosenkonfitüre
100 g gehackte Mandeln

Zubereitung

1. Die Eiweiße sehr steif schlagen, dabei den Zucker einrieseln lassen.
2. Die Mandeln fein mahlen, leicht unter den Eischnee ziehen und beiseite stellen.
3. Die Butter mit dem Zucker und dem Eigelb schaumig rühren, den Zitronenzucker, den Vanillezucker und das Mehl hinzufügen und alles zu einem glatten Teig rühren.
4. Backpapier in der Größe des Blechs zuschneiden, den Teig aufstreichen.
5. Die Konfitüre in einem Topf erwärmen, glattrühren und gleichmäßig auf dem Teig verteilen.
6. Die Konfitüre mit der Eischneemasse bedecken und die gehackten Mandeln daraufstreuen.
7. Das Backpapier vorsichtig auf das Backblech ziehen und das Ganze bei 150°C 50 bis 60 Minuten backen.
8. Aus dem Ofen nehmen, sofort in 3 x 6 cm große Streifen schneiden und abkühlen lassen.

Thomastag

Der ungläubige Heilige

Eigentlich war er ja überhaupt nicht ungläubig, sondern nur entmutigt und skeptisch. Der arme Fischer Thomas aus Galiläa, den Jesus zu seinem Jünger gemacht hatte, war sogar bereit, für seinen Meister zu sterben. Doch nach der Kreuzigung verlor er den Glauben an die Auferstehung Jesu und mißtraute den Sinnen der anderen Jünger, die ihm berichteten, sie hätten den Herrn gesehen.

Jesus aber erschien wieder und ließ Thomas den Finger auf die Nagelmale in seinen Händen legen. Von da an wurde Thomas zu einem der fleißigsten Apostel. Er unternahm weite Missionsreisen und bekehrte Tausende von Menschen. Dennoch ist er bis heute als der sprichwörtliche „ungläubige" Thomas bekannt.

Auf einer seiner Reisen soll Thomas beim Bau eines Tempels geholfen haben. Die Bauarbeiter wollten einen Stein einbauen, den die stärksten Männer nicht heben konnten. Der Heilige jedoch setzte den Stein ganz allein an die richtige Stelle, und es war wohl diese Glanzleistung, die ihn zum Schutzpatron aller Bauleute werden ließ.

Aber der Apostel hatte sich auch viele Feinde gemacht, und er starb für seinen Glauben. Während er im Gebet versunken war, durchbohrte ihn einer seiner Gegner mit einer Lanze. Dies soll am 21. Dezember stattgefunden haben, und daher wird an dem Tag sein Fest gefeiert.

Nun ist dieser Tag aber seit jeher etwas Besonderes, denn er ist der kürzeste Tag des Jahres. Damit und mit der darauf folgenden längsten Nacht ist vielerlei heidnisches Brauchtum verknüpft, das sich auch um die Person des Thomas rankt. Die kürzeste Nacht galt als eine der Rauh- oder Rauchnächte, und die Rauhnächte wiederum gehörten zu den Zwölfnächten, die – mit regionalen Unterschieden – vor allem den Zeitraum vom Thomastag bis Neujahr, von Weihnachten bis zum Dreikönigstag oder auch vom Luziatag bis Weihnachten umfaßten.

In diesen Nächten geschah Übersinnliches: Da zog die wilde Jagd durch die Lüfte, und Dämonen machten das Land unsicher. So zog in manchen Gegenden auch der heilige Thomas als Unhold durch die Gegend, anderswo soll er in einem feurigen Wagen – als eine Art Wotan – durch die Luft gerauscht sein.

Natürlich war auch die Thomasnacht eine gute Gelegenheit, etwas über die Zukunft zu erfahren. Und was wäre wohl interessanter und wichtiger, als Gewißheit über die künftigen Liebesfreuden zu erlangen? Wie in der Andreasnacht gab es auch in der Thomasnacht vielerlei Liebesorakel, man goß Blei, und mancherorts legten sich die Mädchen umgekehrt ins Bett, weil sie glaubten, daß ihnen dann unweigerlich der zukünftige Bräutigam erscheinen müsse.

Zum gleichen Zweck war es auch üblich, daß sich das neugierige Mädchen nackt vors Bett stellte – was zu der Jahreszeit wahrscheinlich kein reines Vergnügen war – und ein Sprüchlein murmelte. In der Gegend von Ansbach lautete das so:

> Strohsack, i tritt di, Thomas, i bitt di,
> laß mir erscheinen jetz und den Meinen.

Geschichte eines Pfefferkuchenmannes

von Paul Richter

Es war einmal ein Pfefferkuchenmann,
von Wuchse groß und mächtig.
Und was seinen inneren Wert betraf,
so sagte der Bäcker „Prächtig!"

Auf dieses glänzende Zeugnis hin
erstand ihn der Onkel Heller
und stellte ihn seinem Patenkind,
dem Fritz, auf den Weihnachtsteller.

Doch kaum war mit dem Pfefferkuchenmann
der Fritz ins Gespräch gekommen,
da hatte er schon – aus Höflichkeit –
die Mütze ihm abgenommen.

Als schlafen ging der Pfefferkuchenmann,
da bog er sich krumm vor Schmerze;
an der linken Seite fehlte fast ganz
sein stolzes Rosinenherze!

Als Fritz tags darauf den Pfefferkuchenmann
besuchte ganz früh und alleine,
da fehlten, o Schreck, dem armen Kerl
ein Arm und beide Beine!

Und wo einst saß am Pfefferkuchenmann
die mächtige Habichtsnase,
da war – ein Loch! Und er weinte still
eine bräunliche Sirupsblase.

Von nun an nahm der Pfefferkuchenmann
ein reißendes, schreckliches Ende.
Das letzte Stückchen kam schließlich durch Tausch
in Schwester Margaretchens Hände.

Die kochte als sorgliche Hausfrau draus
für ihre hungrige Puppe
auf ihrem neuen Spiritusherd
eine kräftige, leckre Suppe.

Und das geschah dem Pfefferkuchenmann,
den einst so viele bewundert
in seiner Schönheit bei Bäcker Schmidt,
im Jahre neunzehnhundert!

Advent

von Rainer Maria Rilke

Es treibt der Wind im Winterwalde
die Flockenherde wie ein Hirt,
und manche Tanne ahnt, wie balde
sie fromm und lichterheilig wird;
und lauscht hinaus. Den weißen Wegen
streckt sie die Zweige hin – bereit,
und wehrt dem Wind und wächst entgegen
der einen Nacht der Herrlichkeit.

Süßer die Glocken nie klingen

Ein altes thüringisches Volkslied, „Seht wie die Sonne dort sinket", lieferte Friedrich Wilhelm Kritzinger (1816–1890) die Melodie, auf die er den Text dieses vor allem für Kinder gedachten Weihnachtsliedes dichtete.

Es ist ein Ros' entsprungen

2. Das Röslein, das ich meine,
davon Jesaias sagt,
hat uns gebracht alleine
Marie, die reine Magd.
Aus Gottes ew'gem Rat
hat sie ein Kind geboren,
wohl zu der halben Nacht.

In den ältesten Fassungen von 1599 und 1605 handelt es sich um ein katholisches Marienlied, dem die Legende von einer zur Weihnachtszeit erblühten Rose unterlegt wurde. In Wirklichkeit ist das Wort Ros' (= Reis) Hinweis auf die Abstammung Jesu von Jesse, dem Vater des Königs David. Die heutige zweistrophige Version stammt von Michael Praetorius (1571–1621) aus dem Jahr 1609.

Weihnachts-Zeitung

Alle Jahre wieder Wachsflecken

Wachs und Harzflecken sind kaum zu vermeiden, versorgen Sie sich also mit Fleckenmitteln, auch mit Aceton gegen Klebstoffflecken für die Kleidung. Die Wachsflecken beseitigen Sie am besten so: Mit einem Federmesser oder einer Rasierklinge das erstarrte Wachs vorsichtig lösen und den Rest ebenso wie kleine Flecken mit einem Löschpapier wegbügeln.

Wie man Weihnachtsgebäck richtig aufbewahrt

Richtig aufbewahrt schmeckt das köstliche Weihnachtsgebäck doppelt so gut. Hier ein paar Tips für verschiedene Gebäckarten.

Stollen
schmecken in der Regel am besten, wenn sie einige Zeit lagern. Das Aroma der Gewürze kann sich dann gleichmäßig verteilen. Stollen halten sich, in Aluminiumfolie oder in Plastikbeuteln gut verpackt, am besten in kühlen, feuchten Räumen. Der Guß wird unmittelbar nach dem Backen übergepinselt, der Puderzucker hingegen erst kurz vor dem Anschnitt aufgestreut.

Honig- und Lebkuchen
können je nach Lagerung zu einem Hart- oder Weichgebäck werden. Um knusprige Kuchen zu erhalten, legen sie die frischen Gebäckstücke für ein bis zwei Wochen in gut verschließbare Blechdosen. Saftige Kuchen werden in Tonbratformen aufbewahrt. Einige dazugelegte Orangen sorgen für zusätzliches Aroma und gleichbleibende Feuchtigkeit.

Knuspriges Buttergebäck
schmeckt frisch gebacken am allerbesten.

Plätzchen
sogleich nach dem Auskühlen in fest schließende Behälter geben. Einkochgläser ersparen späteres Suchen nach der richtigen Sorte. Plätzchen mit Gußverzierungen behalten ihr schönes Aussehen, wenn zwischen die Lagen Butterbrotpapier gelegt wird. Alle Plätzchen ohne Guß lassen sich gut einfrieren.

Zimtsterne und Makronen
halten sich in fest verschließbaren Blechdosen am längsten.

Auch Konfekt
wie Marzipan oder kandierte Früchte trocknet aus, wenn es nicht verschlossen aufbewahrt wird.

Weihnachts-Zeitung

„In dulci jubilo“: Lieder und Musik zu Weihnachten

Wer gern singt oder ein Instrument spielt, wird zur Weihnachtszeit mit Freunden und Nachbarn Hausmusik treiben und andere zum Zuhören und Mitmachen einladen. Für das große Fest des Jahres sind gemeinschaftlich gesungene Lieder zu einem wichtigen und festen Bestandteil geworden. „O Tannenbaum“, „Süßer die Glocken nie klingen“ und all die anderen schönen Lieder gehören heute einfach zu Weihnachten in jedes Haus.

Ursprünglich waren die Weihnachtslieder mit ihren festlichen, getragenen Melodien ausgesprochene Kirchenlieder. Das älteste stammt aus dem 11. Jahrhundert und wird heute noch genauso gesungen, wie man es vor 900 Jahren sang: „Nun sei uns willkommen Herre Christ, der du unser aller Herre bist...“

Das jüngste und zugleich bekannteste Weihnachtslied wurde 1818 von dem Komponisten Franz Xaver Gruber komponiert. Sein Lied „Stille Nacht, heilige Nacht“ kennt man inzwischen in China und Japan ebenso wie in Amerika.

Wer weder singen noch musizieren möchte, kann sich mit Schallplatten oder Tonband gute Weihnachtsmusik ins Haus holen. Auch der Rundfunk und das Fernsehen senden alljährlich von schönen Stimmen gesungene Weihnachtslieder.

Schöne Bescherung

Mit seinem roten Mantel, seinem weißen Bart und seinen schwarzen Stiefeln sah er aus wie alle Weihnachtsmänner. Als er in das große Kaufhaus ging, bestaunten ihn die Kinder, Männer und Frauen lächelten ihm zu, die Verkäuferinnen schmunzelten. Und selbst am Abend mußte der Sprecher der Tagesschau gegen ein Lächeln ankämpfen: „Heute mittag stahl ein Weihnachtsmann aus der Kasse eines Berliner Warenhauses 10 000 DM.“

Schüsse für das Christkind

Am Heiligen Abend und in der Silvesternacht dröhnen aus allen Winkeln des Berchtesgadener Landes die Böller der 17 Weihnachtsschützenvereine.

Das Einschießen beginnt traditionsgemäß bereits acht Tage vor Weihnachten pünktlich um 15 Uhr. Über 700 Böllerschützen sind es, die dem Christkind und dem neuen Jahr einen lauten Empfang bereiten und alljährlich fast 25 Zentner Pulver und rund 8 000 Zündkapseln verfeuern. Über 2 000 Berchtesgadener sind Mitglieder im Schützenverein, d. h. jeder dritte Erwachsene trägt dazu bei, daß dieser alte Brauch erhalten bleibt. Das „Böllern“ stammt aus vorchristlicher Zeit und sollte die bösen Geister, die man in der verschneiten Bergwelt vermutete, vertreiben.

Monolog eines Kellners

von Heinrich Böll

Ich weiß nicht, wie es hat geschehen können; schließlich bin ich kein Kind mehr, bin fast fünfzig und hätte wissen müssen, was ich tat – und hab's doch getan, noch dazu, als ich schon Feierabend hatte und mir eigentlich nichts mehr hätte passieren können. Aber es ist passiert, und so hat mir der Heilige Abend die Kündigung beschert. Alles war reibungslos verlaufen: Ich hatte beim Dinner serviert, kein Glas umgeworfen, keine Soßenschüssel umgestoßen, keinen Rotwein verschüttet, mein Trinkgeld kassiert und mich auf mein Zimmer zurückgezogen, Rock und Krawatte aufs Bett geworfen, die Hosenträger von den Schultern gestreift, meine Flasche Bier geöffnet, hob gerade den Deckel von der Terrine und roch: Erbsensuppe. Die hatte ich mir beim Koch bestellt, mit Speck, ohne Zwiebeln, aber sämig, sämig. Sie wissen sicher nicht, was sämig ist; es würde zu lange dauern, wenn ich es Ihnen erklären wollte; meine Mutter brauchte drei Stunden, um zu erklären, was sie unter sämig verstand. Na, die Suppe roch herrlich, und ich tauchte die Schöpfkelle ein, füllte meinen Teller, spürte und sah, daß die Suppe richtig sämig war – da ging meine Zimmertür auf, und herein kam der Bengel, der mir beim Dinner aufgefallen war: klein, blaß, bestimmt nicht älter als acht, hatte sich den Teller hoch füllen und alles, ohne es anzurühren, wieder abservieren lassen: Truthahn und Kastanien, Trüffeln und Kalbfleisch, nicht mal vom Nachtisch, den doch kein Kind vorübergehen läßt, hatte er auch nur einen Löffel gekostet, ließ sich fünf halbe Birnen auf 'nen halben Eimer Schokoladensoße auf den Teller kippen und rührte nichts, aber auch nichts an und sah doch dabei nicht mäklig aus, sondern wie jemand, der nach einem bestimmten Plan handelt. Leise schloß er die Tür hinter sich und blickte auf meinen Teller, dann mich an: „Sag, was ist das?" fragte er. „Das ist Erbsensuppe", sagte ich. „Die gibt es doch nicht", sagte er freundlich, „die gibt es doch nur in dem Märchen von dem König, der sich im Wald verirrt hat." Ich hab's gern, wenn Kinder mich duzen; die Sie zu einem sagen, sind meistens affiger als die Erwachsenen. „Nun", sagte ich, „eins ist sicher: Das ist Erbensuppe." – „Darf ich mal kosten?" – „Sicher, bitte", sagte ich, „setz dich hin." Nun, er aß drei Teller Erbsensuppe, ich saß neben ihm auf meinem Bett, trank Bier und rauchte und konnte richtig sehen, wie sein kleiner Bauch rund wurde, und während ich auf dem Bett saß, dachte ich über vieles nach, was mir inzwischen wieder entfallen ist; zehn Minuten, fünfzehn, eine lange Zeit, da kann einem schon viel einfallen, auch über Märchen, über Erwachsene, über Eltern und so. Schließlich konnte der Bengel nicht mehr, ich löste ihn ab, aß den Rest der Suppe, noch eineinhalb Teller, während er auf dem Bett neben mir saß. Vielleicht hätte ich nicht in die leere Terrine blicken sollen, denn er sagte: „Mein Gott, jetzt habe ich dir alles aufgegessen." – „Macht nichts", sagte ich, „ich bin noch satt geworden. Bist du zu mir gekommen, um Erbsensuppe zu essen?" – „Nein, ich suchte nur jemand, der mir helfen kann, eine Kuhle zu finden; ich dachte, du wüßtest eine." Kuhle, Kuhle, dann fiel mir's ein, zum Murmelspielen brauchte man eine, und ich sagte: „Ja, weißt du, das wird schwer sein, hier im Haus irgendwo eine Kuhle zu finden." – „Können wir nicht eine machen", sagte er, „einfach eine in den Boden des Zimmers hauen?" Ich weiß nicht, wie es hat geschehen können, aber ich hab's getan, und als der Chef mich fragte: Wie konnten Sie das tun?, wußte ich keine Antwort. Vielleicht hätte ich sagen sollen: Haben wir uns nicht verpflichtet, unseren Gästen jeden Wunsch zu erfüllen, ihnen ein harmonisches Weihnachtsfest zu garantieren? Aber ich hab's nicht gesagt, ich hab' geschwiegen. Schließlich konnte ich nicht ahnen, daß seine Mutter über das Loch im Parkett stolpern und sich den Fuß brechen würde, nachts, als sie betrunken aus der Bar zurückkam. Wie konnte ich das wissen? Und daß die Versicherung eine Erklärung verlangen würde und so weiter und so weiter, Haftpflicht, Arbeitsgericht und immer wieder: unglaublich, unglaublich. Sollte ich ihnen erklären, daß ich drei Stunden, drei geschlagene Stunden lang mit dem Jungen Kuhle gespielt habe, daß er immer gewann, daß er sogar von meinem Bier getrunken hat – bis er schließlich todmüde ins Bett fiel? Ich hab' nichts gesagt, aber als sie mich fragten, ob ich es gewesen bin, der das Loch in den Parkettboden geschlagen hat, da konnte ich nicht leugnen; nur von der Erbsensuppe haben sie nichts erfahren, das bleibt unser Geheimnis. Fünfunddreißig Jahre im Beruf, immer tadellos geführt. Ich weiß nicht, wie es hat geschehen können; ich hätte wissen müssen, was ich tat, und hab's doch getan: Ich bin mit dem Aufzug zum Hausmeister hinuntergefahren, hab' Hammer und Meißel geholt, bin mit dem Aufzug wieder raufgefahren, hab' ein Loch in den Parkettboden gestemmt. Schließlich konnte ich nicht ahnen, daß seine Mutter darüber stolpern würde, als sie nachts um vier betrunken aus der Bar zurückkam. Offen gestanden, ganz so schlimm finde ich es nicht, auch nicht, daß sie mich rausgeschmissen haben.

Gute Kellner werden überall gesucht.

Weihnachtskarten

Die schönste Möglichkeit, Freunden und Verwandten ein frohes Fest zu wünschen, sind selbstgemachte Glückwunschkarten.

Die erste Weihnachtskarte ließ sich 1843 Henry Cole, ein Londoner Geschäftsmann, von dem Zeichner J. C. Horsley entwerfen. Anschließend wurde der Weihnachtsgruß gedruckt und handkoloriert. Alle Karten, die Cole nicht selbst verschickte, verkaufte er für einen Shilling pro Stück.

Wie gegen alles Neue zuerst protestiert wird, wurde auch gegen diese Sitte anfangs kräftig gewettert. Doch schon 1881 wurden in den USA 5 Millionen Karten gedruckt.

Auch heute noch kann kein Telefongespräch einen handgeschriebenen Weihnachtsgruß ersetzen. Die wahre Botschaft der Karte liegt zwischen den Zeilen, und selbst nach Jahren läßt sie die Erinnerung an längst vergangene Weihnachten wieder aufleben.

Kartenkunst: das kleine Aquarell

(Foto Seite 145)

Für stimmungsvolle Weihnachtsgrüße eignet sich die Aquarellmalerei besonders gut. Das Bild kann der Empfänger später ausschneiden und in einem Holzrahmen aufhängen.

Material

Ein Aquarellblock oder mehrere Bogen gutes Aquarellpapier, Aquarellfarben (im Handel werden sie angeboten in Form von Aquarellmalkästen mit Farbnäpfen oder in Tubenform als Künstleraquarellfarben), zwei bis drei Marder- oder Fehhaarpinsel in den Größen zwischen 5 und 15, ein Bleistift des Härtegrades B, ein weicher Radiergummi, ein kleiner Naturschwamm, einige Papiertaschentücher, Klebeband.

Arbeitsanleitung

Befestigen Sie das Aquarellpapier mit Klebeband auf einer festen Unterlage. Bestimmen Sie mit Bleistiftstrichen das Bildformat, und legen Sie eine möglichst einfache Vorzeichnung an. Die Linien sollen nur so stark sein, daß sie bei transparentem Übermalen gerade noch zu erkennen sind. Verzichten Sie auf Details.

Landschaftsaquarelle werden hauptsächlich in der Naß-in-Naß-Technik gezeichnet. Dazu den gesamten Papierbogen vor dem Malen gleichmäßig mit Wasser befeuchten. Der weiche Schwamm eignet sich hierfür am besten. Auf das nasse Papier wird leicht die Farbe gestrichen. Es entsteht ein fast durchsichtiger Ton, der stark oder weniger stark ausläuft, je nachdem, wie feucht das Papier ist. Beginnen Sie mit der hellsten Partie, dem Himmel, und fügen Sie Ton für Ton die dunkleren Farben hinzu. Im Vordergrund sollten Sie Ihre stärksten Farben einsetzen. Nachdem Ihr Bild sozusagen im Rohbau fertig ist, lassen sich mit einem feinen Pinsel kleine Zeichnungen einbringen: Die Dorfkirche bekommt Konturen, von den Bäumen in der vordersten Reihe werden die Äste sichtbar.

Sobald Sie mit dem Ergebnis Ihrer Arbeit zufrieden sind, lassen Sie das Bild endgültig trocknen, schneiden es aus und kleben es auf eine farbige Klappkarte. Den Schriftzug anschließend entweder mit Pinsel und Aquarellfarbe oder mit Tusche darübersetzen.

Tip

Damit Ihre selbstgeschnittenen Weihnachtskarten auch ganz bestimmt in den Briefumschlag passen, hier die Normgrößen für Postkarten:
10,5 cm x 14,8 cm
für Klappkarten mit Längsformat:
10,5 cm x 21 cm

Oben: Weihnachtskarten mit Aquarellmalerei für Hobbykünstler (Arbeitsanleitung Seite 144).
Unten: festliche Karten mit Strohsternen (Arbeitsanleitung Seite 147).

Oben: gesprüht und ausgeschnitten: auch so können Ihre Grüße zum Fest aussehen (Arbeitsanleitung Seite 147).
Unten: Kartengrüße, geschmückt mit Glitzerstift und Glanzbildern (Arbeitsanleitung Seite 147).

Festliche Karten mit Strohsternen

(Foto Seite 145)

Wenn Ihre Freizeit knapp ist, sind diese strahlenden Schmuckstücke die Lösung. Sie brauchen die Sterne nur auf eine weiße Klappkarte zu kleben, und schon ist Ihr persönlicher Weihnachtsgruß fertig.

Material

- Strohhalme (gibt's in Bastelläden)
- weiße Klappkarten
- kleine Schere
- Nähnadel, Alleskleber

Arbeitsanleitung

Legen Sie die Strohhalme für 2 bis 3 Stunden in warmes Wasser, um sie geschmeidig zu machen. Danach schlitzen Sie die Halme mit der Nähnadel auf und bügeln sie flach. Ein untergelegtes Stück Stoff verhindert, daß die eingeweichten Halme das Bügelbrett beschädigen. Je länger Sie bügeln, um so dunkler wird das Stroh. Zeichnen Sie sich eine Vorlage für Ihren Stern, und schneiden Sie die einzelnen Teile aus Stroh zu. Mit Alleskleber die Strohstücke auf der Vorderseite der Klappkarte befestigen.

Mit Glitzerstift und Glanzbildern

(Foto Seite 146)

Keine Frage: Kinder lieben es, diese glitzernden Weihnachtskarten herzustellen. Der Aufwand ist minimal, und schon nach kurzer Zeit kann das fertige Ergebnis bestaunt werden.

Material

- Weiße Klappkarten oder weißer Karton
- weihnachtliche Abziehbilder
- Metallic-Filzstifte (silber, gold)
- Lineal, Schneidemesser
- Bleistift

Arbeitsanleitung

Eine Klappkarte aus weißem Karton zurechtschneiden. Zeichnen Sie mit Bleistift einfache, weihnachtliche Motive wie Sterne oder Tannenbäume auf die Kartenvorderseite, und füllen Sie die Zeichnungen ganz mit Silber- oder Goldstift aus. Ein Rahmen wird mit Bleistift und Lineal vorgezogen und ebenfalls mit dem Metallic-Filzstift ausgemalt. Wer nicht zeichnen möchte, kann auch weihnachtliche Abziehbilder aufkleben und den Schriftzug mit dem goldenen Filzstift darübersetzen.

Mit den Glanzbildern lassen sich auch Überraschungskarten mit „Guckloch-effekt" basteln: Kleben Sie ein besonders schönes und großes Abziehbild auf die Innenseite Ihrer Karte. Aus der Vorderseite ritzen Sie mit dem Schneidemesser einen Stern, eine Glocke oder ein ähnliches Motiv heraus. Das so entstandene „Loch" gibt bei zugeklappter Karte einen Ausschnitt des Glanzbildes frei. Bei der Gestaltung der Vorderseite muß dieser Durchblick natürlich auch berücksichtigt werden.

Weihnachtsgrüße: gesprüht und ausgeschnitten

(Foto Seite 146)

Material

- Weißer Karton
- Lackspray oder Glitzerspray
- Schneidemesser
- Bleistift
- Lineal
- Tesakrepp
- Alleskleber
- Zeitungen

Arbeitsanleitung

Das Prinzip ist denkbar einfach: Stimmungsvolle Weihnachtsbilder werden aus Zeitungen und Magazinen ausgeschnitten und auf vorbereitete Weihnachtskarten geklebt. Dazu weißen Karton in Kartengröße zuschneiden und einen Rahmen aus Lackfarbe sprühen. Damit die Kanten gerade werden, klebt man sie vorher mit Tesakrepp ab. Nach dem Sprühen warten, bis die Farbe vollständig getrocknet ist. Dann erst vorsichtig das Klebeband lösen.

Wer nur sprühen möchte, grundiert die Karte vorher und schneidet aus durchsichtiger Klebefolie weihnachtliche Motive aus. Auf die vollständig getrocknete Farbschicht wird die Folie geklebt und in einem anderen Ton übersprüht. Die Klebefolie abziehen und den Vorgang eventuell in einer weiteren Farbe wiederholen.

Müller

DIE VIERTE ADVENTSWOCHE

Vier Lichter blühn im Tannengrün,
es ist soweit: 's ist Weihnachtszeit

Nun ist es Zeit geworden, eine 300jährige Tradition fortzusetzen: den Weihnachtsbaum einzukaufen und für seinen Schmuck zu sorgen. Jede Familie hat da ihre eigenen Sitten, die einen schmücken ihn jedes Jahr anders, bei den anderen sollte er möglichst immer gleich aussehen, und die geliebten Dekorationsstücke werden mit Sorgfalt restauriert.

Wer jetzt noch nicht alle Geschenke hat, sollte sich bald an die Arbeit machen, vor allem, wenn es etwas Individuelles, etwas Selbstgemachtes sein soll. Wie wäre es zum Beispiel mit Bauernmalerei? Ein alter, ausrangierter Topf etwa, farbenfroh bemalt, kann noch zu einem wertvollen Geschenk werden.

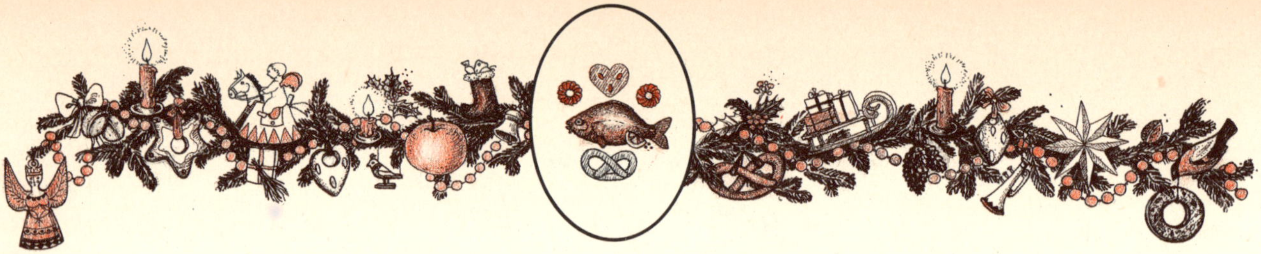

Weihnachtskerzen zum Aufessen

Lange werden die Marzipanflammen bestimmt nicht brennen – dazu sind diese Kerzen viel zu lecker. Ungewöhnlich sind die Backformen: Weißblechdosen in verschiedenen Größen. Kleinere Kerzen können Sie als Nachtisch servieren, die großen sind der Clou jeder Kaffeetafel.

Gebackene Kerzen

Zutaten

Für den Teig:

4 Eigelb
3 EL heißes Wasser
150 g Zucker
4 Eiweiß
200 g Weizenmehl
1 Päckchen Vanillepuddingpulver
1 Päckchen Backpulver
1 TL geriebene Zitronenschale
Butter oder Margarine zum Ausfetten
Zwiebackstreusel zum Ausstreuen

für die Füllung:

1 Päckchen Vanillepuddingpulver
1/2 l Milch
250 g Butter oder Margarine
75 g Zucker
100 g kandierte Kirschen

zum Verzieren:

1 Becher Schokoladenglasur
1 Becher weiße Zuckerglasur
50 g Marzipanrohmasse
50 g Puderzucker
Lebensmittelfarbe
Zuckerperlen, kandierte Früchte
Nüsse
Zuckerblumen und -blätter

Zubereitung

1. Die Eigelbe mit dem heißen Wasser in eine Schüssel geben und schaumig schlagen.

2. 2/3 des Zuckers unter kräftigem Schlagen unter die Masse ziehen.

3. Die Eiweiße steif schlagen und mit dem restlichen Zucker vermischen, auf die Eigelbcreme geben.

4. Das Weizenmehl mit dem Vanillepuddingpulver, dem Backpulver und der Zitronenschale vermischen.

5. Über die Eigelbcreme sieben und alles vorsichtig miteinander vermischen.

6. Unterschiedlich große Weißblechdosen säubern, gut austrocknen, mit Butter ausfetten und mit Zwiebackbröseln ausstreuen.

7. Den Teig zur Hälfte in die Dosen füllen und im auf 180° C vorgeheizten Backofen 20 – 25 Minuten backen.

8. Den Teig herausnehmen, erkalten lassen und die Teigrollen je nach Größe 2- oder 3 mal durchschneiden.

9. Für die Füllung den Pudding mit der Milch nach Packungsanleitung kochen.

10. Vom Feuer nehmen und vollständig erkalten lassen.

11. Die Butter oder Margarine mit dem Zucker schaumig schlagen und eßlöffelweise den Pudding unterheben.

12. Die kandierten Kirschen klein schneiden oder hacken, unter die Füllung geben und damit die Böden bestreichen.

13. Die Böden anschließend wieder zusammensetzen und mit der zerlassenen Schokoladenglasur gleichmäßig bestreichen.

14. Die Glasur erkalten lassen.

15. Das Marzipan mit gelber Lebensmittelfarbe einfärben, die Flammen daraus formen, auf die Kerzen setzen.

16. Die Zuckerglasur als Wachstropfen auf die Kerzen gießen.

17. Mit Zuckerperlen, kandierten Früchten, Nüssen, Zuckerblumen oder Zuckerblättern die Kerzen je nach Geschmack garnieren, vollkommen abtrocknen lassen und servieren.

Fast zu schön zum Anbeißen: Weihnachtskerzen mit cremigem Innenleben (Zubereitung siehe die gegenüberliegende Seite).

Mit den rosa Schleifen, den langen Bonbons und den vielen bunten Elektrokerzen wirkt dieser Baum, als ob er blühte.

Der Weihnachtsbaum

Seit 300 Jahren hat er Tradition, der festlich geschmückte Weihnachtsbaum. Mit seinem Duft nach Tannengrün, Wachskerzen und Lebkuchen erfüllt er das ganze Haus und hüllt auch uns mit ein. Seine grünen Zweige sind am Heiligen Abend nicht mehr wegzudenken.

Die Zweige des Weihnachtsbaums wurden zum Symbol für Hoffnung und Beständigkeit, für Trost und Kraft. Der erste Tannenbaum stand im Elsaß. Ein Unbekannter verzeichnete in seiner Reisechronik von 1605: „Auff Weihnachten richtt man Dannenbäume zu Straßburg in der Stuben auf, daran henckett man Rossen aus vielfarbigem Papier geschnitten, Äpfel, Oblaten, Zischgold, Zucker…" Lange Zeit entsetzten sich Pastoren und Bischöfe über solch heidnischen Brauch. Und die Bedenken der geistlichen Herren waren nicht völlig aus der Luft gegriffen – hatten doch die heidnischen Germanen eine sehr enge Beziehung zu Bäumen. Sie glaubten, daß Bäume die Heimatstätten guter Geister seien, und vor allem Nadelbäume sollten Unheil abhalten. Noch heute gilt das Grün der Bäume als etwas Positives, Hoffnungsvolles: Wer auf einen grünen Zweig gekommen ist, der hat es geschafft, hat es zu etwas gebracht. Die Protestanten waren es, die letztendlich auf der Verbreitung des Weihnachtsbaums bestanden: Der Tannenbaum wurde Weihnachtssymbol der evangelischen Kirche und die Weihnachtskrippe das der katholischen Christen.

In manchen Häusern war es sogar üblich, daß jeder seinen eigenen Baum bekam, nach strenger Rangordnung gegliedert: Der Familienvorstand erhielt den größten, das Küchenmädchen den kleinsten Baum. Der Rechtsgelehrte Gottfried Kissling aus Wittenberg berichtet in seiner Schrift „Von heil. Christgeschenken" (1737):

„Am heiligen Abend stellt die Hausfrau in ihren Gemächern soviel Bäumchen auf, wie sie Personen beschenken wollte. Aus deren Höhe, Schmuck und Reihenfolge in der Aufstellung konnte jedes sofort erkennen, welcher Baum für es bestimmt war. Sobald die Geschenke verteilt und darunter ausgelegt und die Lichter auf den Bäumen und neben ihnen angezündet waren, traten die ihren der Reihe nach ins Zimmer, betrachteten die Bescherung und ergriffen jedes von dem für es bestimmten Baum und den darunter bescherten Sachen Besitz."

Um 1840 gelangte der erste Weihnachtsbaum nach Frankreich. Deutsche Auswanderer nahmen ihn mit in ihre neue Heimat USA – dort fand er erstmals unter Präsident Harrison im Jahre 1891 einen würdigen Platz vor dem Weißen Haus und auf anderen öffentlichen Plätzen.

Ende des 19. Jahrhunderts schließlich war der Weihnachtsbaum dann zum Symbol für Weihnachten überhaupt geworden. Und heute findet man ihn am 24. Dezember abends fast überall auf der Welt, sogar in Australien.

Die Frage nach dem 7. Gebot

So alt wie der Christbaum ist auch das Problem seiner Beschaffung. Je mehr sich dieser Brauch verbreitete, desto mehr Bäume wurden Jahr für Jahr gefällt. Diese „waldnachteilige Verhackung“ nahm solche Ausmaße an, daß sich die zuständigen Behörden oder fürstlichen Waldbesitzer gezwungen sahen, scharfe Verbote auszusprechen. So ist es in der Weimarischen Jagd- und Forstordnung von 1755 bei Androhung einer Strafe von fünf Reichstalern verboten, „dergleichen Gipfel zu denen auf Weyhnachten gewöhnlichen sogenannten Christbäumgen“ auszuschneiden. Vor allem bei der näheren Umgebung von Städten mußten die Wälder, in denen es noch keine Christbaumplantagen gab, unter der weihnachtlichen Holzerei sehr leiden. Vielerorts war selbst der legale Verkauf von Weihnachtsbäumen streng von der Obrigkeit kontrolliert: „So mußten 1832 in Niedersachsen die Bauern, die Weihnachtsbäume in die Stadt zum Verkauf brachten, zur Polizei kommen und die Herkunft der Bäume nachweisen. Dann erhielt jeder Weihnachtsbaum ein amtliches Siegel zum Zeichen dafür, daß er ‚polizeilich zugelassen‘ und zum Verkauf freigegeben war.“

Eine kleine Episode vom „Christbaumklau“ berichtet der Dichter Stefan Andres aus seiner Jugend. Seine wichtigste Festvorbereitung bestand neben der Beichte „... im Besorgen eines Christbaums. Dieses Bäumchen durfte, wiewohl es die Familie wie alle ordentlichen Leute im Dorfe mit dem Siebenten Gebot sehr genau nahm, nicht gekauft werden. Es gab ja den Gemeindewald – aber natürlich auch den Waldhüter! Aber dem Waldhüter um 50 Pfennig eine Fichte abkaufen, das, so glaube ich heute, hätte die Leute und den Waldhüter an der Spitze zum Lachen gereizt. Nein, den Christbaum ging man sich selber holen, doch mußte man zusehen, nicht an Ort und Stelle ertappt zu werden...“

Und es ward Licht

Kaum zu glauben: Die ersten Weihnachtsbäume blieben dunkel. Äpfel, Oblaten und Seidenpapierrosen waren der einzige Christbaumschmuck. Wachskerzen wurden erstmals im 18. Jahrhundert an den kurfürstlichen Höfen in Heidelberg und Hannover verwendet. Nach der Erfindung von Stearin und Paraffin konnten sich auch die einfachen Leute das Licht im Baum leisten. Bei den Bräuchen des Nordens hatten Feuer und Sonne schon immer eine entscheidende Bedeutung. Im Weihnachtsbaum leuchteten die Kerzen symbolisch für das Kind Gottes, „das Licht der Welt“.

Der erste, im Freien beleuchtete Tannenbaum stand 1912 auf dem Madison Square in New York. Die Erfindung der elektrischen Kerzen hatte sein Licht witterungsfest gemacht. Seit den 20er Jahren schmücken sich auch unsere Städte mit diesem weihnachtlichen Symbol, und um 1960 zog der draußen stehende Kerzenbaum schließlich sogar in die Vorgärten privater Häuser ein.

Praktisches um den Weihnachtsbaum

Damit Ihr Baum der schönste wird!

Der Einkauf

Welcher Baum sich am besten als Weihnachtsbaum eignet, darüber streiten sich seit langem die Gemüter. Die Wahl hängt ganz davon ab, wie Sie Ihren Baum schmücken wollen und was Sie später mit ihm vorhaben. Wenn das Augenmerk mehr auf dem Baum und weniger auf dem Schmuck liegen soll, empfiehlt es sich, eine Edeltanne zu nehmen. Das Nadelkleid, die Fächerung der Zweige, die Symmetrie ihrer Gestalt von den breiten unteren Ästen bis zur schlanken Spitze machen ihren besonderen Reiz aus.
Für einen hauptsächlich in Rot geschmückten Tannenbaum eignet sich die Fichte. Ihr sattes Grün, die natürliche Komplementärfarbe zum roten Schmuck, gibt ein prachtvolles Bild.
Soll der Baum nach dem Fest im Garten eingepflanzt werden, nimmt man eine Blautanne mit Ballen. Dieser schöne Baum mit den silbrig glänzenden Nadeln, die von einem gleichmäßig blauen Hauch überzogen sind, eignet sich auch für edle Dekorationen in Weiß oder Silber.
Grundsätzlich gilt für den Einkauf: Die Zweige frisch geschnittener Bäume lassen sich biegen, aber nicht brechen. Die Nadeln sind dunkelgrün und wirken saftig. Gelbe Spitzen deuten auf lange oder unsachgemäße Lagerung hin. Es ist bekannt, daß Kiefern und Fichten schneller „rieseln". Da jedoch kaum jemand seinen Baum länger als bis zum Dreikönigstag in der Wohnung hält, ist dieses Problem eher eine Frage der sachgemäßen Pflege.
Wer einen kühlen und windgeschützten Ort wie Garage, Balkon oder Garten zur Verfügung hat, kann seinen Baum schon bis zu drei Wochen vor dem Fest kaufen.
Manche Forstämter geben die Möglichkeit, sich den Baum selbst zu schlagen oder auszugraben. Dann allerdings sollte man mit der Baumsuche bis kurz vor Heiligabend warten.

Das Aufstellen

Der Baum muß so aufgestellt werden, daß er auf keinen Fall kippen kann. Entweder Sie benutzen einen Christbaumständer, oder nehmen einen Eimer, der mit feuchtem Sand gefüllt ist. Die Sandfüllung regelmäßig mit Wasser begießen. Besonders lange frisch hält sich Ihr Baum, wenn Sie dem Wasser einen Schuß Glyzerin zusetzen. Sorgen Sie dafür, daß er frische Luft bekommt. Das Weihnachtszimmer leidet sowieso leicht an zu großer Erhitzung, weil sich mehr Menschen in ihm aufhalten als gewöhnlich und weil die Kerzen viel Hitze abgeben.
Der Weihnachtsbaum darf nicht in der Nähe des Ofens oder der Heizung stehen. Ebensowenig darf er mit Gardinen und leicht brennbaren Gegenständen wie Tischdecken, Sesseln und Teppichen in Berührung kommen. Hängen Sie brennbaren Schmuck wie Strohsterne und Rauschgoldengel nie zu dicht über die Kerzen. Da die Hitze der Kerzen nach oben hin stärker wird, passiert leicht ein Mißgeschick.

Tips

1. Wenn eine Kerze nicht in den Halter paßt, tauchen Sie das stumpfe Ende in heißes Wasser. Das weiche Wachs läßt sich jetzt leicht in den Halter drücken.
2. Fällt beim Schmücken eine Glaskugel herunter und geht kaputt, werden die Splitter von Teppich oder Tischdecke mit einem feuchten Wattebausch aufgenommen.
3. Damit Tannennadeln und Kerzentropfen nicht auf den Teppich fallen, bekommt der Baum um den Fuß herum eine „Krawatte". Dazu wird eine Rolle Goldfolie in 2 bis 3 cm tiefe Falten geknickt, auseinandergezogen, und zu einer Rosette rund um den Fuß des Baumes gelegt. Kleben Sie die erste und die letzte Falte zusammen.

Jeder schmückt ihn anders

Jede Familie hat ihre Tradition, jeder einzelne seinen Geschmack und in jeder Ehe treffen und verbinden sich die Überlieferungen zweier Familien. Manche möchten nur Selbstgemachtes an ihrem Christbaum sehen, andere wieder beschränken sich ausschließlich auf Dinge, die die Natur hervorgebracht hat. Kinder wollen ihren Baum so bunt wie möglich haben.

Die Vorweihnachtszeit ist wie geschaffen dafür, den eigenen Baumschmuck um das eine oder andere Stück zu bereichern, oder Material und Ideen für eine völlig neue Weihnachtsbaumdekoration zu suchen.

Der bäuerliche Baum
Ein Baum, der zum Hinschauen einlädt. Viele liebevoll zusammengetragene Teile können entdeckt werden. Alles ist Handarbeit; einiges ist sogar selbstgemacht. Strohsterne und Wachsformen lassen sich gut zusammen mit der Familie basteln, während die Holzarbeiten in Thüringen, Unterfranken, im Erzgebirge und im Bayerischen Wald angefertigt werden. Schön ist auch Zinnschmuck und Salzteiggebäck. Früher hingen sogar Eier im Bauernbaum. Sie galten als Symbol der Fruchtbarkeit und der Vollkommenheit. Damals hatte der Weihnachtsbaum noch eine starke Verbindung zum Maibaum.

Der elegante Baum
So edel kann Baumschmuck aussehen: Rotes und goldenes Lametta, goldene Kugeln und Kerzen zeichnen den eleganten Christbaum aus.
Schon im Altertum galt Gold wegen seiner Reinheit als Volksheilmittel. Goldschmuck hatte magische Bedeutung. Als Zeichen der Ehrerbietung trugen die Heiligen Drei Könige ihr Gold nach Bethlehem.

Ein Baum für Kinder
Lebkuchenherzen und kleine Überraschungspäckchen, Kugelsterne und Glitzervögel – sie alle gehören zu dem Wunderbaum, von dem Kinder träumen. Es ist für sie ein herrlicher Spaß, die süßen Köstlichkeiten bis zum 6. Januar allmählich herunterzunaschen.
Gebäck in Figurenform hing bereits in den ersten Christbäumen. Damals überwogen Motive wie Hasen, Pferde und Reiter. Auch ein Schwein und ein Hund konnte schon einmal dabeisein.
Rein christliche Sinnbilder wie Sterne, Kerzen und Glocken verdrängten im Laufe des 19. Jahrhunderts die vorchristlichen Formen.

Ein besonderes Früchtchen
Weil die Äpfel häufig zu schwer an den Ästen zerrten, wurden sie durch die leichteren Christbaumkugeln ersetzt.
Sollten für den Baum in Rosa Kugeln, Kerzen und Tannenzapfen nicht im einheitlichen Farbton erhältlich sein, läßt sich mit Farbspray abhelfen. Das gilt auch für unansehnlich gewordenen Christbaumschmuck. Im neuen Farbkleid ist er durchaus weiterverwendbar.

Ganz in Blau
In einer einzigen Farbe geschmückte Bäume haben seit jeher eine außergewöhnliche Ausstrahlung.
Die Sterne werden aus blauer Metallfolie geschnitten. Für die Kräuselbän-

Der Baum in Rosa mit vielen dicken Kugeln, Zapfen und geringelten Ramiebändern.

Ganz in Blau erstrahlt dieser Baum mit seinen Sternen und Ringelbändern.

Ein weißer, winterlicher Baum mit Papierwolken und -sternen, blauen Kerzen und Schnee aus der Spraydose.

Versilberte Sträußchen aus getrockneten Disteln und große, tropfenförmige Glaskugeln schmücken diesen ungewöhnlichen Baum.

Kugelstern (Arbeitsanleitung Seite 163)

Gießwachs: Weihnachtsschmuck mit Tradition (siehe Seite 162)

Ein solcher Baum aus Holzleisten ist für viele Weihnachtsfeste gedacht (Arbeitsanleitung Seite 161).

Salzteig: gebackene Kunstwerke in warmen Farben (siehe Seite 162) der ziehen Sie blaue Geschenkschnüre fest über die Kanten einer Schere. Sterne stehen übrigens symbolisch für den Stern von Bethlehem, der in der allerersten Festnacht anzeigte: „Hier ist ein Wunder geschehen."

Der blühende Baum

Er ist älter, als man denkt – dieser so farbenprächtig aufgeputzte Weihnachtsbaum. Mit bunten Schleifen und Bändern schmückten bereits unsere Vorfahren ihre Tannen, um ihnen ein blühendes Aussehen zu verleihen. Zusätzlich drehten sie Rosen aus Zuckerwerk oder Seidenpapier. Der Baum sollte an die Obstbäume erinnern, die, der Legende nach, in der längsten Nacht des Jahres gleichzeitig blühen und Früchte tragen.

Mit den Schätzen der Natur

Die meisten Dinge, die die Natur hervorgebracht hat, können versilbert oder naturbelassen als Christbaumschmuck verwendet werden. Es eignen sich Strohblumen, Zapfen aller Art, Nüsse und imprägnierte Blätter. Die bizarren Formen der Disteln sehen natürlich besonders gut aus. Der einzige Nachteil: Beim Schmücken müssen Sie Handschuhe tragen.

Weihnachtsbaum aus Holzleisten

Auf hoher See schmücken bis heute die Seeleute einen Besenstielbaum zum Weihnachtsfest: „In einen Besenstiel bohrte man seitwärts Löcher und steckte Zweige des Strauchbesens hinein. Dieser Baum wurde dann mit Dingen, die man zur Hand hatte, geschmückt, etwa buntem Papier oder Fasern von Tauen. Aber aus einem Besen mußte er gefertigt werden, sonst galt er nicht als echt." Längst ist er nicht mehr nur zwischen Tauen und Ankern zu Hause, dieser klare und einfache Ästebaum. Er wurde zum einzigen weihnachtlichen Zimmerschmuck, der sich neben dem geputzten Tannenbaum durchsetzen konnte. Mit vielerlei Ketten behängt, mit Kerzen, Lametta und Gebäck geschmückt, ist er übrigens von seinem Bruder aus dem Wald kaum zu unterscheiden.

Material

1 Stück Rundholz oder ein Besenstiel, 150 cm lang und 25 mm stark, mehrere Kanthölzer (Dachlatten oder Holzleisten) 24 mm stark und 36 mm breit, 1 Holzplatte (Tanne oder Kiefer) Maße: 40 x 40 cm, Stärke: 40 mm, Holzleim, Nägel oder Schrauben, Fräsbohrer und Bohrmaschine, Klarlack oder Lackfarbe, Sandpapier.

Arbeitsanleitung

Einen Stern mit Bleistift und Lineal auf die Holzplatte zeichnen. Mit der Stich- oder Kreissäge entlang der Linien das Sternmotiv heraussägen. Natürlich können Sie auch mit einer Handsäge arbeiten. In die Mitte ein Loch für den Stiel bohren. Dazu entweder mit dem Holzbohrer oder dem Sägevorsatz für die Bohrmaschine arbeiten. Wichtig: Das Loch genau senkrecht setzen, damit der Baum später gerade steht. Den Holzstern mit dem Besenstiel gut verleimen und mit Nägeln oder Schrauben zusätzlichen Halt geben. Sägen Sie die Dachlatten in einzelne Äste gewünschter Länge. Mit dem untersten, längsten Ast beginnen und einen zweiten gleicher Länge zusägen. Bei einer Besenstielhöhe von 150 cm sollten die unteren Holzzweige eine Länge von 100 cm haben. Die beiden nächsten Äste sind etwa 10 cm kürzer, die darauf folgenden ebensoviel kürzer als die zweiten usw. Nun in die Mitte aller Äste ein Loch mit dem Durchmesser des Besenstiels sägen. Anschließend befreien Sie alle Holzleisten von Spänen und glätten sie mit Sandpapier. Sämtliche Teile lackieren und trocknen lassen.
Danach Ast für Ast auf den Besenstiel schieben und festschrauben und den Baum schmücken.

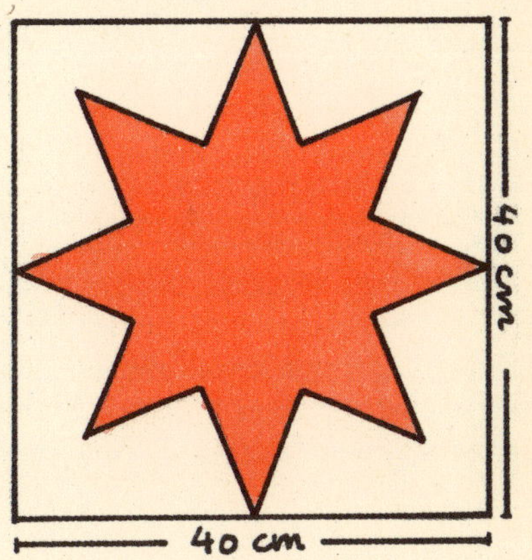

Schnittmuster für den Holzstern

Christbaumschmuck aus Gießwachs

(Foto Seite 160)

Gießwachsformen sind Weihnachtsschmuck besonderer Art. Unterschiedlich bearbeitet, können sie wie Holzreliefs aussehen, wie Zinnfiguren oder wie Bronzeschmuck wirken.

Material

- Gießwachs und Gießformen (erhältlich in Bastelgeschäften)
- Wachsfarbe (Rot, Braun oder Schwarz)
- Patina (Schwarz, Gold oder Silber)
- Spiritus
- einige breite Pinsel
- Messer
- Topf
- etwas Haarspray
- alter Perlonstrumpf
- Goldband

Arbeitsanleitung

Erwärmen Sie das Gießwachs im Topf. Bei 90–100° C wird das Wachs flüssig. Danach Wachsfarbe einrühren. Für Motive im Holzton verwendet man braunes Wachs. Motive, die anschließend verkupfert oder vergoldet werden sollen, ebenfalls in Braun gießen. Für verzinnte Bilder wird schwarzes Wachs verwendet. Flüssige Farben nicht untereinander mischen. Legen Sie vor dem Gießen Kordel oder Goldband in die Formen. Dann das weiche Wachs einfüllen und eine Stunde härten lassen. Wichtig: Die Sachen müssen vollkommen kalt sein, bevor sie aus der Form gelöst werden. Nach dem Erstarren lösen Sie die Teile vorsichtig, indem Sie die Form von dem Wachsstück wegbiegen.
Die Wachspatina wird mit Spiritus angerührt und mit einem dicken Pinsel aufgetragen. Die Rohlinge müssen vollkommen schwarz aussehen. Anschließend die Patina mit einem alten Nylonstrumpf vorsichtig wieder abreiben. Die Vertiefungen bleiben schwarz. Tragen Sie mit einem Schwämmchen die pulverförmige Metallfarbe auf. Die Rohlinge in Fixierlack tauchen oder mit Haarspray einsprühen.
Die fertigen Gießwachsformen sind so hart, daß sie bei normaler Zimmertemperatur nicht schmelzen. Selbst intensive Sonneneinstrahlung schadet ihnen nicht.

Salzteig: Backen für den Baum

(Foto Seite 160)

Ein Wickelkind aus Salzteig schmückt jeden Baum. Sie können jedoch nach der gleichen Methode beliebige andere Formen backen.

Material

- 300 g Mehl, 300 g Salz
- etwa ½ Tasse Wasser
- Messer
- Teigpinsel
- zerschlagenes Ei
- feinster Blumendraht
- Pfefferkörner

Arbeitsanleitung

Das Mehl auf die Arbeitsfläche sieben und mit dem Salz mischen. In die Mitte eine Kuhle eindrücken und etwas Wasser hineingeben. Wie bei einem Hefeteig von innen nach außen kneten und neues Wasser nur löffelweise zugeben. Der Teig muß sich immer trokken anfühlen. Er wird so lange mit den Händen durchgeknetet, bis die Oberfläche ganz glatt und fest ist. Immer wieder „das Äußere nach innen kehren", d. h. eine große Delle in die Teigkugel drücken und die Ränder hineinklappen. Ist der Teig zu weich, verformen sich die Figuren beim Backen. Feine Details lassen sich aus einem zu weichen Teig gar nicht erst arbeiten. Damit er während der Arbeit nicht völlig austrocknet, kommt er in eine Gefrierdose oder eine andere, verschließbare Schüssel.
Eine murmelgroße Teigkugel formen und flachdrücken. Den Rand mit einem Messer einschneiden (nicht ganz durchschneiden). Eine zweite, kleinere Kugel zu einem Wickelkind formen. Augen und Nase mit Pfefferkörnern darstellen. Beide Teile übereinanderlegen und leicht andrücken. Ein etwa 3 cm langes Drähtchen zu einer Öse legen und in das obere Ende des Figürchens stecken. Mit zerschlagenem Ei bestreichen. Die fertigen Teile auf ein ungefettetes Backblech setzen und langsam bei 180 bis 200° C etwa 20 Minuten backen, bis sie die gewünschte Farbe haben.

Die Faltglocke

Die Grundform der Faltglocke (Abbildung unten) auf Transparentpapier übertragen und sechsmal aus Goldfolie ausschneiden. 4 der Zuschnitte werden in der Mitte geknickt. Vorsichtig knicken, sonst bricht die Folie auseinander! Auf eine zirka 30 cm lange dünne Goldschnur ziehen Sie eine kleine Holzperle auf, legen die Schnur auf die Hälfte zusammen und kleben sie genau in der Mitte der beiden umgeknickten Glockenteile ein. So hängt die Perle wie ein Glockenschwengel. Die Schnurenden verknüpfen und die gefalteten Glockenteile am Mittelteil ankleben.

Der Kugelstern

(Foto Seite 160)

Jeder Stern besteht aus 8 Teilen. Auf Goldfolie zeichnen Sie mit dem Zirkel 8 Kreise, jeweils mit einem Durchmesser von 6 cm. Diese Scheiben werden ausgeschnitten und in 8 Abschnitte geteilt (Abbildung 1). Die Teilungslinien schneiden Sie bis etwa 7 mm vor dem Kreismittelpunkt ein. Mit Hilfe eines gut gespitzten Bleistiftes wickeln Sie die Strahlen. Dazu den Bleistift mit seiner Spitze nach außen auf eines der 8 Kreisteile legen und den linken Teil über die Bleistiftspitze schlagen (Abbildung 2). Durch leichte Drehung des Bleistifts rollt sich die Folie ein. Dann legen Sie den rechten Teil der Folie ebenfalls über den Bleistift und drehen sie zu einer Spitze. So verfahren Sie mit allen 8 Scheiben.
4 der 8 Sternteile kleben Sie nun mit verschränkten Spitzen aufeinander (Abbildung 3). Ein Tropfen Alleskleber im Mittelpunkt der Sternteile genügt. Die aus den restlichen 4 Sternteilen gefertigte Sternhälfte kleben Sie Rücken an Rücken mit der ersten Hälfte zusammen, ohne das Einlegen und Einkleben eines Aufhängefadens zu vergessen. Die Zacken werden aufgerichtet und gleichmäßig nach allen Richtungen verteilt.

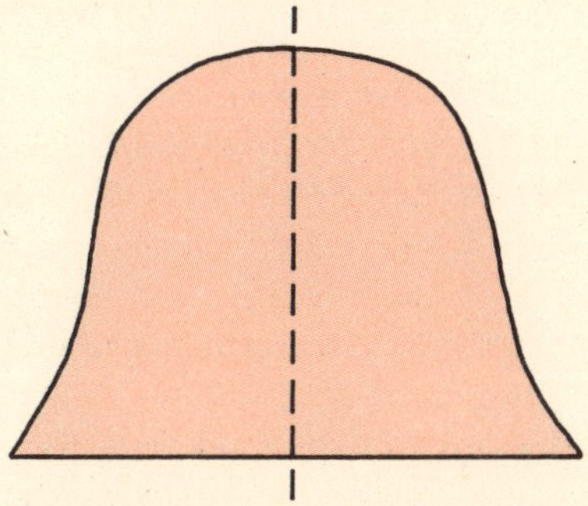

Die Grundform für die Faltglocke wird auf Transparentpapier übertragen (Sie können sie nach Belieben vergrößern) und anschließend sechsmal aus Goldfolie zugeschnitten.

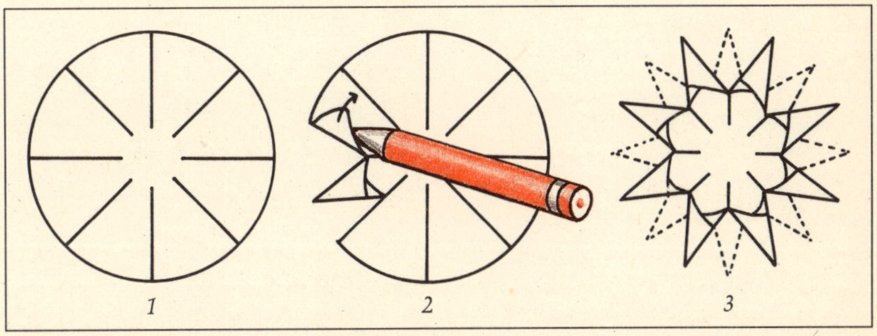

Für den Kugelstern schneiden Sie 8 Kreise aus Goldfolie zu, und zwar mit einem Durchmesser von 6 cm oder größer. Jeder Kreis wird achtmal eingeschnitten (1). Dann rollen Sie die Kreisteile über einen Bleistift zu spitzen Strahlen (2). Zum Schluß werden dann die 8 Sternteile zusammengeklebt (3).

Weihnachten bei den Pentecosts

von Eric Malpass

Als Gaylord aufwachte, erfüllte ihn der Gedanke an Weihnachten mit gemischten Gefühlen. Vermutlich würde er den ganzen Tag damit verbringen müssen, Fluchtwege zu suchen, um bloß Tante Bea zu entgehen. In seinem ganzen Leben war ihm noch nie eine so unersättliche Küsserin begegnet. Normales Küssen akzeptierte er, wie Regen oder Auf-die-Toilette-Gehen, als kleinere Unannehmlichkeit. Aber bei Tante Bea fühlte er sich nicht mehr Herr der Lage. Man kommt in ein Zimmer, und schon sitzt sie da und wartet darauf, sich auf einen zu stürzen und einen wie ein großer, in Tweed gekleideter Bär zu umärmeln. Und warum mußte sie immer „Hallo, Zuckerbübchen" sagen. Er hatte sich eine wohlüberlegte Retourkutsche ausgedacht: Hallo, Essigtantchen. Er fand das äußerst geistreich. Aber er wußte schon jetzt, daß Mummi es schlichtweg frech und vorlaut nennen würde. Und immer, wenn Gaylord etwas sagte, was von Mummi als frech und vorlaut bezeichnet wurde, kam er sich wie ein Schuft vor. Natürlich war das mächtig unlogisch, und er versuchte krampfhaft dagegen anzukämpfen. Aber es half nichts. Er kam sich eben wie ein Schuft vor.

Immerhin gab es im Augenblick nettere Dinge, an die er denken konnte. Am Fußende seines Bettes lag das aufregendste Ding, das jemals von den gefallenen Eva-Kindern erfunden worden war, ein Kissenbezug voller Weihnachtsgeschenke. Gaylord richtete sich auf, trampelte über sein Bett und entleerte den Bezug auf sein Federbett. Ein Apfel, eine Apfelsine, ein Glückspfennig, eine Zuckermaus, und ein Dutzend verschiedene Päckchen.

Welches mochte wohl der Briefbeschwerer sein? Gaylord dachte, während er abwechselnd von dem Apfel und der Zuckermaus abbiß, angestrengt nach. Aber es war nicht zu erraten. Also fing er an, auszupacken.

Eine Trommel. Vielversprechend. Ein Trommelwirbel am fühen Morgen in Opas Zimmer würde viel wirkungsvoller sein als das Aufziehen der Vorhänge. Ein Stabilbaukasten. Gaylord war solchen Baukästen gegenüber immer etwas skeptisch. Niemals hatte man genug Einzelteile, um diesen Eiffelturm mit dem Licht oben bauen zu können.

Eine Trompete. Es wurde immer besser. Wenn er es fertigbrächte, Trompete und Trommel gleichzeitig zu bearbeiten und außerdem noch einen Überraschungseffekt zu erzielen, würde es ihm vielleicht gelingen, Opa eines Morgens doch ein: Gott verdammt, daß dich der Teufel hole, zu entlocken.

Ein kleines eisernes Pferdchen, dem oben aus dem Kopf zwei Büsche herauswuchsen. Es schien nichts weiter tun zu können. Absolut nichts. Weder konnte man es aufziehen noch konnte man es drücken, damit es quickte. Er versuchte, es in der Badewanne schwimmen zu lassen. Es sank wir ein Stein. Was für ein dämliches Geschenk, dachte Gaylord. Konnte nur von Tante Bea sein.

Jetzt mußte aber langsam der Briefbeschwerer kommen. So viele Päckchen waren gar nicht mehr übrig.

Er wurde unruhig. Weder Gott noch Opa traute er einen Fehler zu, aber man konnte ja nie wissen. Fieberhaft riß er die restlichen Päckchen auf. Kein Briefbeschwerer.

Gaylord weinte nicht oft, und wenn, dann nur aus Gründen der Taktik. Aber jetzt weinte er ehrlich. Die Vorstellung, daß er jeden Augenblick Alleinbesitzer eines so blankpolierten Wunders hätte sein können, war herrlich aufregend gewesen. Um diese Vision betrogen zu werden, war unerträglich. Er weinte hemmungslos.

„Gaylord weint", sagte Mummi und stützte sich auf den Ellbogen. „Geh doch mal und sieh nach, was er hat."

„Den Teufel auch", sagte Paps, aus den Kissen auftauchend. „Fröhliche Weihnachten, Schatz." Er gab ihr einen Kuß, rollte sich aus dem Bett, kletterte in Morgenrock und Hausschuhe und taumelte ins Kinderzimmer. Ihm fiel ein, daß heute Weihnachten war und daß er die nächsten achtzehn Stunden herzlich und jovial zu sein hatte. Da konnte er ja gleich damit anfangen. „Was? Unser Gaylord in Tränen? Und das an seinem Hochzeitstag?" scherzte er übertrieben munter, wie es sich für diese Sieben-Uhr-Morgen-Party gehörte.

Gaylord schniefte. „Ist gar nicht mein Hochzeitstag." Sein Gesichtchen heiterte etwas auf. „Oder doch?" fragte er voller Hoffnung.

„Nicht so richtig", gestand Paps. „Wir haben leider keine passende Braut für dich gefunden. Warum weinst du denn?" fragte er.

„Ich habe keinen Briefbeschwerer bekommen", sagte Gaylord.

„Doch, natürlich", versicherte Paps voller Überzeugung. Verflixt, er hatte ihn doch selbst hineingesteckt.

„Wo denn?" fragte Gaylord schmollend.

Paps begann, in dem Papierhaufen, in dem er und Gaylord bis zu den Knien standen, herumzuwühlen. Er fand den Hirsch. „Na und, was ist denn das?" fragte er triumphierend.

„Keine Ahnung", sagte Gaylord. „Was soll das denn sein?"

Paps seufzte. „Die Frage war rein rhetorisch."

„Was ist rhetorisch?"

„Laß das mal jetzt", lenkte Paps ein. „Das ist dein Briefbeschwerer."

„Das ist aber kein Briefbeschwerer. Das ist ein Pferd mit Bäumen."

„Ein Hirsch ist das."

„Du hast aber gesagt, es ist ein Briefbeschwerer."

Paps wischte sich die Hände an seinem Taschentuch ab.

„Er ist ja ganz naß", sagte er überrascht.

„Ich hab versucht, ihn in der Badewanne schwimmen zu lassen. Ist gleich untergegangen", sagte Gaylord vorwurfsvoll.

Du lieber Himmel, dachte Paps. Was für eine Unterhaltung morgens um sieben. „Natürlich geht er unter", schrie er. Weihnachten, ermahnte er sich. Friede auf Erden. Geduldig erklärte er: „Wenn du etwas in der Badewanne schwimmen lassen willst, dann gibt es kaum etwas weniger Geeignetes als einen Briefbeschwerer."

„Ich wollte ihn ja gar nicht in der Badewanne schwimmen lassen."

„Aber du hast doch gerade gesagt..."

„Wenn man etwas bekommt, von dem man nicht weiß, was es ist, läßt man es immer erst einmal in der Badewanne schwimmen", belehrte ihn Gaylord.

„Aber doch keine Briefbeschwerer", sagte Paps.

„Es ist doch auch kein Briefbeschwerer", widersprach Gaylord.

Jetzt sind wir wieder am Anfang, dachte Paps. Er fror und war müde. Er setzte sich aufs Bett. „Das ist ein Briefbeschwerer in der Gestalt eines Hirsches. Ein Hirsch ist ein männliches Reh. Was da aus seinem Kopf herauswächst, sind keine Bäume. Das ist sein Geweih." Er kam sich sehr pädagogisch vor.

Aber Gaylord zeigte kein Interesse mehr. „Soll ich dir was vortrommeln?" fragte er.

Schweigen. „Jetzt noch nicht", sagte Paps. „Die andern schlafen noch", fügte er voller Neid hinzu.

Rose wurde durch einen unmelodischen Trompetenstoß aufgeweckt. Weihnachten, dachte sie voller Unbehagen, und Bobs und sein geheimnisvoller Freund kommen. Den ganzen Tag würde sie damit zuzubringen haben, Beckys Angriffe abzuwehren, das stand einmal fest. Es würde einen Kampf geben. Und es standen ihr nur so wenige Waffen zur Verfügung. Nennenswerte Reize habe ich nicht vorzuzeigen, dachte sie bekümmert, und außerdem wußte sie, daß sie in der Defensive stachelig wie ein Igel war. Ich darf die Ruhe nicht verlieren, nahm sie sich fest vor. Ich darf mich von ihnen einfach nicht rausbringen lassen.

Weihnachten, dachte Opa hochbefriedigt. Gottlob genoß er das Essen immer, und an Weihnachten konnte er es mit gutem Gewissen tun. Und den Wein auch. Wie es manche Menschen fertigbrachten, diese schönste Gottesgabe zu schmähen, war ihm schleierhaft, aber er war fest davon überzeugt, daß man ihnen im Jenseits wegen ihrer Undankbarkeit schon die Leviten lesen würde.

Essen, Wein und Gemütlichkeit. Opa sah einen herrlichen Tag vor sich, wenn bloß Bea nicht darauf verfiel, auch das Vergnügen noch zu organisieren.

Weihnachten, dachte Tante Marigold. Was für ein herrliches Jahr war es gewesen, als sie alle auf dem See Schlittschuh gelaufen waren. Sechsundneunzig, nicht wahr? Oder Achtundneunzig? Und die anderen Weihnachten, als es wenig zu heizen und noch weniger zu essen gab und man nicht viel mehr tun konnte, als für die Jungens in den Schützengräben zu stricken und darauf zu hoffen, daß das Gaslicht nicht abgedreht wurde, weil die Zeppeline im Anflug waren. Trotzdem waren sie schön gewesen, diese spartanischen Weihnachtsfeste vor so langer Zeit, schön in ihrer merkwürdigen, verträumten Weltuntergangsstimmung. Aber die Welt war nicht untergegangen. Seitdem hatte es so viele, so viele Weihnachten gegeben. Milde, nasse, frostige, verschneite. Und alle waren sie schön gewesen. Auf ihre stille, in sich ruhende, genügsame Art hatte Marigold sie alle genossen. Und sie würde auch dieses Weihnachtsfest genießen.

Weihnachten, dachte Becky, und drei junge Männer im Haus. Sie rekelte sich genüßlich, regte ihre Krallen und schnurrte.

Gaylord strolchte über den Hof. Er wollte ein bißchen mit Abdullah, dem Puter, reden. Kein Abdullah. Er

kroch in den Verschlag. Alles leer. Das war noch nicht dagewesen. Er ging ins Haus zurück, wo fast die ganze Familie versammelt war, um sich ein stilles Gläschen Sherry zu genehmigen. „Ich kann Abdullah nirgends finden", sagte er.
Allgemeines Schweigen. „Wo ist denn Abdullah?" fragte er. „Im Ofen", erwiderte Opa gefühllos.
Gaylord wurde es ganz schwach. Es ist doch wirklich bestürzend, wenn man mit jemand ein Schwätzchen halten will und hören muß, daß er im Ofen ist. „Oh", sagte er beklommen.
Rose sagte: „Vater, das war sehr grausam."
„Was? Wirklich?" Opa war ganz erschrocken. „Guter Gott."
„Bedenke doch, daß ein Kindergemüt noch leicht verletztlich ist. Noch nicht gefestigt, und allem ausgesetzt, das…"
„Tut mir wahnsinnig leid", murmelte Opa. „Wirklich wahnsinnig leid. Ich hätte das nicht… um alles in der Welt…"
„Ob er jetzt wohl im Himmel ist?" fragte Gaylord.
„Wer?"
„Abdullah."
„Puter kommen nicht in den Himmel", erklärte Paps.
„Kommen sie in die Hölle?"
„Sie kommen nirgends hin."
„Nur die Gurgel hinunter", gluckste Tante Bea, was Gaylord unglaublich geschmacklos fand. „Was, Zuckerbübchen?" Das war zuviel: „Essigtantchen", sagte Gaylord, aber nur mit den Lippen. Den Ton unterdrückte er wohlweislich.
Aber selbst so warf ihm Mummi einen ihrer berühmten Blicke zu. Dieser Frau entging einfach nichts. Sie hatte gerade das Sherryglas an die Lippen gesetzt und ließ es wieder sinken. „Gaylord, was hast du eben gesagt?"
„Gar nichts, Mummi", sagte er im Ton gedämpfter Entrüstung. Nur weil man die Lippen bewegte, hatte man doch noch nichts gesagt, oder? Manche Leute zogen aber auch gar zu schnelle Schlüsse.
Mummi beobachtete ihn weiter. Endlich hob sie das Glas an die Lippen. Sie hatte die Angewohnheit, beim Trinken die Augen zu schließen. Das tat sie jetzt auch gerade. „Essigtantchen", wiederholte Gaylord schweigend, nur mit den Lippen. Mummi öffnete die Augen wieder und sah ihn immer noch an. Er starrte zurück, mit unbewegtem Gesicht wie ein Chinese. Du hast gewonnen, dachte Mummi im stillen. Aber überspann nur den Bogen nicht, Sonnyboy.

Eric Malpass – der Erfolg kam mit 55

In einem Alter, in dem andere beginnen, an ihre Pension zu denken, startete der ehemalige Bankangestellte Eric Malpass seine zweite Karriere. Mit 55 Jahren schrieb er den Bestseller „Morgens um sieben ist die Welt noch in Ordnung". Die Abenteuer des achtjährigen Gaylord Pentecost eroberten im Sturm die Leserherzen. Der Lausbub hat seine Ohren und Augen überall dort, wo sie nicht hingehören. Wenn er morgens um sieben im Landhaus seines Großvaters von Zimmer zu Zimmer trabt, um seinen verwünschten Tee anzubieten, versetzt er die ganze Familie in Aufruhr. Mit dem Ruf „Ich bin ein Ritter und du bist mein Schlachtroß" reißt er als ersten Opa aus dem sonntagmorgendlichen Schlummer. Großmutter Marigold hat es da besser, denn ihr Hörrohr liegt auf dem Nachttisch neben den Zähnen, und Tante Rose sieht sich unsanft in ihrer Lieblingslektüre „Psychopathologie des Familienlebens" gestört. Verständlich, daß auch Weihnachten bei den Pentecosts recht turbulent verlaufen ist.

Bauernmalerei – Nostalgie im Biedermeierstil

Geschenke müssen nicht immer neu sein. Meist sind es die alten Dinge des täglichen Gebrauchs, die eine besondere Ausstrahlung besitzen. Sorgfältig aufgearbeitet bekommen sie ein völlig neues Gesicht und teilweise sogar eine andere Funktion.

Haben Sie noch einen alten Kochtopf? Daraus läßt sich durch liebevolle Bemalung ein origineller Blumentopf zaubern. Eine alte Kaffeemühle wird – fachgerecht behandelt – zum wertvollen Prunkstück. Die alte Volkskunst der Bauernmalerei eignet sich besonders gut zu stilvollem Restaurieren. Die klaren Motive mit den warmen Farben haben bis heute nichts von ihrer Ausstrahlung verloren.

Bauernmalerei setzt keine besonderen Kenntnisse voraus. Jeder kann die Technik erlernen. Und das Beste: Sie ist nicht an bestimmte Gegenstände gebunden. Mit einem Motiv läßt sich ein Tablett sowie ein ganzer Bauernschrank gestalten (Foto Seite 91).

Material

Schmirgelpapier feiner Körnung, Stahlwolle, ein breiter Borstenpinsel, Pergamentpapier, Bauernmalfarben, Schneiderkopierpapier, Klebeband, ein Bleistift, Feh-Haar-Pinsel oder Rotmarder, Patina (das ist eine Mischung aus Leinöl und Farben), ein fusselfreier Leinenlappen, Klarlack.

Arbeitsanleitung

Bevor die eigentliche Malerei beginnen kann, muß der Topf vorbehandelt werden. Rauhen Sie den alten Überzug zuerst mit feinem Schmirgelpapier und anschließend mit Stahlwolle auf. Mit einem fusselfreien Tuch sämtliche Partikel von der Oberfläche abwischen. Grundieren Sie den Topf mit Weiß. Dazu wird mit einem Borstenpinsel möglichst immer in eine Richtung gestrichen. Durch einen doppelten Weißanstrich wird eine bessere Farbdeckung erzielt. Schneiden Sie Pergamentpapier in der Größe der zu bemalenden Fläche zu, und übertragen Sie darauf die Motivvorlage von Seite 172/173. Auf den trockenen, grundierten Topf werden das Pergamentpapier sowie das Schneiderkopierpapier mit etwas Klebeband befestigt. Die Linien der Vorlage werden anschließend mit kräftigen Bleistiftstrichen nachgezogen.

Das Blattwerk zeichnen

Legen Sie vor dem ersten Strich die Licht- und die Schattenseite fest. Das heißt: Sie bestimmen die Seite, von der Licht auf das Motiv fällt, und zeichnen im Verlauf der Arbeit jedes einzelne Teil auf der Lichtseite heller und auf der Schattenseite dunkler aus. Wichtig: Mit durchgezogenen, dem Verlauf der Blätter entsprechenden Pinselstrichen arbeiten. Die Farbe liegt dick auf. Setzen Sie den Pinsel spitz an, geben dann Druck und lassen den Strich wieder dünn auslaufen. Für jeden Strich wird neu Farbe aufgenommen. Beginnen Sie mit Grün. Die Blätter werden im S-Schwung mit drei Pinselstrichen gezeichnet. Zwei gelbe Pinselstriche werden im gleichen Schwung in das nasse Grün gesetzt.

Die Tulpe

Malen Sie die drei Blütenblätter in Gelb aus. Die Schattenseite liegt hierbei rechts. Deshalb setzen Sie naß in naß zwei Striche Ocker in das rechte Blatt, einen Strich Ocker in das mittlere Blatt und zwei Striche Weiß in das linke Blatt.

Für die Rosen wird schon bei diesem Arbeitsschritt jeweils der Mittelpunkt in Braun gesetzt.

Die Rose

Mit den fünf äußeren Blütenblättern beginnen. Ziehen Sie je Blütenblatt drei rote Striche. Den Rosenkern füllen Sie mit im Halbkreis gezogenen Strichen. In die rechte und die untere Blütenhälfte werden naß in naß braune Linien gesetzt. Von links und von oben kommend in die Blütenblätter und den Kern weiße Halbkreise zeichnen. Dabei darf das zuletzt gezogene Braun teilweise übermalt werden. Zum Schluß nehmen Sie viel Farbe auf und setzen um den braunen Mittelpunkt der Rose einen weißen Kreis.

Die Margerite

Die Blütenblätter in Ocker ziehen. Je Blatt wird mit drei Strichen gearbeitet. Zuerst setzen Sie die beiden äußeren Striche. Für die Mitte werden zwei braune Striche von links kommend gezogen und zwei braune Striche von rechts dagegengesetzt. Mit Ocker ein gezeichnetes „U" naß in naß darüberlegen.

Je Blüte malen Sie fünf blaue Punkte. Für die Mitte tauchen Sie den roten Pinsel kurz in Weiß und setzen mit beiden Farben an einem Pinsel die Mittelpunkte.

Zur Verzierung wird mit Ocker eine Ranke aus S-Formen um Topfrand und Henkel gezeichnet.

Lassen Sie die Farben mindestens 24 Stunden trocknen.

Um dem Blumentopf sein wertvollantikes Aussehen zu verleihen, wird zum Schluß die Patina aufgetragen. Dazu ein wenig von der Patina-color-Paste (Farbton: Umbra) auf einen Lappen nehmen und Stück für Stück den ganzen Topf einreiben. Achten Sie darauf, daß in alle Vertiefungen Farbe gelangt. Von der eigentlichen Zeichnung darf am Schluß nichts mehr zu sehen sein. Nach einer halben Stunde wird die überschüssige Patina wieder entfernt. Sie können unterschiedlich stark abreiben. Die Blüten kommen zum Beispiel besser zur Geltung, wenn hier der Hintergrund etwas heller bleibt.

Den patinierten Blumentopf lassen Sie einen Tag lang trocknen. Wer möchte, kann zum Schutz die Oberfläche mit Klarlack überziehen.

Mit etwas Malerfahrung können Sie das einfache Motiv beliebig abwandeln und die Elemente neu zusammenstellen für andere zu bemalende Gegenstände.

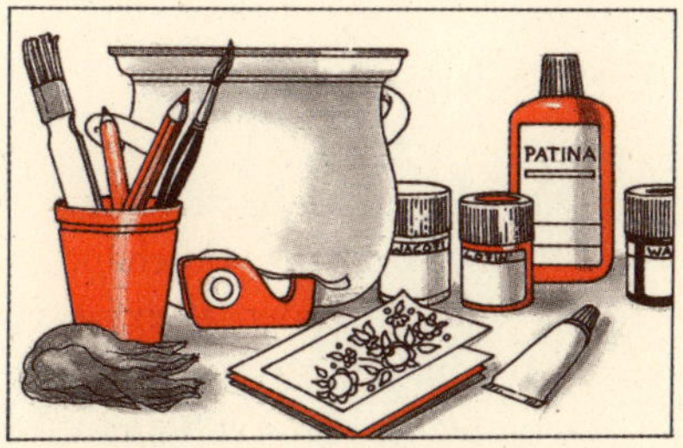

1. *Legen Sie sich sämtliche Materialien und Werkzeuge in Reichweite bereit.*

2. *Nach der Vorbehandlung die Vorlage befestigen und die Linien mit kräftigen Bleistiftstrichen nachziehen.*

3. *Zeichnen Sie zuerst die grünen Blätter, dann die Tulpe und die Rosen.*

4. *Zum Schluß kommen die Margeriten und die kleinen Verzierungen, zum Beispiel die Staubgefäße, im Detail.*

Vorlage zum Durchpausen für den Topf in Bauernmalerei (Originalgröße)

Weihnachts-Zeitung

Post an den Nikolaus

Allen Zweiflern zum Trotz: es gibt ihn doch den Nikolaus! Und wer es immer noch nicht glauben will, der greife selbst zu Papier und Feder.
„Lieber Nikolaus! Bring mir doch bitte viele leckere Süßigkeiten!" So (und auch anders) schreiben Kinder (und Erwachsene) ihre Wünsche und Fragen nach St. Nikolaus – einen 1200 Einwohner zählenden Ort im Saarbrücker Land. Jedes Kind erhält eine Antwort (bitte Rückporto beilegen); Erwachsene bekommen einen begehrten Sonderstempel. Fehlt noch die Adresse: An den Nikolaus in 6624 St. Nikolaus.

Eine Spinne spendet Licht

Kunsthandwerk, das heute nicht mehr allgemein verbreitet und nur noch selten zu finden ist, ist die sogenannte „Spinne", ein weihnachtlicher Leuchter. Er besteht aus einem kunstvoll gedrechselten Holzstück, in das dünne Messingarme hineingeschraubt werden. Die Arme sind geschwungen und mit Holzglöckchen behängt sowie mit kleinen Tellerchen für die Kerzen versehen.
Mit möglichst vielen Kerzen bestückt, wurden diese „Spinnen" früher unter die Zimmerdecke gehängt, wo sie zur Freude der Familie weihnachtlich-festlich leuchteten.

Unter Mordverdacht

Als Geschenk überreichte Witwe Rosalie K. dem überraschenden Weihnachtsbesuch eine Flasche Wein. Dieses wunderschön eingepackte Präsent hatte sie ein Jahr zuvor selbst geschenkt bekommen. Die Freude des Besuchers wich sehr schnell, als sich herausstellte, daß der Wein durch den Glycol-Skandal auf der schwarzen Liste stand.

Weihnachts-Zeitung

So feiern Millionäre

Persien
Vier Millionen Mark ließ sich ein orientalischer Prinz 1965 das Weihnachtsgeschenk für seine Lieblingsfrau kosten. Er kaufte ein künstliches Christbäumchen, das er von einem Juwelier mit Schmuck behängen ließ.

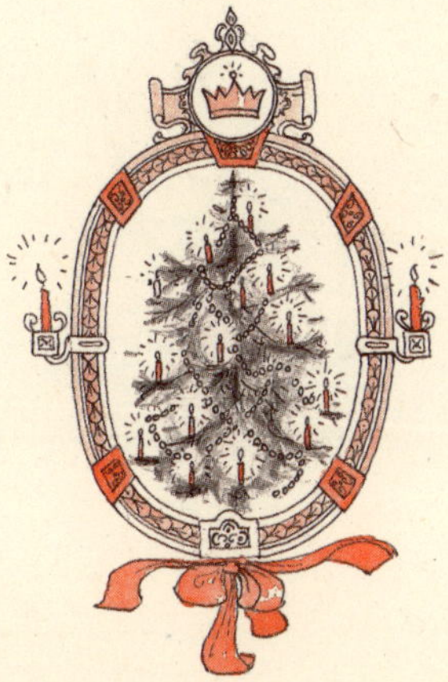

Amerika
Weil sie gerne Schnittschuh lief, übereignete der steinreiche Amerikaner J. Stone seiner Frau einen zwei Hektar großen See zur alleinigen Benutzung – im Winter.

Frankreich
Großen Ärger bereitete ein Geschenk des französischen Königs Ludwig XV. Er hatte Madame Pompadur eine kostbare, reich verzierte Badewanne geschenkt. Und das bei der damaligen Sitte nur „Katzenwäsche" zu machen. Aber Madame wußte sich zu helfen. Sie stellte die Badewanne im Park als Springbrunnen auf!

Der größte Weihnachtskuchen aus Dresden

Der berühmteste Christstollen wurde im Jahr 1730 gebacken. Der Dresdner Bäcker Zacharias stellte ihn für August den Starken her.
Der Stollen war 18 Ellen (etwa 10 Meter) lang, acht Ellen breit und eineinhalb Fuß hoch. Der Bäcker Zacharias brauchte dazu 18 Scheffel (etwa 1800 Liter) Mehl, 326 Kannen Milch, 360 Eier, anderthalb Tonnen Hefe und drei Pfund Muskatblüte.
Ein neuer Ofen wurde für den Riesenstollen gebaut, und als er fertig war, wurde er mit Rollen und Ketten von einer Maschine wieder herausgezogen. Mit acht Pferden mußte er zum Festplatz gefahren werden, und die Messer zum Zerschneiden waren so groß wie Säbel.
Wie viele Leute davon ein Stück abbekamen, ist uns leider nicht überliefert worden.

Immer Ärger mit den Geschenken

Der weihnachtliche Konsumrausch ist keine „Erfindung" unserer Tage. Um dem Geschenkrummel entgegenzutreten, gab es in den vergangenen Jahrhunderten folgende Erlasse:
Ein Edikt aus dem 14. Jahrhundert aus Ravensburg forderte:
„Daß niemand den anderen zu Weihnachten weisen (d. h. beschenken) soll. ... und wer fürbaß jemant weiset,... der muß geben an die Stadt zur Buße III Schilling als dick (d. h. so viel) er's thut!"
Im Jahre 1661 hieß es in einer sächsischen „Policey-Ordnung":
Es darf „im Geringsten kein heiliger Christ... an Kleidung, Gelde, Geschmeide oder anderen Sachen" gegeben werden.
Und dann stand 1735 geschrieben:
Das Gesinde darf nichts verlangen, der Herrschaft jedoch steht es frei, „ob sie zur Weihnachtszeit ihrem Gesinde etwas geben will oder nicht". Allerdings dürfen sich diese Gaben „nicht über 1 Rthlr. 8 g bis 2 Rthlr. belauffen".

Der richtige Umgang mit Kerzen

Echte Kerzen werden aus Vorsicht immer von oben nach unten angezündet und in umgekehrter Reihenfolge gelöscht. Mit einem Auspuster löschen Sie schneller und sicherer als mit dem bloßen Munde, weil Sie die Flamme nicht gegen vielleicht rasch aufflammende Nadeln und Zweige blasen.

WEIHNACHTEN

Alle Jahre wieder …

Als vor langer Zeit die Menschen begannen, im Dezember ein großes Fest zu feiern, glaubten sie noch an raubende und mordende Geister, die besänftigt werden mußten. Der Glaube änderte sich, das Fest blieb – im Jahr 381 erklärte Kaiser Theodosius auf dem 1. Konzil in Konstantinopel den 25. Dezember zum Tag der Geburt Christi. Alle Jahre wieder wurde Weihnachten belächelt, angefochten und umstritten. Trotzdem erstarkte es zu einem mächtigen Ereignis, das fähig ist, den Pulsschlag der Welt einen Augenblick lang anzuhalten.

Weihnachten – diese Zeit in der Zeit – müssen wir nicht feiern. Wir dürfen sie feiern.

Die folgenden Seiten geben Anregungen, den Weihnachtstisch liebevoll zu decken, sie helfen beim Zusammenstellen des Festtagsmenüs und begleiten die Stunden der Bescherung.

Sie erzählen von Weihnachten, wie es früher war, und von den merkwürdigen und lustigen oder phantasievollen Bräuchen anderer Länder.

Rund um den schön gedeckten Tisch

So wie das Weihnachtsfest ein Höhepunkt des Jahres ist, ist auch die festliche Weihnachtstafel, um die sich die ganze Familie zum Mahl versammelt, neben der Bescherung ein Höhepunkt des Weihnachtsabends. Und seiner Bedeutung entsprechend sollte sie auch geschmückt sein.

Geschirr und Gläser

Die wenigsten werden sich zu Weihnachten extra ein neues Geschirr und neue Gläser kaufen; das bedeutet, daß man die übrige Dekoration auf bereits Vorhandenes abstimmen muß. Bei schlichtem weißem Geschirr ist das am einfachsten, hierzu paßt eigentlich alles: ein edler Tisch, ganz in Weiß, Silber und Gold gehalten, eine Dekoration in einer Kontrastfarbe oder auch ein bunter Tisch.

Derbes Steingutgeschirr braucht einen rustikalen Rahmen; fröhlich-bunte Farben passen hier am besten dazu, und wenn Sie eine schöne Holztischplatte haben, können Sie sogar auf ein Tischtuch verzichten.

Farbig bemaltes Geschirr ist etwas schwieriger: Hier sollte die Dekoration Farben oder sogar Motive des Services wieder aufnehmen.

Die Gläser werden passend zum Geschirr gewählt, zu feinem Porzellan am besten edles Kristall, zu Steingut eher dickwandige, bäuerliche Gläser.

Tischdekorationen

Als weihnachtliche Tischdekoration können Sie alles verwenden, was zu dem festlichen Anlaß paßt, aber eine Regel sollten Sie unbedingt einhalten: Überladen Sie den Tisch nicht mit Schmuck. Bedenken Sie, daß sämtliche Schüsseln und Platten genügend Platz haben müssen, und daß den Teilnehmern am Festessen ausreichend Bewegungsfreiheit nach allen Seiten bleiben muß.

In vielen Familien ist es üblich, den Adventskranz am Heiligen Abend zum letztenmal anzuzünden, er nimmt dann die Mitte der Tafel ein. Der übrige Tischschmuck sollte in diesem Fall auf wenige kleine Dinge – beispielsweise einzelne Tannenzweige – beschränkt werden.

An die Stelle des Adventskranzes kann auch ein weihnachtliches Gesteck aus frischen Blumen oder ein Trockenblumenarrangement treten. Hier sollten Sie die Regel für jeglichen Blumentafelschmuck beherzigen: Er darf nur so hoch sein, daß sich die Personen, die sich gegenübersitzen, noch gut sehen und ohne Hindernis unterhalten können.

Kerzen dürfen auf der Weihnachtstafel natürlich nicht fehlen. Sie können ebenfalls in der Tafelmitte arrangiert sein.

Ein besonders netter Brauch ist es, vor jedes Gedeck einen kleinen Kerzenhalter mit einer Laubsägearbeit zu stellen. Solche Kerzenhalter können sie kaufen oder auch selber machen, indem Sie ein Motiv, etwa einen Engel oder einen Weihnachtsbaum, aus dünnem Sperrholz aussägen, ebenso eine Grundplatte, die Figur auf die Grundplatte leimen und davor eine kleine Kerze mit einem Tropfen Wachs befestigen.

Tischdecke und Servietten

Es muß nicht unbedingt die gute damastene Tischdecke sein, die den Weihnachtstisch ziert; es empfiehlt sich sogar eher, sie in der Schublade zu lassen. Denn die Gefahr, daß die Decke mit Kerzenwachs, Rotwein und anderem, was Flecken macht, in Berührung kommt, ist ziemlich groß, und auf der anderen Seite gibt es interessante Alternativen.
Wenn Sie es unkonventionell möchten, können Sie den Tisch mit glitzernder Folie abdecken oder sich ein Tischtuch aus weihnachtlichem Geschenkpapier zusammenkleben.
Eine andere Möglichkeit ist es, sich seine Tischwäsche selbst zu bedrukken.

Bedruckte Tischwäsche

Sie können eine Tischdecke und die passenden Servietten ganz einfach herstellen, wenn Sie sie mit Kartoffelstempeln bedrucken.

Material

- 1 einfarbige Baumwolltischdecke
- 6 einfarbige Baumwollservietten
- Stoffmalfarben, Kartoffeln
- 1 scharfes großes Messer
- 1 scharfes Küchen- oder Taschenmesser
- 1 Stück unstrukturierter Stoff als Stempelkissen
- 1 Stück Plastikfolie

Arbeitsanleitung

Die Motive für den Kartoffeldruck müssen möglichst einfach sein; feine Details lassen sich schlecht herausarbeiten. Gut geeignet für eine Weihnachtsdecke ist etwa ein Stern.
Bereiten Sie zuerst die Tischdecke und die Servietten vor: Sie müssen gewaschen werden, damit die Appretur herausgeht, und dann sorgfältig glattgebügelt.
Überlegen Sie sich, wie Sie die Motive auf dem Stoff verteilen wollen, und deuten Sie die Aufteilung mit ganz zarten Bleistiftstrichen an.
Suchen Sie sich eine Kartoffel mit möglichst rundem Durchmesser aus, und halbieren Sie sie mit einem großen scharfen Messer, so daß eine ebene Schnittfläche entsteht. Mit dem Küchen- oder Taschenmesser schnitzen Sie nun das Motiv (Abbildung 1).
Bereiten Sie jetzt das Stempelkissen vor, indem Sie den Stoff dafür mehrfach zusammenfalten, auf die Plastikunterlage legen, Farbe daraufträufeln und etwas einziehen lassen (Abbildung 2).
Drücken Sie nun den Stempel auf das Stempelkissen, und machen Sie ein paar Probedrucke auf einem Stoffrest. Nun kann gedruckt werden: Legen Sie den Stoff auf eine Lage Zeitungspapier, und drücken Sie den Stempel auf die vorgesehenen Stellen. Sie können den Stempel nach jedem Abdruck neu einfärben, den besonderen Reiz des Kartoffeldrucks macht es jedoch aus, wenn Abdrücke verschiedener Stärke nebeneinander stehen (Abbildung 3).

Nach dem Drucken lassen Sie die Farben trocknen und behandeln den Stoff wie in der Gebrauchsanweisung der Farben angegeben weiter.

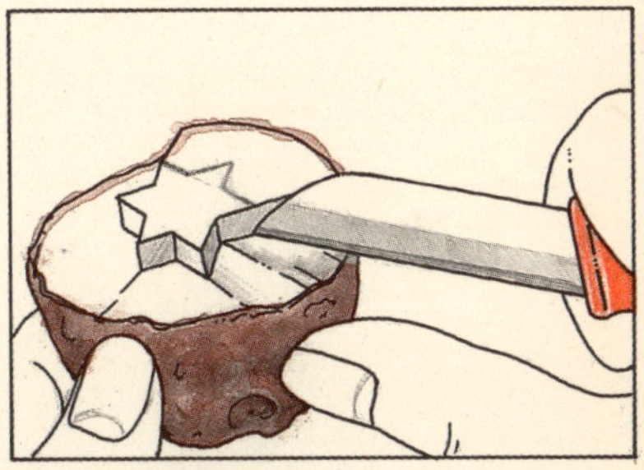

1. *Den Stempel schnitzen*

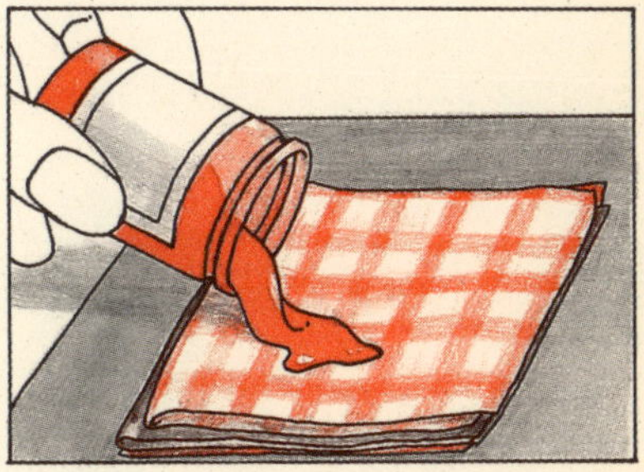

2. *Das Stempelkissen vorbereiten*

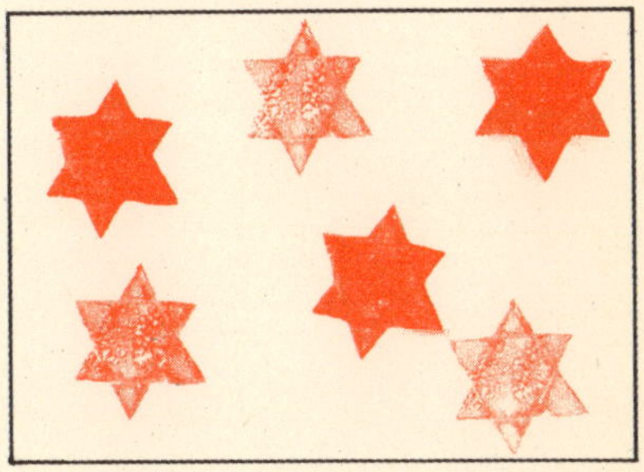

3. *Besonders reizvoll sind verschieden starke Abdrücke*

Gefaltete Servietten

Zu festlichen Anlässen wie Weihnachten benutzt man meist Stoffservietten, Sie können aber durchaus auch Papierservietten nehmen, vor allem, wenn Sie sie hübsch falten. Hier zwei Vorschläge.

Die Kerze

1. Die Serviette diagonal falten.
2. Einen Rand von 3 bis 5 cm nach hinten falten.
3. Die Serviette so einrollen, daß der Rand außen sichtbar ist.
4. Den letzten Zipfel in der Serviette verklemmen; die Serviette mit den oberen Spitzen nach vorn auf den Teller stellen.

Der Pfau

1. Eine große und eine kleinere Serviette aufeinanderlegen und ziehharmonikaartig falten.
2. Die gefalteten Servietten in der Mitte einknicken.
3. Die Servietten in ein Glas stecken und am Rand auseinanderfalten, so daß sich ein Rad wie bei einem Pfau ergibt.

Tischkarten

Wenn Sie mehrere Gäste zum Festessen eingeladen haben, helfen Tischkarten jedem, sofort seinen Platz zu finden. Außerdem sind sie ein zusätzliches Dekorationselement.
Sie können fertige Karten kaufen oder weiße, die Sie selbst gestalten. Eine andere Möglichkeit ist es, die Karten aus dünnem Karton (weiß oder bereits getönt) zuzuschneiden, und zwar 10 x 10 cm groß. Sie werden dann auf die Hälfte gefaltet. Unten einige Gestaltungsmöglichkeiten.

Kerze

1 2 3 4

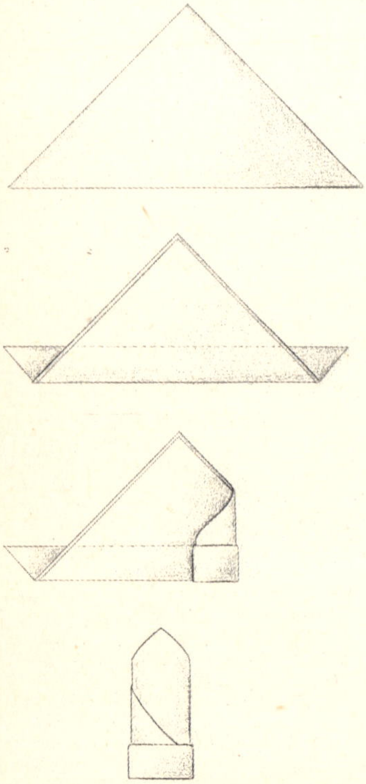

Pfau

1 2 3

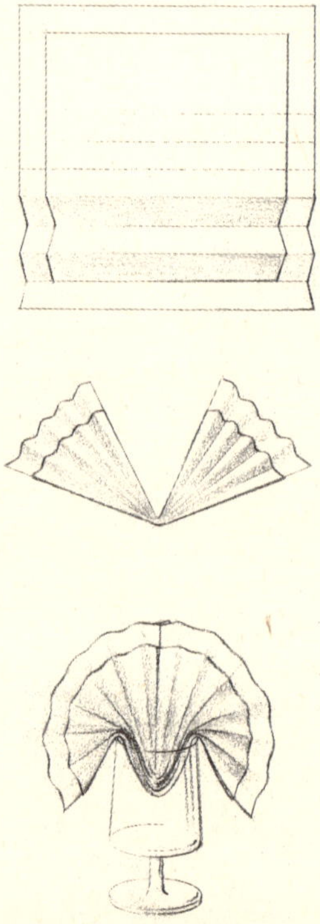

Dekorationsideen

mit Strohsternen

mit Spitze

mit gepreßten Blumen

mit Kartoffeldrucksternen

Eine Stechpalmengirlande schmückt den festlichen Tisch.

Originelle Weihnachtsdekoration: Ausstechförmchen aus Weißblech.

Rustikal: Die schöne Holztischplatte trägt eine Dekoration mit Tannenzweigen.

Edel und praktisch ist das Tischtuch aus silbernem Geschenkpapier, geschützt mit durchsichtiger Folie.

Die traditionelle Weihnachtsgans (Rezept Seite 186/187)

Als leichte Vorspeise dazu eine Christkindlsuppe (Rezept Seite 186)

Der Karpfen, auf badische Art zubereitet (Rezept Seite 187)

Zum Karpfen kann die Vorspeise etwas gehaltvoller sein: eine Thüringer Hirschpastete (Rezept Seite 187).

Zur Vorspeise gibt es Avocados mit Flußkrebsen, das Hauptgericht ist ein Zimtbraten (Rezepte Seite 185/186).

Weihnachtliche Tafelfreuden

Es ist schon etwas Besonderes, das Weihnachtsessen, und in den meisten Familien gibt es hierbei auch eine Tradition. Aber vielleicht möchten Sie mal etwas Neues probieren: Wir haben hier drei Gerichte mit jeweils einer Vorspeise zusammengestellt, gefolgt von drei feinen Desserts.

Avocados mit Flußkrebsen

(für 4 Personen; Foto Seite 184)

Zutaten

- ⅛ Zwiebel
- ¼ Stange Lauch
- ⅛ Sellerieknolle
- ½ Karotte
- 1 Lorbeerblatt
- 2 Nelken
- 1 Dillsträußchen
- Kümmel
- 1 Prise Salz
- weiße Pfefferkörner
- 12 frische Flußkrebse
- 12 Spargelspitzen
- 1 Zitrone
- 2 reife Avocados
- 1 Körbchen Kresse
- 20 g Keta-Kaviar

Zubereitung

1. Das gesäuberte und in feine Streifen geschnittene Gemüse in kaltes Wasser geben. Das Lorbeerblatt, die Nelken, das Dillsträußchen, Kümmel, eine Prise Salz und einige grob zerdrückte Pfefferkörner hinzufügen und alles zum Kochen bringen.

2. Nach einigen Minuten die Krebse dazugeben und das Ganze nochmals aufkochen lassen. Vom Feuer nehmen und 5 Minuten ziehen lassen.

3. Die Krebse mit einem Schaumlöffel aus dem Sud nehmen. Die Schwänze von der Karkasse lösen, mit einem kleinen Messer am Rücken längs einschneiden und den Darm entfernen.

4. Die Spargelstücke gleichmäßig kürzen. Die Zitrone in Scheiben schneiden und die Scheiben vierteln.

5. Die Avocados waschen, halbieren, entkernen und an der unteren Seite mit einem Messer etwas abflachen, damit sie gut stehen.

6. Jede Avocadohälfte mit 3 Spargelspitzen, 3 Krebsschwänzen, einem Kressesträußchen, 2 geviertelten Zitronenscheiben und einer Messerspitze Kaviar füllen.

Zimtbraten

(für 4 Personen; Foto Seite 184)

Zutaten

- 1 kg Schweine- oder Kalbsbraten
- 2 EL Nelken, Salz, Pfeffer
- 3 EL Honig, 1 EL Zimt
- 1 EL Obstessig
- 1 Zwiebel, 2 Karotten
- 1 Bund Frühlingszwiebeln
- ¼ l Apfelwein
- ¼ l gebundene Bratensoße
- ½ Becher Crème fraîche
- ½ TL Zimt

Zum Garnieren:

- 2 Pfirsichhälften
- Nelken, Zimtstangen, Lorbeerblätter, Sternanis

Beilagen

- 2 EL Butter oder Margarine
- 1 Dose Pfirsichhälften
- Saft von 1 Zitrone
- 4 cl Orangenlikör
- 400 g gekochter Reis

Zubereitung

1. Das Fleisch unter fließendem Wasser abwaschen, trockentupfen und mit den Nelken spicken.

2. Salzen, pfeffern und mit einem Gemisch aus Honig, Zimt und Obstessig gleichmäßig bestreichen.

3. Fett in einem Bratentopf erhitzen und den Braten darin rundum anbräunen.

4. Das geputzte, gewaschene und in Würfel geschnittene Gemüse dazugeben und kurz mitschwitzen.

5. In den auf 200°C vorgeheizten Backofen schieben und 60 Minuten garen, dabei

6. während der Garzeit öfter mit Apfelwein ablöschen.

7. 10 Minuten vor Garende die Bratensoße und die Crème fraîche dazugeben.

8. Den Braten herausnehmen und in Scheiben schneiden. Die Soße mit Salz, Pfeffer sowie mit Zimt abschmecken.

9. Die Butter oder die Margarine in einer Pfanne erhitzen und die in Schnitze geschnittenen Pfirsiche darin kurz anschwitzen, mit Zitronensaft beträufeln und mit Orangenlikör verfeinern.

10. Den gekochten Reis auf einer Platte anrichten, die Pfirsichschnitze herumlegen und die Fleischscheiben daraufgeben.

11. Die Pfirsichhälften mit den Gewürzen bestecken und auf den Reis legen.

12. Die Soße getrennt zum Zimtbraten servieren.

Christkindlsuppe

(für 4 Personen; Foto Seite 184)

Zutaten

2 Möhren (etwa 150 g)
1 l Wasser
1 Würfel klare Suppe mit Suppengrün
2 Eier
2 EL Mehl
knapp ½ TL Maggi Würzmischung 2
1 Tomate
1 Zucchini
2 EL Sherry
Petersilie

Zubereitung

1. Die Möhren waschen und putzen.

2. Das Wasser zum Kochen bringen, den Suppenwürfel darin auflösen, die Möhren hinzufügen, 15 Minuten kochen lassen und wieder herausnehmen.

3. Die Eier trennen, das Eiweiß sehr steif schlagen, das Eigelb mit dem Mehl und der Würzmischung unterziehen.

4. Die Suppe nochmals aufkochen, den Topf von der Kochstelle nehmen, die Eimasse darauf verteilen und bei geschlossenem Topf 8 bis 10 Minuten stocken lassen. Den Eischaum dann mit einem Schaumlöffel herausnehmen und in Rhomben schneiden.

5. Tomate, Zucchini und die gekochten Möhren in hübsche Formen schneiden (Rhomben, Sterne, Monde) und zur Suppe geben.

6. Die Suppe mit dem Sherry verfeinern und mit gehackter Petersilie bestreuen.

Weihnachtsgans

(für 4–6 Personen; Foto Seite 184)

Zutaten

1 Fleischgans (etwa 3–4 kg)
500 g mageres Schweinefleisch
Herz, Leber und Magen der Gans
2 altbackene Brötchen
50 g geriebene Haselnüsse
etwas abgeriebene Zitronenschale
½ TL Salz
½ TL Zitronenpfeffer
½ TL Majoran oder Beifuß
2 EL gehackte Petersilie
2 Eier

Zubereitung

1. Die vorbereitete, ausgespülte und mit Küchenkrepp völlig trocken getupfte Gans auf ein Holzbrett legen.

2. Das Schweinefleisch in Würfel schneiden und mit den Innereien und den eingeweichten und ausgedrückten Brötchen durch den Fleischwolf drehen.

3. Die Fleischmasse mit den Haselnüssen, der Zitronenschale, den Kräutern und den Eiern gut vermischen.

4. Die Gans mit der Masse füllen und die Öffnung mit einem Faden zunähen. Das Äußere mit einer Mischung aus Salz und Zitronenpfeffer einreiben.

5. Die Gans bei mittlerer Hitze im Gänsebräter oder in der Fettpfanne des Ofens etwa 2 bis 2½ Stunden brutzlig braun braten. Dabei die Gans ab und zu wenden und in Bürzel und Keulen stechen, damit überschüssiges Fett abfließen kann.

6. Wenn die Gans rundum knusprig und braun ist (eventuell noch die Oberhitze einschalten), auf eine vorgewärmte Platte geben.
7. Den Bratensatz mit Salz und Pfeffer würzen und separat zur Gans servieren. Dazu gibt es Rosenkohl und Kartoffelklöße.

Thüringer Hirschpastete

(Foto Seite 185)

Zutaten

1 Schweinefilet, ½ TL Salz
1 TL Paprikapulver, 1 EL Butter
700 g schieres Hirschfleisch
200 g fettes Schweinefleisch
100 g Schweineleber
1 Zwiebel
1 EL gehackte Petersilie
½ Brötchen
etwas Milch zum Einweichen
1 Ei, 2 Gläschen Cognac
1½ TL Salz, ½ TL Pfeffer
½ TL Oregano
1 Messerspitze Ingwerpulver
1 Messerspitze Muskat
100 g geräucherter Speck
1 kleine Dose Champignons
für den Teig:
300 g Mehl
1 TL Backpulver
1 Ei, 1 EL saure Sahne
100 g Margarine, Salz
Eigelb zum Bestreichen

Zubereitung

1. Das Filet häuten, abspülen, trocken tupfen, mit Salz und Paprika einreiben und in der Butter bei starker Hitze kurz von allen Seiten anbraten. Abkühlen lassen.
2. Hirschfleisch, Schweinefleisch, Leber, die geviertelte Zwiebel, die Petersilie und das in Milch eingeweichte und ausgedrückte Brötchen ein- bis zweimal durch den Fleischwolf drehen; das Ei und den Cognac, dann die Gewürze dazugeben.
3. Den Speck in kleine Würfel, die Champignons in grobe Stücke schneiden und alles zum Fleischteig geben.
4. Für den Teig Mehl und Backpulver auf die Arbeitsplatte geben, eine Mulde eindrücken, dort das Ei und die Sahne hineingeben und das Fett in Flöckchen auf dem Mehlrand verteilen. Alle Zutaten mit einem großen Messer verhacken, dann rasch zu einem glatten Teig verkneten.
5. ⅔ des Teigs ausrollen und eine Kastenform damit auskleiden. Die Hälfte der Fleischmasse einfüllen, das Filet in die Mitte legen und den Rest der Fleischmasse hineindrücken.
6. Restlichen Teig ausrollen, den Rand mit Eigelb bepinseln, die Platte auf die Form legen und gut andrücken. Überstehenden Teig abschneiden, zwei Löcher in den Deckel schneiden und die Pastete mit Teigresten dekorieren. Alles mit Eigelb bestreichen.
7. Die Pastete bei etwa 200° C 70 bis 80 Minuten backen.
8. Die erkaltete Pastete eventuell mit Madeiragelee ausgießen.

Karpfen auf badische Art

(für 4 Personen; Foto Seite 185)

Zutaten

1 küchenfertiger Karpfen
Salz, Pfeffer
50 g Butter
100 g durchwachsene Speckscheiben

Beilagen

250 g Champignons, 20 g Butter
4 Tomaten, 1 gewürfelte Schalotte
1 gewürfelte Knoblauchzehe
2 EL gehackte Kräuter
2 EL Semmelbrösel
3 EL geschmolzene Butter

Zubereitung

1. Den Karpfen längs halbieren, gut waschen, abtrocknen, von beiden Seiten salzen und pfeffern und die Teile in einen flachen Bräter legen.
2. Den Karpfen mit 50 g geschmolzener Butter begießen, mit den Speckscheiben belegen und bei 200° C 35 bis 40 Minuten backen. Dabei öfter mit Sud begießen.
3. Die Champignons putzen, halbieren, in 20 g Butter weich dünsten, mit Salz und Pfeffer würzen.
4. Die Tomaten waschen, abtrocknen und etwas aushöhlen.
5. Die restlichen Zutaten mischen und in die Tomaten füllen. Die Tomaten die letzten 20 Minuten zum Karpfen in den Ofen setzen.
6. Den Karpfen mit den Champignons und den Tomaten umlegen; dazu Salzkartoffeln servieren.

Zimthalbgefrorenes

(für 4 Personen; Foto Seite 189)

Zutaten

2 Eier
75 g Zucker
1 Päckchen Vanillezucker
50 g gemahlene Mandeln
1 EL Zimt
¼ l süße Sahne
1 Päckchen Sahnestandmittel
1 Tasse Rotwein
4 cl Kirschlikör
1 EL Zucker

Zubereitung

1. Die Eier mit dem Zucker und dem Vanillezucker verrühren und im Wasserbad zu einer Creme schlagen.

2. Vom Herd nehmen und weiterschlagen, bis die Creme erkaltet ist.

3. Die Mandeln und den Zimt vorsichtig unterheben.

4. Die mit dem Sahnestandmittel steif geschlagene Sahne vorsichtig unter die Creme heben. Etwas von der Schlagsahne zurückbehalten.

5. Die Creme in eine Form füllen und im Gefrierfach frosten.

6. Inzwischen den Rotwein mit dem Kirschlikör und dem Zucker verrühren.

7. Das Eis aus dem Gefrierfach nehmen, auf vier Gläser verteilen.

8. In jedes Glas ein Viertel des Rotwein-Likör-Gemischs gießen.

9. Die Gläser mit der zurückbehaltenen Sahne und etwas Zimt krönen.

Kaffeezabaione

(für 4 Personen; Foto Seite 189)

Zutaten

4 Eigelb
½ Tasse Weißwein
½ Tasse Marsala
1 EL Zucker
2 EL Instant-Kaffeepulver
außerdem:
4 Portionen Vanilleeis
½ Becher süße Sahne
1 Päckchen Vanillezucker
Cocktailkirschen
Instant-Kaffeepulver
4 Strohhalme

Zubereitung

1. Die Eigelbe mit dem Weißwein, dem Marsala, dem Zucker und dem Instant-Kaffeepulver in einem Topf verrühren.

2. Die verrührte Masse im Wasserbad oder auf dem Herd zu einer feinen Creme aufschlagen.

3. Den Schaum in vier Gläsern anrichten und das Vanilleeis daraufgeben.

4. Die Sahne steif schlagen und den Vanillezucker dazugeben.

5. Die Gläser mit der steif geschlagenen Sahne und den Cocktailkirschen verzieren.

6. Zum Schluß etwas Instant-Kaffeepulver über das Eis und die Sahne streuen und die Kaffeezabaione mit den bereits hineingesteckten Strohhalmen servieren.

Crêpes mit Himbeeren

(für 4 Personen; Foto Seite 189)

Zutaten

125 g Mehl
4 Eier
¼ l Milch
2 EL Zucker
500 g Himbeeren
8 EL Himbeergeist
Puderzucker zum Bestäuben

Zubereitung

1. Aus dem Mehl, den Eiern, der Milch und dem Zucker einen glatten Teig rühren.

2. Pro Crêpe einen Schöpflöffel Teig in die eingefettete Pfanne geben und jede Seite der Crêpes etwa 1 Minute bei mittlerer Hitze backen. Auf diese Weise 12 Crêpes backen und anschließend warm halten.

3. Frische Himbeeren bei Bedarf waschen, tiefgekühlte vor dem Backen auftauen lassen. Die Himbeeren mit etwas Himbeergeist beträufeln.

4. Die Crêpes mit den Himbeeren belegen, zusammenrollen und in eine Pfanne legen.

5. Die Crêpes mit Puderzucker bestäuben und mit einigen Himbeeren verzieren.

6. Den restlichen Himbeergeist erwärmen, über die Crêpes gießen und anzünden.

Zimthalbgefrorenes

Kaffeezabaione

Crêpes mit Himbeeren (alle Rezepte finden Sie auf der gegenüberliegenden Seite).

Überraschungseisbombe (Rezept siehe die gegenüberliegende Seite)

Überraschungseisbombe

Diese Eisbombe krönt jedes festliche Weihnachtsessen. Wenn Sie sie mit angezündeten Wunderkerzen hereintragen, werden Ihre Familie und Ihre Gäste ganz bestimmt in Bewunderungsrufe ausbrechen, und die etwas aufwendige Zubereitung hat sich gelohnt.

Zutaten

250 g Schokoladeneis
250 g Erdbeereis
250 g Vanilleeis
1 Biskuitboden (Fertigprodukt)
250 g Erdbeeren
250 g Himbeeren
4 cl Himbeergeist
50 g Zucker
1 Päckchen gemahlene Gelatine
1 Becher süße Sahne
1 Päckchen Sahnestandmittel
1 Päckchen Vanillezucker

außerdem:

100 g Marzipanrohmasse
100 g Puderzucker
3 Eiweiß
100 g Zucker

zum Verzieren:

Schokostreusel
Liebesperlen
Belegfrüchte
Pistazien
Kakaobohnen
Wunderkerzen

Zubereitung

1. Das Schokoladeneis, das Erdbeereis und das Vanilleeis schichtweise in eine Schüssel streichen.

2. Die Schüssel in den Gefrierschrank stellen und das Eis gut durchfrieren lassen.

3. Anschließend das Eis aus der Schüssel nehmen und mit der Rundung nach oben auf einen dünnen, entsprechend dem Schüsseldurchmesser zurechtgeschnittenen Biskuitboden legen; das Ganze erneut frosten.

4. In der Zwischenzeit die Erdbeeren und die Himbeeren zusammen in eine Schüssel geben und mit dem Himbeergeist sowie dem Zucker mindestens 30 Minuten marinieren.

5. Die gemahlene Gelatine nach der Anweisung auf der Packung auflösen und unter die Früchte ziehen.

6. Die Sahne nun mit dem Sahnestandmittel und mit dem Vanillezucker steif schlagen.

7. Sobald die Fruchtmasse fest wird, die Sahne darunterziehen.

8. Das Eis mit dem restlichen in dünne Scheiben geschnittenen Biskuit belegen und das Ganze gleichmäßig mit der Fruchtsahne überziehen. Die Eisbombe erneut frosten.

9. In der Zwischenzeit die Marzipanrohmasse mit dem Puderzucker verkneten, dünn ausrollen und die Eisbombe damit verkleiden.

10. Die Eiweiße sehr steif schlagen und den Zucker darunterschlagen. Einen Teil des Eiweißes gleichmäßig auf der Eisbombe verteilen.

11. Den Rest des Eiweißes in einen Spritzbeutel füllen und die Eisbombe damit verzieren.

12. Die Eisbombe im auf 240° C vorgeheizten Backofen oder unter dem Grill überbacken.

13. Die Eisbombe aus dem Ofen nehmen und mit Schokostreuseln, Liebesperlen, Belegfrüchten, Pistazien und Schokobohnen verzieren.

14. Zum Schluß die Wunderkerzen in die Eisbombe stecken, anzünden und den sprühenden Feuerzauber sofort servieren.

Ja, Virginia, es gibt einen Weihnachtsmann!

von Attilio Baumgartner

Zur Weihnachtszeit im Jahre 1897 erreichte ein schlichter Leserbrief die Redaktion der „New York Sun".

Ein paar Zeilen nur – Zeilen, die Geschichte machen sollten.

Virginia, die achtjährige Tochter des Arztes Dr. Philipp O'Hanlon, erkundigte sich bei dem Blatt, ob es überhaupt einen Weihnachtsmann (Santa Claus) gebe. An prominentester Stelle der ganzen Zeitung, auf der Titelseite, wurde die Antwort des verantwortlichen Redakteurs, Francis P. Church, als Leitartikel publiziert.

Das journalistische Bravourstück war über Nacht Stadtgespräch.

Ein Jahr ging so ins Land.

Und als Weihnachten 1898 herannahte, brach eine nie dagewesene Leserbrief-Lawine über die Redaktion der „New York Sun" herein. Abertausende von Lesern baten darum, jene Antwort an Virginia O'Hanlon noch einmal abzudrucken. Was im Journalismus bislang für völlig undenkbar gegolten hatte, geschah: Die „New York Sun" druckte zum zweiten Mal wortwörtlich den gleichen Leitartikel. Der Erfolg war durchschlagend.

So kam es, daß die Zeitung „Ja, Virginia, es gibt einen Weihnachtsmann" auch im folgenden Jahr publizierte. Schließlich wurde es zur Tradition, daß die Antwort an Virginia jeweils zu Weihnachten auf der Titelseite der „New York Sun" erschien – über ein halbes Jahrhundert lang.

Auch dann noch, als die „New York Sun" längst mit einer anderen Zeitung fusioniert hatte. Anfang der 60er Jahre wurde der schöne Brauch aus unerfindlichen Gründen aufgegeben.

Virginia, die 43 Jahre lang erfolgreich als Lehrerin gewirkt hatte, verbrachte ihren Lebensabend in New Chatam im US-Bundesstaat New York bei ihrer einzigen Tochter. 1971 starb sie im hohen Alter von 82 Jahren.

Lieber Herr Redakteur,

ich bin acht Jahre alt.

Einige von meinen Freunden sagen, es gäbe keinen Weihnachtsmann, Papa sagt, wenn das in der „Sun" steht, ist es wahr. Bitte sagen Sie mir die Wahrheit: Gibt es einen Weihnachtsmann?

Virginia O'Hanlon, 115, West 19th Street

Virginia, Deine kleinen Freunde haben nicht recht; sie sind vom Zweifel einer mißtrauischen Zeit befallen. Sie glauben nur das, was sie sehen. Sie glauben, daß es nichts geben kann, das sie mit ihrem kleinen Geist nicht fassen können. Jeder menschliche Geist, Virginia, ist klein; ganz gleich, ob es der Geist eines Er-

wachsenen oder der eines Kindes ist. In unserem großen Weltall ist der Mensch wie ein Insekt, wie eine Ameise in seinem Verstand, verglichen mit der grenzenlosen Welt, die ihn umgibt, gemessen an dem Geist, der fähig ist, die volle Wahrheit und alles Wissen zu fassen. Ja, Virginia, es gibt einen Weihnachtsmann. Es gibt ihn so gewiß, wie es Liebe gibt und Großherzigkeit und Treue, und Du weißt, sie sind in Fülle vorhanden und schenken Dir das Leben in seiner höchsten Schönheit und Freude. Wie traurig wäre die Welt, wenn es keinen Weihnachtsmann gäbe; sie wäre so traurig, wie wenn es keine Virginias gäbe. Es gäbe dann keinen kindlichen Glauben, keine Poesie, keine Romantik, die dieses Leben erträglich machen. Wir würden keine Freude haben außer an Dingen, die den Sinnen begreiflich und erschaubar sind. Das ewige Licht, mit dem die Kindheit die Welt erhellt, wäre ausgelöscht.

Wenn Du nicht an den Weihnachtsmann glaubst, könntest Du genauso gut nicht an Märchen glauben. Du könntest Deinen Papa dazu veranlassen, Leute anzustellen, die am Heiligen Abend alle Kamine bewachen würden, um den Weihnachtsmann zu fangen, aber selbst wenn keiner von ihnen den Weihnachtsmann herabsteigen sähe, was würde das beweisen? Kein Mensch sieht den Weihnachtsmann, aber das heißt nicht, daß es keinen Weihnachtsmann gibt. Die wirklichen Dinge im Leben sind die Dinge, die weder Kinder noch Erwachsene sehen können. Hast Du je die Elfen auf der Wiese tanzen sehen? Natürlich nicht, aber das ist kein Beweis, daß es sie nicht gibt. Kein Mensch kann sich all die Wunder ausdenken und vorstellen, die es ungesehen und unsichtbar in der Welt gibt.

Du kannst eine Kinderrassel aufbrechen und innen nachschauen, was das Geräusch verursacht, aber da gibt es einen Schleier, der die unsichtbare Welt verhüllt, den nicht der stärkste Mann zerreißen könnte, den nicht einmal alle stärksten Männer, die je gelebt haben, zusammen zerreißen könnten. Nur Glaube, Phantasie, Poesie, Liebe und Romantik können diesen Vorhang heben und die übernatürliche Schönheit und Herrlichkeit dahinter erblicken. Ist das alles Wirklichkeit? O Virginia, es gibt in der ganzen Welt nichts, das wirklicher und beständiger wäre.

Gott sei Dank lebt der Weihnachtsmann und wird immer leben. In tausend Jahren, Virginia, nein, in zehnmal zehntausend Jahren wird er immer noch da sein, das kindliche Herz mit seiner Freude zu erfüllen.

Francis P. Church

Auch der Heilige Abend fängt mit dem Morgen an

Was tun in den zehn Stunden vor der Bescherung?

Daß auch der Heilige Abend mit dem Morgen beginnt, mag als Tatsache noch akzeptiert werden. Daß die Stunden bis zur Bescherung aber wie an jedem anderen Tag im normalen 60-Minuten-Takt vergehen, wird in weiten Kreisen der Bevölkerung stark angezweifelt. Allerdings aus unterschiedlichen Gründen und Erfahrungen heraus.

Erwachsene, vor allem Mütter, die eine größere Familie zu versorgen haben, sind geneigt zu glauben, daß sich die Uhrzeiger am 24. Dezember mindestens doppelt so schnell drehen wie sonst. Um einigermaßen Schritt halten zu können, versuchen sie, auch ihr Arbeitstempo zu steigern. Dies und das und jenes muß noch erledigt werden. Schließlich ist Weihnachten, und es kommen zwei Feiertage, und da will man es doch gemütlich haben. Natürlich kann bei so viel Hektik am Abend gar keine Gemütlichkeit aufkommen. Alle sind gereizt, und von wirklicher Weihnachtsfreude ist nichts zu spüren. Enttäuschung macht sich breit, besonders bei der Mutter. Mehr hat sie doch beim besten Willen nicht tun können, um der Familie einen schönen Abend zu bereiten. Nein, mehr wirklich nicht, aber vielleicht versucht sie es in diesem Jahr einmal mit ein bißchen weniger…

Auch die Kinder sind davon überzeugt, daß ihnen die Uhr am 24. Dezember einen ganz gemeinen Streich spielt. Für sie drehen sich die Zeiger jedoch viel zu langsam. Da hat man in seinem Zimmer stundenlang Flöte geübt, und dann kommt man zurück und muß feststellen, daß der große Zeiger auf der Küchenuhr lediglich um zwei Zahlen weitergerückt ist. Der kleine hat sich überhaupt nicht gerührt. Wenn das keine hinterhältige Bosheit ist!

Lagebesprechung am Frühstückstisch

Eines der kleineren Wunder des 24. Dezember vollzieht sich in vielen Familien bereits am frühen Morgen. Meist sind an diesem Tag nämlich sämtliche Mitglieder, auch notorische Langschläfer, wesentlich eher auf den Beinen als sonst. Das ist die Gelegenheit für ein ausgiebiges gemeinsames Frühstück. Vorher muß natürlich noch das letzte Türchen am Adventskalender aufgemacht werden.

Während die Mutter das Frühstück zubereitet, decken die Kinder den Tisch. Kerzen und ein geschmückter Tannenzweig dürfen nicht fehlen. Wenn die Kerzen am Adventskranz noch nicht ganz abgebrannt sind, können auch sie ein letztes Mal angezündet werden. Nach der ersten Tasse Kaffee bzw. dem ersten Becher Milch oder Kakao wird ein Tagesplan entworfen, lästige und angenehme Aufgaben gerecht verteilt. Zuerst heißt es, eine Liste all der Dinge aufstellen, die unbedingt getan werden müssen. Beschließt die Familie aber z. B. gegen die Stimme des Vaters, daß es absolut unnötig sei, am Vormittag noch rasch den Keller oder die Garage aufzuräumen, erscheint dieser Punkt auch nicht. (Allzu böse wird der Vater darüber nicht sein.) Die Liste könnte ungefähr so aussehen:

- Einkaufen (Bäcker, Metzger, Supermarkt)
- Weihnachtsbaum schmücken
- Wohnzimmer in Ordnung bringen
- Besuch bei Frau Rosenzweig
- Abendessen vorbereiten und kochen
- Eßzimmertisch festlich decken
- Oma und Opa abholen
- Tante Eva Weihnachtsplatte vorbeibringen

Darauf, einen genauen Zeitplan aufzustellen, sollte man besser verzichten, eine grobe Einteilung genügt. Wenn die Bescherung gegen 18 Uhr stattfinden soll, bleibt auch noch genügend Zeit für einen Waldspaziergang, doch davon später.

Zuerst muß der Einkauf erledigt werden. Da die Lebensmittel, die gelagert werden können, alle schon im Haus sind, stehen auf der Einkaufsliste nur noch frisches Gemüse, Obst, Fleisch und Wurstwaren. Der Vater übernimmt den Gang zum Supermarkt, während die Tochter sich freiwillig dazu bereit erklärt, beim Bäcker und Metzger um die Ecke anzustehen. Dafür klemmt sich der Sohn die Weihnachtsplatten unter den Arm und trabt damit zu Tante Eva. Die kommt sich, wie sie selbst zugibt, doch tatsächlich etwas komisch vor, wenn sie so ganz allein ein Weihnachtslied anstimmen soll (denn den Brummbaß von Onkel Harald kann man nicht mitrechnen, meint sie). Zusammen mit den Wiener Sängerknaben traut sie sich schon eher.

Zwischen 10 und 14 Uhr

Gegen zehn sind alle wieder im Haus versammelt. Die Mutter hatte inzwischen Zeit, das Eßzimmer und die Küche auf Vordermann zu bringen. In der Küche wird sich, bis die Vorbereitungen aufs Abendessen beginnen, nicht mehr viel tun. Da der Plätzchenteller heute permanent nachgefüllt wird, kann auf ein üppiges Mittagessen getrost verzichtet werden. Für jeden ein Paar Bratwürste oder Wiener Würstchen mit Kartoffelsalat oder einfach nur Brot sind schnell fertig und reichen völlig.

Im Augenblick denkt allerdings noch keiner ans Mittagessen, denn jetzt soll der Weihnachtsbaum geschmückt werden. Wenn der Schmuck zusammen gebastelt oder zumindest ausgesucht wurde, ist es selbstverständlich, daß auch alle beim Schmücken helfen.

Der Baum selbst steht schon seit zwei oder drei Tagen auf dem Balkon. Wie er jetzt ins Zimmer getragen wird, gleicht das ungewollt fast einer kleinen Prozession. Er sieht eigentlich auch ohne Kugeln und Lametta schon schön aus, meint der Vater. Nun ein oder zwei Ästchen müssen raus. Während er diese ungefährliche Schönheitsoperation vornimmt, suchen die übrigen Familienmitglieder den Baumständer, die Kartons voller Schleifen, Sterne und Figürchen, die Kerzen und Halter zusammen.

Seit beide Kinder zur Schule gehen, kommen wieder richtige Wachskerzen an den Baum. Das gefällt allen besser als die elektrischen Lichter, für welche die Eltern sich vorher aus Sicherheitsgründen entschieden hatten.

Da, wo der Christbaum stehen soll, wird der Boden großzügig mit dunkelgrünem Kreppapier abgedeckt.

Auch bei garantiert nichttropfenden Kerzen ist Vorsorge besser als ein Wachsfleck im Teppich.
Obwohl alle ziemlich ähnliche Vorstellungen davon haben, wie der Weihnachtsbaum endgültig aussehen soll (darauf hat man sich schließlich nach hitzigen Diskussionen bereits Anfang Dezember geeinigt), gehen die Meinungen über die effektvollste Plazierung der glänzenden blauen Schleifen doch erheblich auseinander. Endlich sind alle zufrieden, treten zwei Schritte zurück und betrachten ihr Werk voller Stolz. Und die neunjährige Anke drückt aus, was alle empfinden, daß nämlich „unser Baum" absolut einmalig und wunderschön ist und bestimmt der allerschönste im ganzen Land.
Weniger schön sieht es jetzt allerdings im Wohnzimmer aus. Die leeren Schachteln und all der andere Kram, der noch so herumliegt, müssen verschwinden und Tannennadeln, Engelshaar und Goldfäden vom Teppich aufgesaugt werden. Wenn alle zusammen helfen, ist das in Null Komma nichts geschehen.
Das dunkelgrüne Kreppapier unter dem Baum gibt auch einen hübschen Hintergrund ab für die Krippe, die dort aufgestellt wird. In manchen Familien findet sie schon am ersten Advent ihren Platz im Wohnzimmer. Da legt dann am Heiligen Abend der Vater nur noch das Jesuskind ins Stroh.
Um die Krippe herum bauen die Eltern die Geschenke auf, aber das geschieht später und hinter verschlossenen Türen. Die Kinder stapeln die Päckchen, die sie für Eltern und Geschwister gepackt und mit Namensschildchen versehen haben, vorerst nur auf dem kleinen Tisch auf. Ein letzter Blick auf den Baum ist noch erlaubt, bevor die Tür zum Wohnzimmer abgeschlossen wird. Bis zur Bescherung ist das Betreten für Unbefugte verboten.
Inzwischen ist es Zeit zum Mittagessen. War der Briefträger schon da, kann man noch gemeinsam die Weihnachtspost lesen. Onkel Herbert hat seine Karte offensichtlich wieder mal auf den letzten Drücker abgeschickt. Typisch!
Der nächste Punkt auf der Tagesordnung lautet „Besuch bei Frau Rosenzweig". Anna Rosenzweig wohnt in dem Mietshaus weiter unten in der Straße, und jeden Morgen, wenn die Kinder auf dem Weg zur Schule an dem Haus vorbeikommen, winkt sie ihnen von ihrem Fenster im Erdgeschoß aus zu. Seit Anke im letzten Jahr erfahren hat, daß die alte Frau keine Verwandten und kaum Freunde hat, besucht sie sie ab und zu. Heute will auch ihr Bruder mitgehen, damit sie ihr auf der Flöte zweistimmig ein paar Weihnachtslieder vorspielen können, weil sie wissen, daß Frau Rosenzweig eine große Musikliebhaberin ist.
Eine Generalprobe kann nicht schaden. Oma und Opa sollen die Stücke nach der Bescherung auch noch zu hören kriegen. Früher haben Anke und Stephan für die Großeltern immer ein Gedicht auswendig gelernt, aber jetzt, wo sie ihre Instrumente haben, ziehen sie eine musikalische Einlage dem Gedichteaufsagen ganz entschieden vor.
Während sie noch üben, füllt die Mutter eine bunte Weihnachtstüte für die alte Frau aus dem Mietshaus. Ganz unten rein kommen ein Päckchen Kaffee und ein paar warme Strümpfe, dann wird aufgefüllt mit Mandarinen, selbstgebackenen Plätzchen und Nüssen. Anke hat ihr Geschenk, eine selbstgegossene Kerze, extra verpackt.
Solange die Kinder bei der alten Dame sind, haben die Eltern Zeit für eine gemütliche Tasse Kaffee oder Tee. Bis jetzt läuft alles bestens.

Noch vier Stunden bis zur Bescherung

Jetzt wird es aber höchste Zeit für den Besuch bei Tante Eva. Sie freut sich nicht nur über die versprochene Platte mit Weihnachtsliedern, sondern auch über die kleinen selbstgebastelten Geschenke von Anke und Stephan und das Päckchen der Eltern. Schnell geht es wieder nach Hause, denn jetzt kommt noch etwas Besonderes.

Auf das, was für die nächsten zwei Stunden geplant ist, freuen sich die Kinder schon seit dem Herbst. Da haben sie nämlich bereits angefangen, im Stadtwald Kastanien und Eicheln zu sammeln. Diese wollen sie jetzt wieder in den Wald bringen, damit auch die Tiere merken sollen, daß Weihnachten ist. Von vielen Spaziergängen weiß die Familie, wo der Förster Futterkrippen aufgestellt hat und das Wild, solange Schnee liegt und der Boden gefroren ist, auch regelmäßig füttert. Die Weihnachtsration einfach so in den Wald zu streuen, hätte wenig Sinn.

Außer den Tüten mit Eicheln und Kastanien werden noch ein Sack Heu ins Auto geladen, ein paar Meisenknödel und Körnerfutter für die Vögel. Für die hat Stephan mit Vaters Hilfe schon vor zwei Wochen ein Vogelhaus gebastelt, das er jetzt bei der Futterkrippe aufstellen und auch später regelmäßig mit Futter „beliefern" will.

Es ist ganz still im Winterwald, und noch zeigt sich keines der Tiere, die jetzt ihre Weihnachtsbescherung bekommen sollen. Hier und dort entdecken die Kinder jedoch Spuren im Schnee. Sie verteilen ihre Gaben auf Futterkrippe und Vogelhaus, dann ist es auch schon Zeit, sich auf den Rückzug zu machen.

Auf der Heimfahrt entdeckt Anke am Himmel den ersten Stern. Vielleicht war es auch nur ein Flugzeug, aber das spielt keine Rolle. Licht ist Licht. Jetzt kann die Bescherung stattfinden. Im Andenken an den Stern von Bethlehem, der den Heiligen Drei Königen mit ihren Geschenken den Weg zur Krippe wies, soll nämlich keine Gabe ausgeteilt werden, bevor nicht der erste Stern am Himmel erschienen ist.

Weihnachten

von Joseph von Eichendorff

Markt und Straßen stehn verlassen,
still erleuchtet jedes Haus;
sinnend geh ich durch die Gassen,
alles sieht so festlich aus.

An den Fenstern haben Frauen
buntes Spielzeug fromm geschmückt,
tausend Kindlein stehn und schauen,
sind so wunderstill beglückt.

Und ich wandre aus den Mauern
bis hinaus ins freie Feld.
Hehres Glänzen, heil'ges Schauern,
wie so weit und still die Welt!

Sterne hoch die Kreise schlingen;
aus des Schnees Einsamkeit
steigt's wie wunderbares Singen. –
O du gnadenreiche Zeit.

In dieser Kapelle im österreichischen Oberndorf wurde „Stille Nacht, heilige Nacht" erstmals gesungen.

Für Kinder der absolute Höhepunkt des Heiligen Abends: Endlich dürfen sie ihre Geschenke auspacken!

Morgen, Kinder, wird's was geben

Man sieht sie förmlich vor sich, die aufgeregten und erwartungsfrohen Kinder, die sich auf die Bescherung freuen. 1809, als Philipp von Bartsch (1770–1833) den Text schrieb, konnte allerdings nur eine kleine Zahl von Kindern einen derart üppigen Gabentisch erwarten. Die Weise stammt von Carl Gottlieb Hering.

2. Wie wird dann die Stube glänzen
von der großen Lichterzahl!
Schöner als bei frohen Tänzen
ein geputzter Kronensaal.
Wißt ihr noch vom vor'gen Jahr,
wie's am Weihnachtsabend war?

3. Wißt ihr noch mein Räderpferdchen,
Malchens nette Schäferin,
Jettchens Küche mit dem Herdchen
und dem blankgeputzten Zinn?
Heinrichs bunten Harlekin
mit der gelben Violin?

4. Welch ein schöner Tag ist morgen! Viele Freuden hoffen wir.
Unsre lieben Eltern sorgen lange, lange schon dafür.
O gewiß, wer sie nicht ehrt, ist der ganzen Lust nicht wert.

Das Weihnachtsevangelium

Lucas 2, 1–20

In jenen Tagen erließ Kaiser Augustus den Befehl, alle Bewohner des Reiches in Steuerlisten einzutragen. Dies geschah zum erstenmal; damals war Quirinius Statthalter von Syrien. Da ging jeder in seine Stadt, um sich eintragen zu lassen.
So zog auch Josef von der Stadt Nazaret in Galiläa hinauf nach Judäa in die Stadt Davids, die Bethlehem heißt; denn er war aus dem Haus und Geschlecht Davids. Er wollte sich eintragen lassen mit Maria, seiner Verlobten, die ein Kind erwartete. Als sie dort waren, kam für Maria die Zeit ihrer Niederkunft, und sie gebar ihren Sohn, den Erstgeborenen. Sie wickelte ihn in Windeln und legte ihn in eine Krippe, weil in der Herberge kein Platz für sie war.
In jener Gegend lagerten Hirten auf freiem Feld und hielten Nachtwache bei ihrer Herde. Da trat der Engel des Herrn zu ihnen, und der Glanz des Herrn umstrahlte sie. Sie fürchteten sich sehr, der Engel aber sagte zu ihnen: Fürchtet euch nicht, denn ich verkünde euch eine große Freude, die dem ganzen Volk zuteil werden soll: Heute ist euch in der Stadt Davids der Retter geboren; er ist der Messias, der Herr. Und das soll euch als Zeichen dienen: Ihr werdet ein Kind finden, das, in Windeln gewickelt, in einer Krippe liegt. Und plötzlich war bei dem Engel ein großes

himmlisches Heer, das Gott lobte und sprach:
Verherrlicht ist Gott in der Höhe,
/ und auf Erden ist Friede /
bei den Menschen seiner Gnade.
Als die Engel sie verlassen hatten und in den Himmel zurückgekehrt waren, sagten die Hirten zueinander: Kommt, wir gehen nach Bethlehem, um das Ereignis zu sehen, das uns der Herr verkünden ließ. So eilten sie hin und fanden Maria und Josef und das Kind, das in der Krippe lag. Als sie es sahen, erzählten sie, was ihnen über dieses Kind gesagt worden war. Und alle, die es hörten, staunten über die Worte der Hirten. Maria aber bewahrte alles, was geschehen war, in ihrem Herzen und dachte darüber nach. Die Hirten kehrten zurück, rühmten Gott und priesen ihn für das, was sie gehört und gesehen hatten; denn alles war so gewesen, wie es ihnen gesagt worden war.

Die Bescherung

Endlich ist der große Augenblick gekommen, den die Kinder so ersehnt haben: Die Türen zum Weihnachtszimmer öffnen sich...

Der Vater ist im Weihnachtszimmer und hat die Kerzen angezündet, die Mutter stimmt mit den Kindern ein Weihnachtslied an, und schon ertönt ein feines Glöckchen (vielleicht die Kuhglocke aus dem letzten Urlaub in Bayern?) – das Zeichen, daß die Kinder eintreten dürfen.

Das Zimmer wird nur von dem strahlenden Baum beleuchtet, an dem der Vater jetzt noch zusätzlich ein paar Wunderkerzen anzündet. Doch die Augen der Kinder wandern schon zum Gabentisch, sie versuchen, von Form und Größe der Päckchen auf den Inhalt zu schließen. Und manches ist ja auch gar nicht verpackt; da steht doch tatsächlich wieder der alte Kaufladen, aber prächtig hergerichtet mit seinem neuen Anstrich und reich gefüllt mit neuer Ware!

Nun ist aber für's erste genug gesungen, und der Weg zu den Päckchen ist frei. Natürlich sind die Kinder als erste dran; die größeren finden ganz von selbst zu ihrem Tischchen, das ihr Namensschild trägt, bei Kleinkindern helfen die Eltern, damit es mit dem Auspacken auch klappt. Selbst Babys können ein oder zwei Geschenke bekommen, in interessantes glitzerndes oder buntes Papier gewickelt. Am meisten werden die Allerkleinsten jedoch über den Baum staunen. Da dies alles sehr aufregend für Babys ist, sollte man sie nicht allzu lange im Weihnachtszimmer lassen. Nach einer kleinen Mahlzeit – meist können sie gar nicht viel essen – müssen sie ins Bett.

Wenn es etwas ruhiger geworden ist, packen die Eltern ihre Geschenke aus. Vielleicht holt man auch jetzt erst ältere Familienmitglieder ab, die den großen Trubel nicht mehr vertragen können.

Die Tradition, sich um die Weihnachtszeit zu beschenken, reicht weit zurück: Die Germanen schenkten in den Rauhnächten, die Römer zu Silvester. Richtige Weihnachtsgeschenke gibt es aber erst seit der Reformation, und da nur für die Kinder sowie für Dienstboten. Und die Geschenke waren bescheiden: ein kleiner bunter Teller mit etwas Gebäck und Nüssen vielleicht, das war alles, was die Kinder zu erwarten hatten.

Vom 19. Jahrhundert an wurde das Weihnachtsfest zum heute üblichen Geschenkfest für alle. Zuerst waren es allerdings nur die wohlhabenden Bürger, die ihren Kindern prächtige Gabentische richten konnten; doch auch die armen Leute versuchten, etwas Spielzeug für die Kleinen aufzutreiben.

Heute können sich in den meisten Familien bei uns groß und klein an einem reichen Gabentisch erfreuen. Doch es gibt auch Eltern, die ihren Kindern nicht alle Wünsche erfüllen können – beispielsweise wenn der Vater arbeitslos geworden ist. Die Eltern sollten derartige Probleme nicht vor den Kindern verheimlichen und rechtzeitig mit ihnen über die Situation sprechen. Sie können sich dann darauf einstellen und schrauben ihre Erwartungen nicht zu hoch.

Das Paket des lieben Gottes

von Bertolt Brecht

Nehmt eure Stühle und eure Teegläser mit hier hinter an den Ofen und vergeßt den Rum nicht. Es ist gut, es warm zu haben, wenn man von der Kälte erzählt.

Manche Leute, vor allem eine gewisse Sorte Männer, die etwas gegen Sentimentalität hat, haben eine starke Aversion gegen Weihnachten. Aber zumindest ein Weihnachten in meinem Leben ist bei mir wirklich in bester Erinnerung. Das war der Weihnachtsabend 1908 in Chicago.

Ich war anfangs November nach Chicago gekommen, und man sagte mir sofort, als ich mich nach der allgemeinen Lage erkundigte, es würde der härteste Winter werden, den diese ohnehin genügend unangenehme Stadt zustande bringen könnte. Als ich fragte, wie es mit den Chancen für einen Kesselschmied stünde, sagte man mir, Kesselschmiede hätten keine Chance, und als ich eine halbwegs mögliche Schlafstelle suchte, war alles zu teuer für mich. Und das erfuhren in diesem Winter 1908 viele in Chicago, aus allen Berufen.

Und der Wind wehte scheußlich vom Michigan-See herüber durch den ganzen Dezember, und gegen Ende des Monats schlossen auch noch eine Reihe großer Fleischpackereien ihren Betrieb und warfen eine ganze Flut von Arbeitslosen auf die kalten Straßen.

Wir trabten die ganzen Tage durch sämtliche Stadtviertel und suchten verzweifelt nach etwas Arbeit und waren froh, wenn wir am Abend in einem winzigen, mit erschöpften Leuten angefüllten Lokale im Schlachthofviertel unterkommen konnten. Dort hatten wir es wenigstens warm und konnten ruhig sitzen. Und wir saßen, so lange es irgend ging mit einem Glas Whisky, und wir sparten alles den Tag über auf für dieses eine Glas Whisky, in das noch Wärme, Lärm und Kameraden mit einbegriffen waren, all das, was es an Hoffnung für uns noch gab.

Dort saßen wir auch am Weihnachtsabend dieses Jahres, und das Lokal war noch überfüllter als gewöhnlich und der Whisky noch wässriger und das Publikum noch verzweifelter. Es ist einleuchtend, daß weder das Publikum noch der Wirt in Feststimmung geraten, wenn das ganze Problem der Gäste darin besteht, mit einem Glas eine ganze Nacht auszureichen, und das ganze Problem des Wirtes, diejenigen hinauszubringen, die leere Gläser vor sich stehen hatten.

Aber gegen zehn Uhr kamen zwei, drei Burschen herein, die, der Teufel mochte wissen woher, ein paar Dollars in der Tasche hatten, und die luden, weil es doch eben Weihnachten war und Sentimentalität in der Luft lag, das ganze Publikum ein, ein paar Extragläser zu leeren. Fünf Minuten darauf war das ganze Lokal nicht wiederzuerkennen.

Alle holten sich frischen Whisky (und paßten nun ungeheuer genau darauf auf, daß ganz korrekt eingeschenkt wurde), die Tische wurden zusammengerückt, und ein verfroren aussehendes Mädchen wurde gebeten, einen Cakewalk zu tanzen, wobei sämtliche Festteilnehmer mit den Händen den Takt klatschten. Aber was soll ich sagen, der Teufel mochte seine schwarze Hand im Spiel haben, es kam keine rechte Stimmung auf.

Ja, geradezu von Anfang an nahm die Veranstaltung einen direkt bösartigen Charakter an. Ich denke, es war der Zwang, sich beschenken lassen zu müssen, der alle so aufreizte. Die Spender dieser Weihnachtsstimmung wurden nicht mit freundlichen Augen betrachtet. Schon nach den ersten Gläsern des gestifteten Whiskys wurde der Plan gefaßt, eine regelrechte Weihnachtsbescherung, sozusagen ein Unternehmen größeren Stils, vorzunehmen.

Da ein Überfluß an Geschenkartikeln nicht vorhanden war, wollte man sich weniger an direkt wertvolle und mehr an solche Geschenke halten, die für die zu Beschenkenden passend waren und vielleicht sogar einen tieferen Sinn ergaben.

So schenkten wir dem Wirt einen Kübel mit schmutzigem Schneewasser von draußen, wo es davon gerade genug gab, damit er mit seinem alten Whisky noch ins neue Jahr hinein ausreichte. Dem Kellner schenkten wir eine alte, zerbrochene Konservenbüchse, damit er wenigstens ein anständiges Servicestück hätte, und einem zum Lokal gehörigen Mädchen ein schartiges Taschenmesser, damit es wenigstens die Schicht Puder vom vergangenen Jahr abkratzen könnte.

Alle diese Geschenke wurden von den Anwesenden, vielleicht nur die Beschenkten ausgenommen, mit herausforderndem Beifall bedacht. Und dann kam der Hauptspaß.

Es war nämlich unter uns ein Mann, der mußte einen schwachen Punkt haben. Er saß jeden Abend da, und Leute, die sich auf dergleichen verstanden, glaubten mit Sicherheit behaupten zu können, daß er, so gleichgültig er sich auch geben mochte, eine gewisse, unüberwindliche Scheu vor allem, was mit der Polizei zusammenhing, haben mußte. Aber jeder Mensch konnte sehen, daß er in keiner guten Haut steckte.

Für diesen Mann dachten wir uns etwas ganz Besonderes aus. Aus einem alten Adreßbuch rissen wir mit Erlaubnis des Wirtes drei Seiten aus, auf denen lauter Polizeiwachen standen, schlugen sie sorgfältig in eine Zeitung und überreichten das Paket unserm Mann.

Es trat eine große Stille ein, als wir es überreichten. Der Mann nahm zögernd das Paket in die Hand und sah uns mit einem kalkigen Lächeln von unten herauf an. Ich merkte, wie er mit den Fingern das Paket anfühlte, um schon vor dem Öffnen festzustellen, was darin sein könnte. Aber dann machte er es rasch auf. Und nun geschah etwas sehr Merkwürdiges. Der Mann nestelte eben an der Schnur, mit der das »Geschenk« verschnürt war; als sein Blick, scheinbar abwesend, auf das Zeitungsblatt fiel, in das die interessanten Adreßbuchblätter geschlagen waren. Aber da war sein Blick schon nicht mehr abwesend. Sein ganzer dünner Körper (er war sehr lang) krümmte sich sozusagen um das Zeitungsblatt zusammen, er bückte sein Gesicht tief darauf herunter und las. Niemals, weder vor- noch nachher, habe ich je einen Menschen so lesen sehen. Er verschlang das, was er las, einfach. Und dann schaute er auf. Und wieder habe ich niemals, weder vor- noch nachher, einen Mann so strahlend schauen sehen wie diesen Mann.

„Da lese ich eben in der Zeitung", sagte er mit einer verrosteten, mühsam ruhigen Stimme, die in lächerlichem Gegensatz zu seinem strahlenden Gesicht stand, „daß die ganze Sache einfach schon lang aufgeklärt ist. Jedermann in Ohio weiß, daß ich mit der ganzen Sache nicht das Geringste zu tun hatte." Und dann lachte er.

Und wir alle, die erstaunt dabei standen und etwas anderes erwartet hatten und fast nur begriffen, daß der Mann unter irgendeiner Beschuldigung gestanden und inzwischen, wie er eben aus dem Zeitungsblatt erfahren hatte, rehabilitiert worden war, fingen plötzlich an, aus vollem Halse und fast aus dem Herzen mitzulachen, und dadurch kam ein großer Schwung in unsere Veranstaltung, die gewisse Bitterkeit war überhaupt vergessen, und es wurde ein ausgezeichnetes Weihnachten, das bis zum Morgen dauerte und alle befriedigte.

Und bei dieser allgemeinen Befriedigung spielte es natürlich gar keine Rolle mehr, daß dieses Zeitungsblatt nicht wir ausgesucht hatten, sondern Gott.

Alle Jahre wieder

Die Worte dieses ursprünglich christlichen Kinderliedes, das erst ein Weihnachtslied war und dann zum Volkslied wurde, schrieb der Superintendant und Fabeldichter Wilhelm Hey (1782–1854) auf eine Weise von C. H. Rinck. 1842 aber verfaßte Friedrich Silcher eine andere Melodie, und in dieser Fassung wurde das Lied im ganzen Land bekannt und beliebt.

2. Kehrt mit seinem Segen
ein in jedes Haus,
geht auf allen Wegen
mit uns ein und aus.

3. Ist auch mir zur Seite
still und unerkannt,
daß es treu mich leite
an der lieben Hand.

Stille Nacht! Heilige Nacht!

2. Stille Nacht! Heilige Nacht!
Gottes Sohn, o wie lacht
Lieb' aus deinem göttlichen Mund,
da uns schlägt die rettende Stund',
Christ, in deiner Geburt.

3. Stille Nacht! Heilige Nacht!
Hirten erst kund gemacht.
Durch der Engel Halleluja
tönt es laut von fern und nah:
„Christ der Retter ist da!"

4. Stille Nacht! Heilige Nacht!
die der Welt Heil gebracht;
aus des Himmels goldenen Höhn,
uns der Gnade Fülle läßt sehn:
Jesum in Menschengestalt.

5. Stille Nacht! Heilige Nacht!
Wo sich heut alle Macht
väterlicher Liebe ergoß,
und als Bruder huldvoll umschloß
Jesus die Völker der Welt.

Die Geschichte des berühmtesten aller deutschen Weihnachtslieder ist uns gut bekannt: Es entstand am 24. Dezember 1818 in dem Tiroler Ort Oberndorf. Der Hilfspriester Josef Mohr hatte dem Organisten Franz Gruber ein Gedicht gebracht und ihn gebeten, dazu eine Melodie zu komponieren. Die Uraufführung fand in derselben Nacht während der Christmette statt, und die Gemeinde war begeistert. Heute wird das Lied in vielen Ländern der Welt gespielt, und es gehört zum Repertoire berühmter Sängerinnen und Sänger.

O Tannenbaum, o Tannenbaum

Dies ist ein ausgesprochen fröhliches Lied – kein Wunder, denn die Melodie ist eine Mazurka, die ursprünglich zu verschiedenen Studentenliedern gehörte. 1820 wurde daraus ein heiteres Liebeslied, das mit „O Tannenbaum" begann. Vier Jahre später dann dichtete der Leipziger Lehrer Ernst Anschütz die zweite und dritte Strophe um, so daß daraus das bekannte Weihnachtslied wurde.

2. O Tannenbaum, o Tannenbaum,
du kannst mir sehr gefallen.
Wie oft hat doch zur Weihnachtszeit
ein Baum von dir mich hoch erfreut.
O Tannenbaum, o Tannenbaum,
du kannst mir sehr gefallen.

3. O Tannenbaum, o Tannenbaum,
dein Kleid will mich was lehren:
Die Hoffnung und Beständigkeit
gibt Trost und Kraft zu jeder Zeit.
O Tannenbaum, o Tannenbaum,
dein Kleid will mich was lehren.

Vom Himmel hoch, da komm ich her

2. Euch ist ein Kindlein heut geborn,
von einer Jungfrau auserkorn;
ein Kindelein so zart und fein,
das soll euer Freud' und Wonne sein.

3. Es ist der Herr Christ, unser Gott,
der will euch führn aus aller Not,
er will euer Heiland selber sein,
von allen Sünden waschen rein.

4. Er bringt euch alle Seligkeit,
die Gott, der Vater, hat bereit,
daß ihr mit uns im Himmelreich
sollt leben nun und ewiglich.

5. So merket an das Zeichen recht,
die Krippe, Windelein so schlecht:
Da findet ihr das Kind gelegt,
das alle Welt erhält und trägt.

Text und Melodie dieses Liedes stammen von Martin Luther. Er benutzte ursprünglich, wie ein Nürnberger Druck aus dem Jahr 1530 belegt, die Melodie eines Tanzliedes. Schumanns Gesangbuch, 1539 in Leipzig erschienen, bringt dann erstmals die uns heute so vertraute Melodie Luthers.

O du fröhliche

Ein sizilianisches Schifferlied lieferte die Melodie für das nach „Stille Nacht, heilige Nacht" beliebteste Weihnachtslied in unseren Breiten. Von Johannes Daniel Falk (1768–1826), dem Erbauer des „Lutherhofs", eines Hauses für Waisen und gefährdete Kinder in Weimar, stammt der Text dazu.

2. O du fröhliche, o du selige,
gnadenbringende Weihnachtszeit!
Christ ist erschienen,
uns zu versühnen,
freue, freue dich, o Christenheit!

3. O du fröhliche, o du selige,
gnadenbringende Weihnachtszeit!
Himmlische Heere
jauchzen dir Ehre,
freue, freue dich, o Christenheit!

Ihr Kinderlein, kommet

2. O seht in der Krippe
im nächtlichen Stall,
seht hier bei des Lichtleins
hellglänzendem Strahl
in reinlichen Windeln
das himmlische Kind
viel schöner und holder,
als Engel es sind.

3. Da liegt es, das Kindlein,
auf Heu und auf Stroh.
Maria und Josef
betrachten es froh.
Die redlichen Hirten
knien betend davor,
hoch oben schwebt jubelnd
der Engelein Chor.

4. O beugt wie die Hirten anbetend die Knie,
erhebet die Händlein und danket wie sie.
Stimmt freudig, ihr Kinder – wer sollt' sich nicht freun? –,
stimmt freudig zum Jubel der Engel mit ein!

Der Hofkapellmeister Johann Abraham Peter Schulz schrieb 1794 in Kopenhagen die Melodie – allerdings für ein ganz anderes Lied. Die neue Textunterlegung nahm 1811 der Dinkelsbühler Priester und Jugendschriftsteller Christoph Schmid vor.

Der Heilige Abend nach der Bescherung

Jeder ist mit seinen Geschenken beschäftigt. Die neuen Spielzeuge werden ausprobiert, Leseratten vertiefen sich in ihre Bücher, das Weihnachtszimmer sieht aus wie ein Schlachtfeld, und im Ofen brutzelt die Gans …

Dieses Bild dürfte ein kleiner Alptraum der Mütter sein, die sich bemühen, nach der Bescherung ein festliches Mahl auf den Tisch zu bringen. Jeder geht einer angenehmen Beschäftigung nach, nur sie müssen arbeiten. Doch das kann man auch ändern. Das Weihnachtsessen sollte in den vorhergehenden Tagen so gut wie möglich vorbereitet werden; ebenso die Dekoration für den Tisch. Beim Tischdecken helfen die Kinder, die älteren können diese Aufgabe auch allein übernehmen.

Und wie sieht es mit dem Chaos im Wohnzimmer aus? Überall liegen Geschenkpapier und Geschenkbänder herum. Was tun damit? Für den Müll ist die ganze Pracht doch viel zu schade.

Die Lösung ist die Bastelkiste. Schönes Geschenkpapier kann auf vielfältige Weise weiterverwendet werden. Einzelne hübsche Motive – wie Sterne, Christbäume, Weihnachtsmänner etwa – können die Kinder ausschneiden und damit im nächsten Jahr ihre Weihnachtspost verzieren. Unzerknickte Teile von größeren Geschenkpapierbögen werden ausgeschnitten und können für kleinere Geschenke wiederverwendet werden. Die Geschenkbänder wiederum zieren künftige Geburtstagspräsente oder werden ebenfalls zum Basteln gebraucht.

Nach dem Auspacken und gründlicher Ansicht der Geschenke rufen die Eltern also zum großen Aufräumen auf. Wenn sich alle gemeinsam daranmachen, geht es auch sehr schnell. Die Klebebandreste werden sorgfältig vom Papier gelöst, und brauchbares Papier sondert man aus, eingerissene und zerknickte Stellen werden abgeschnitten und die Papiere zum Schluß zusammengelegt. Die Geschenkbänder wickelt man einzeln zusammen. Während dieser allgemeinen Aufräumaktion kann die Mutter die letzten Vorbereitungen für das Essen hinter sich bringen, und dann setzen sich alle zu Tisch.

Nach dem Essen räumt man zusammen schnell den Tisch ab, aber die große Spülaktion kann am Weihnachtsabend ausnahmsweise einmal ausfallen. In den Familien, wo diese Arbeit noch nicht von einer Spülmaschine übernommen wird, betätigen sich die Eltern oft als Heinzelmännchen, wenn die Kinder bereits schlafen. Oder man läßt eben alles bis zum nächsten Tag stehen und hilft dann zusammen.

Auf diese Weise ist nach dem Essen Zeit für gemeinsames Singen und Musizieren, oder es kann sich jeder mit seinen Geschenken ausgiebig beschäftigen.

Am Heiligen Abend sollte man die Kinder nicht ins Bett schicken. In manchen Familien ist es üblich, daß die Kleinen so lange aufbleiben dürfen, wie sie wollen, und dieses Versprechen macht den Weihnachtsabend zu etwas noch Außergewöhnlicherem. Natürlich nimmt sich jedes Kind dann vor, bis zum Morgen „durchzumachen“, aber meist können die Eltern spätestens so gegen 24 Uhr kleine zusammengerollte Schläfer, mit Geschenken umgeben, vom Boden aufheben und ins Bettchen tragen.

Ein heikles Thema: Geschenke, die nicht „ankommen“

Das kann nicht nur bei Kindern der Fall sein, daß ein Geschenk einmal nicht die Freude bereitet, die sich der Schenkende vorgestellt hat. Die Gründe dafür können sehr verschieden sein: Ein Kleidungsstück paßt nicht, den Geruch des teuren Parfüms können Sie nicht ausstehen, das Buch ist zwar sehr interessant, aber Sie besitzen es bereits.

Was tun? Hier sind Schenkende und Beschenkte gleichermaßen zu Einsicht und Takt aufgerufen. Daß niemand etwas mit einem Kleidungsstück anfangen kann, das nicht paßt, dürfte wohl jeder einsehen. Wer also Kleidung verschenkt, sollte unbedingt mit dem Verkäufer ein Umtauschrecht vereinbaren (Achtung, hier gibt es Fristen zu beachten) und den Kassenzettel aufbewahren. Auch das Parfüm und das Buch dürften leicht umzutauschen sein, ohne daß der Spender beleidigt ist.

Wie verhält es sich nun aber mit Dingen, die einem einfach nicht gefallen? Soll man sich überschwenglich bedanken und das ungeliebte Stück heimlich verschwinden lassen? Oder soll man die Wahrheit sagen und damit vielleicht einen lieben Menschen verletzen?

Hier gibt es keine allgemein gültigen Verhaltensregeln, Sie müssen sich im Einzelfall entscheiden, was Sie tun. In Zweifelsfällen ist es am besten, wenn Sie sich freundlich bedanken.

Der Gottesdienst am Heiligen Abend

Meist finden am Heiligen Abend zwei Gottesdienste statt, einer am Nachmittag, so gegen 17 Uhr, und ein Spätgottesdienst oder eine Christmette. Zum Nachmittagsgottesdienst kann und sollte man die Kinder mitnehmen. Er findet meist in einem besonders feierlichen Rahmen statt mit Chor- und Instrumentalmusik umrahmt oder einem kleinen Krippenspiel, das Kinder vortragen. Mit Rücksicht auf seine kleinen Zuhörer wird der Pfarrer meist eine nur kurze Predigt in einfachen Worten halten.

Der Spätgottesdienst ist mehr für die Erwachsenen gedacht; zumindest kleine Kinder sollte man zu Hause lassen. Auch die Christmette ist ein besonders feierlicher Gottesdienst und wird durch verschiedene Darbietungen untermalt.

Weihnachten anderswo

Bei uns gibt es eigentlich dreimal Weihnachten: den Heiligen Abend, den ersten und den zweiten Weihnachtsfeiertag, und die Geschenke gibt es schon am Heiligen Abend. Doch damit haben wir es ganz besonders gut: In anderen Ländern gelten andere Sitten.

In Italien wünscht man sich am 25. Dezember „Buon Natale", das heißt „ein gutes Geburtsfest". Weit wichtiger als ein Weihnachtsbaum ist hier die Krippe, ganz in der Tradition des heiligen Franz von Assisi. Mancherorts stellt man sogar lebende Krippen dar.
Die Spanier feiern zwar auch Weihnachten, weit wichtiger ist jedoch für sie der Dreikönigstag. An diesem Tag bekommen die Kinder auch erst ihre Geschenke.
In England kennt man den Heiligen Abend nicht wie bei uns. In der Nacht vom 24. auf den 25. Dezember hängen die Kinder einen Strumpf in den Kamin, den der Weihnachtsmann mit den Gaben füllt. Hier gilt das Weihnachtsfest auch nicht als besinnliches Familienfest, sondern es wird meist laut und fröhlich mit vielen Freunden und Verwandten gefeiert. Man besucht sich gegenseitig reihum und bekommt überall etwas zum Essen – und vor allem zum Trinken – angeboten.
Der traditionelle Weihnachtsbraten der Briten ist der Truthahn, und der berühmte Plumpudding darf natürlich auf keiner Tafel fehlen.
Auch bei den Franzosen wird ein lautes und lustiges Fest gefeiert. Des nachts vom 24. auf den 25. Dezember geht die ganze Familie zur Mitternachtsmesse, und währenddessen kommt der Weihnachtsmann und beschert die Kinder, die ihre Päckchen allerdings erst am 25. aufmachen dürfen. Weihnachtsbäume sind in Frankreich nicht so verbreitet wie bei uns; üblich ist es, einen sogenannten Weihnachtsklotz, ein großes Stück Holz, langsam im Kamin zu verbrennen.
In den Niederlanden bekommen die Kinder ihre Geschenke bereits am 6. Dezember vom Sinterklaas, dem Weihnachtsmann.
Die Skandinavier feiern Weihnachten als Julfest. Der Weihnachtsmann, der sich auch hier eingebürgert hat, steht mitten im Zimmer, und alle tanzen rundherum. Ein schöner Brauch ist es, daß am Weihnachtsabend die gesamte Familie miteinander in die Sauna geht.
Bei den Amerikanern wird Weihnachten ähnlich wie in Großbritannien gefeiert. Auch hier hängen die Kinder ihre Strümpfe in den Kamin, und Santa Claus, der dortige Weihnachtsmann, füllt sie reichlich. Er muß allerdings sehr gut zielen können, denn er wirft die Geschenke im Vorbeifliegen durch den Kamin ab. Sein Gefährt ist nicht, wie man vielleicht annehmen könnte, ein Flugzeug, sondern ein Schlitten, der von Rentieren gezogen wird.

Das Julfest

Einst ein heidnischer Festtag, sind seine Sitten und Bräuche in die weihnachtliche Tradition der skandinavischen Länder übergegangen, und auch bei uns wandelt man hier und dort auf Julklapps Spuren.

Die Germanen feierten den 24. Dezember als Julfest. Sie hatten diesen Tag den Seelen der Verstorbenen geweiht, außerdem war gleichzeitig das Fest der Wintersonnenwende.

Heute ist das Julfest das Weihnachtsfest der Skandinavier. Es gehen verkleidete Gestalten um, die Julgeiß und der Julbock. Wo sie auftauchen, werden sie bewirtet und erhalten Geschenke.

Kleine Julböcke aus Stroh zieren die Weihnachtstische; sie sind ein Überbleibsel der alten Sitten, Wotan oder Thor ein Opfertier zu schlachten, damit er gnädig gestimmt wurde.

Ein sehr lustiger Brauch ist der des Julklapps. Am Heiligen Abend hört die versammelte Familie plötzlich ein Gepolter an der Tür oder am Fenster, und wenn jemand nachsieht, fliegt plötzlich ein großes Paket herein. Wenn es ausgepackt ist, zeigt sich, daß es nur die Hülle für ein kleineres war, und so geht es weiter, bis zum Schluß ein winziges Päckchen übrig bleibt, das dann ein Geschenk enthält.

Eine andere Möglichkeit ist es, daß der Julklapp nur einen Zettel hinterläßt, auf dem ein Hinweis steht, wo man zu suchen habe. Dort liegt ein weiterer Zettel und so fort, bis der letzte schließlich zum Geschenk führt. Besonders spannend wird es, wenn das große Julpaket an einen Familienangehörigen adressiert ist. Er darf dann die erste Hülle lösen. Das zum Vorschein kommende Päckchen ist jedoch an ein anderes Familienmitglied gerichtet, das mit dem Auspacken weitermacht und so weiter und so fort. Die Spannung ist groß: Für wen ist dann zum Schluß das Geschenk bestimmt?

Zeichen und Symbole im Weihnachtsteller

Äpfel, Nüß' und Mandelkern
Es ist kein Zufall, daß Äpfel, Mandeln und Nüsse im Weihnachtsteller liegen. Der rotbackige Apfel gehörte bereits in der vorchristlichen Zeit zu den Opfergaben an die Unsichtbaren. Danach wurde er zum Symbol für die Vertreibung der Menschen aus dem Paradies. Bis 1940 hieß der Heilige Abend in einigen Gegenden auch „Adam und Eva".
Vergoldete Nüsse und Mandeln zeigen, daß unser Leben zwei Seiten hat: eine hell strahlende und eine dunkel unbekannte. So fest, wie sie von ihrer Schale umschlossen sind, so fest verhüllt auch die Zukunft unser aller Geschick.

Alle Rauschgoldengel heißen Anna

Der erste Rauschgoldengel wurde der Legende nach vor 300 Jahren von einem Nürnberger Handwerksmeister gefertigt. Dem Manne war Anna, sein über alles geliebtes Töchterchen, gestorben, und er kam über diesen Verlust nicht hinweg. Eines Nachts erschien ihm sein Kind im Traum. Es trug ein goldenes Kleid mit plissiertem Rock und auf dem Kopf hatte es die „Gockeleshaube" der Altnürnberger Tracht. Statt der Arme wuchsen dem Mädchen Flügel aus dem Rücken. Am nächsten Morgen arbeitete der Vater sogleich das Traumbild nach. Den Kopf seines Kindes schnitzte er aus Holz. Aus dünn gewalztem Messingblech, dem Rauschgold, machte er das Kleid und die Haube. Auf dem Rücken bekam das Engelkind Anna zwei mächtige Flügel. Als die Freunde des Handwerksmeisters die goldene Figur entdeckten, waren sie begeistert. Es dauerte lange, bis sie den Vater überzeugt hatten, daß seine Engel auf den Nürnberger Christkindlesmarkt müßten. Der Handwerker machte mehr Rauschgoldengel und verkaufte sie so gut, daß er ein wohlhabender Mann wurde.

Weihnachts-Zeitung

Eine Stadt adoptiert den Weihnachtsbaum

Anfang Dezember wird jedes Jahr in der großen Halle des New Yorker Pan-America Hochhauses ein riesiger Weihnachtsbaum aufgestellt. Am heiligen Abend liegt zu seinen Füßen eine der größten Bescherungen der Welt. New Yorker Bürger – Hausfrauen und Geschäftsleute, Arbeiter und Angestellte – sind die ganze Weihnachtszeit hindurch zu dem Baum gekommen und haben Pakete mit Spielzeug darunter gelegt. Nur mit Lastwagen läßt sich zum Fest der riesige Geschenkeberg abtragen. Die Gaben sind die Weihnachtsüberraschung für all die Kinder in Waisen- und Krankenhäusern, denen niemand etwas schenkt.

Begonnen hat die große Paketaktion ganz harmlos. Vor etwa 20 Jahren legten einige Angestellte der Pan-Am Geschenkpakete unter den Baum in der Halle. Andere machten es nach, und bald hatte ganz New York den Weihnachtsbaum adoptiert.

Das Wunder der Rose von Jericho

Wenn Sie Glück haben, können Sie das unscheinbare Pflanzenknäuel unter der Bezeichnung Jerichorose auf einem Weihnachtsmarkt entdecken. Nehmen Sie die dürre Kugel mit nach Hause, füllen Sie warmes Wasser in eine Glasschale und legen Sie das „Aschenputtel" hinein. Nun können Sie zuschauen, wie sich die trockenen Zweige vollsaugen und im Zeitlupentempo aufrollen. Schließlich breitet sich eine moosgrüne, filigranzarte Rosette vor Ihren Augen aus. Die Wüstenpflanze ist wieder zum Leben erwacht! Afrikaner sprechen der „Selaginella lepidophylla" – so der botanische Name des Kreuzblütlers – überirdische Kräfte zu. Von den Einheimischen wird das Wasser, in dem eine Jerichorose zum Erblühen gebracht wurde, zum Baden, Trinken und für Kompressen genutzt. Auch im europäischen Raum wurden Jerichorosen von Generation zu Generation weitervererbt. Noch heute gelten sie als Garanten für Segen, Glück und Wohlstand.

Der Legende nach soll die Rose von Jericho von der Jungfrau Maria auf der Flucht nach Ägypten gesegnet und mit dem „ewigen Leben" beschenkt worden sein, weil sie den Heiland vor den Häschern des Herodes gerettet habe.

Tatsächlich birgt die Pflanze bislang unerklärbare Kräfte in sich. Je nach Lust und Laune kann ihr Besitzer sie wecken oder eintrocknen lassen. Tage, aber auch Jahrzehnte später öffnet sich der trockene Ballen wie durch ein Wunder aufs neue, sobald er in frisches Wasser gelegt wird.

So entstanden die ersten Glanzbilder

Als unsere Großmütter kleine Mädchen waren, liebten sie es, bunte Klebebildchen zu sammeln und untereinander zu tauschen. Es war ein schwungvoller Handel, der damals unter der Schulbank blühte. Wer kleinen Mädchen von heute eine Freude machen will, bringt ihnen ebenfalls ein paar Glanzbildchen mit. Fernsehen, Autos und Computer haben den alten Lackbildern nichts von ihrer Faszination nehmen können. Dabei waren sie ursprünglich weder zum Sammeln noch gar zum Handeln bestimmt. Weil Honigteig sich nicht so gut modellieren und prägen läßt, wie der Eierteig der Springerle, klebten die Bäcker um 1860 Glanzbilder mit weihnachtlichen Motiven auf ihre Lebkuchen. Die Kinder aßen die Kuchen, die bunten Bildchen aber klebten sie auf Pappe und bewahrten sie sorgfältig auf.

Der zweite Weihnachtsfeiertag: Fest des heiligen Stephans

In vielen anderen Ländern ist der 26. Dezember kein Feiertag mehr; bei uns jedoch sind Büros, Fabriken und Schulen geschlossen, und in den Kirchen finden wie am 24. und 25. Dezember Gottesdienste statt, wobei mancherorts auch des Erzmärtyrers gedacht wird.

Was man über dem Weihnachtsfest oft vergißt: Am 26. Dezember findet das Fest des heiligen Stephans statt. Er gehörte zwar nicht zu den Aposteln, war aber einer der sieben Armenpfleger (Diakone) der ersten christlichen Gemeinde. Seines Glaubens wegen wurde Stephan vom Hohen Rat der Juden zum Tode verurteilt und gesteinigt. Dieses Schicksal machte ihn zum ersten aller Märtyrer, also der vielen, die getötet wurden, weil sie sich öffentlich zu Christus bekannt hatten.

Der heilige Stephan ist der Patron der Pferde und der Kutscher. Ihm zu Ehren veranstaltete man früher vielerorts einen Pferdeausritt, den Stephansritt, und ließ die Pferde auch zur Ader.

Während heute wohl niemand mehr sein Pferd bluten läßt, hat sich der Stephansritt in manchen Gegenden als Brauch erhalten. Der Ritt führt zur Kirche, wo der Pfarrer Roß und Reiter segnet. Anschließend werden den tapferen Reitern von befreundeten Damen Gläschen mit hochprozentigem Inhalt gereicht, manchmal so viele, daß der Heilige zusammen mit dem Pferd für eine glückliche Heimkunft des Reiters sorgen muß…

Früher war es auch üblich, am Stephanstag Wasser in die Kirche mitzunehmen und vom Priester weihen zu lassen. Man war allgemein überzeugt davon, daß dieses Weihwasser etwas Besonderes sei, jedenfalls noch wirksamer als das „gewöhnliche" Weihwasser. Wenn man seine Lebensmittelvorräte damit besprengte, so glaubte man, könne der Teufel nicht heran.

Der Johannestag und der Tag der unschuldigen Kindlein

Gleich auf den zweiten Weihnachtsfeiertag folgen zwei weitere christliche Gedenkfeste: Am 27. Dezember der Johannestag und am 28. der Tag der unschuldigen Kindlein, an dem an den Kindermord von Bethlehem erinnert werden soll.

Der Johannestag

Johannes war ein Jünger Jesu und einer der Säulenapostel der Jerusalemer Gemeinde. Bevor Jesus ihn als Jünger berief, war er ein galiläischer Fischer.
In vielen bildlichen Darstellungen sieht man Johannes mit einem Krug und einer Schlange. Das kommt von der Legende, Johannes sei einmal gezwungen worden, einen Becher mit Gift auszutrinken. Das Gift konnte dem Heiligen jedoch nichts anhaben.
Um den Krug des Johannes widerum rankt sich die Sitte des Johannesweins, auch Johannesminne genannt. Man brachte einen Krug guten Weines am Johannestag in die Kirche und ließ ihn vom Priester weihen.
Dieser Wein hatte es dann in doppelter Hinsicht in sich: Kinder, die davon tranken, sollten besser wachsen; bei den Erwachsenen sollte die Gicht fernbleiben, und Bärenkräfte verlieh dieser Wunderwein überdies. Man versuchte immer, etwas vom Johanneswein auf Vorrat zu halten, denn er wurde Sterbenden gereicht, und ein Brautpaar bekam zur Hochzeit auch einen Schluck davon.

Der Tag der unschuldigen Kindlein

Dieser Tag erinnert an ein schreckliches Verbrechen. Als der König Herodes erfahren hatte,daß ein Kindlein zu Bethlehem geboren war, das alle als den künftigen König der Juden bezeichneten, bekam er es mit der Angst zu tun. Er glaubte, daß nun seine Tage als König gezählt seien und sann auf Abhilfe.
Da kam ihm der grausige Plan, alle kleinen Kinder in Bethlehem töten zu lassen. Da mußte ja dieser kleine „König" dann automatisch mit dabei sein.
Doch wie wir wissen, ging seine Rechnung nicht auf. Er brachte unendliches Leid über die Eltern der getöteten Kinder, aber das Jesuskind, auf das allein er es ja abgesehen hatte, war nicht darunter. Es befand sich bereits mit seinen Eltern auf der Flucht nach Ägypten.
Auch an diesem Tag gibt es einen besonderen Volksbrauch, nämlich das „Fitzeln" und „Pfeffern". Dabei schlagen sich die Leute gegenseitig mit kleinen Ruten oder Zweigen. Begleitet wird der Schlag von dem Wunsch „frisch und gesund", der für den derartig Traktierten das ganze nächste Jahr eine gute Gesundheit garantieren soll.

Die Zeit nach Weihnachten

Wir wünschen euch allen ein fröhlich Neujahr,
daß all euer Sorg' zum Schornstein rausfahr!

Nun ist es vorbei, das Weihnachtsfest, aber für viele Leute – und für alle Schüler – ist noch Ferienzeit. Der Tannenbaum steht noch im Wohnzimmer, alle freuen sich schon auf den Silvesterabend, und das Dreikönigsfest steht auch noch aus.

In diesen Tagen haben Sie und Ihre Kinder noch die Gelegenheit, sich mit den Geschenken ausgiebig zu beschäftigen und gemeinsam etwas zu unternehmen. Wie wäre es zum Beispiel mit einem Schneespaziergang – sofern Schnee liegt? Vielleicht entdecken Sie dabei ein paar interessante Tierspuren.

Wer noch keinen Kalender fürs neue Jahr hat und auch keinen kaufen möchte, kann sich ohne großen Aufwand selbst einen herstellen; ebenso können Sie sich ein schönes Album für Ihre Fotos basteln.

Fotoalben zum Selbermachen – so bleibt Weihnachten unvergeßlich

Wenn die Fotos vom Fest entwickelt sind, beginnt das Ordnen und Auswählen, das Sortieren und Einkleben. In ein schönes Fotoalbum eingebunden, können die farbigen Erinnerungen jederzeit wieder herausgeholt werden. Ein Fotoalbum selbst herzustellen, ist nicht schwer. Nach der hier gezeigten Methode können Sie auch Gästebücher, Poesiealben oder Tagebücher arbeiten.

Material
Mittelstarker Karton für die Deckblätter; Leinen, Kork oder Geschenkpapier zum Beziehen; festes Briefpapier oder dünnen Fotokarton für die Innenseiten; Klebstoff; Stramin; Leinenband; 2 Schraubzwingen; 2 Holzbrettchen.

Arbeitsanleitung
Lassen Sie die Innenseiten und die Deckblätter in einem Schreibwarengeschäft zuschneiden. Den Deckblättern an den drei offenen Kanten jeweils 3 mm Rand zugeben. Legen Sie alle Seiten zwischen zwei Holzbrettchen. Klemmen Sie sie mit Schraubzwingen an einer Tischkante fest, und streichen Sie den Buchrücken dick mit Klebstoff ein (Abbildung rechts).
Ein Stück Stramin so darüberlegen, daß der ganze Rücken mit Stoff bedeckt ist. Den Rücken nochmals mit Klebstoff einstreichen und trocknen

lassen. Überstehenden Stramin abschneiden. Nun können Sie die Schraubzwingen lösen und die Deckblätter beziehen. Schneiden Sie das Papier oder den Stoff in der Größe des Deckblattes plus 1 cm Zugabe zu. Papier (Stoff) und Deckblatt mit Klebstoff bestreichen und mit umgelegten Kanten festkleben. Mit Leinenband die Kanten versäubern.

Oben: Weihnachtskarten, die viel zu schade zum Wegwerfen sind, finden einen Platz in der Weihnachtskartengalerie (siehe Seite 227).
Unten: Fotoalben zum Selbermachen (siehe Seite 224 und 227).

Wenn draußen alles tief verschneit ist, sollte man die Vögel nicht vergessen. Wie Sie selbst ein Vogelhäuschen bauen können, ist auf Seite 230 bis 233 beschrieben.

Tips

1. Um die Seiten vor dem Kleben paßgenau übereinanderzulegen, nimmt man den Blätterpacken in beide Hände und stellt ihn hochkant auf die Tischplatte. Die Seiten zum „U“ biegen und wieder geradeziehen (Abbildung rechts). Durch diese Bewegung gelangt Luft zwischen das Papier, und es fällt richtig.
2. Wird das Deckblatt mit Kork oder ähnlich festem Material bezogen, schneidet man den Überzug ohne Zugabe zu. Anschließend sämtliche Kanten sowie den Buchrücken mit Leinenband einfassen.

3. Besonders stilecht wird Ihr Einband, wenn Sie nach alter Buchbindertradition zum Beziehen handmarmoriertes Papier nehmen (siehe Kapitel „Die Geschenke“).

Die Weihnachtskartengalerie

Fast täglich kam in den vergangenen Wochen der Postbote und brachte Weihnachtskarten. Es ist zu schade, sie alle in einem großen Karton verschwinden zu lassen.
In den angelsächsischen Ländern sind Weihnachtskarten ein wahrer Kult. Sie werden dort mit viel mehr Aufwand als bei uns hergestellt, versandt und aufbewahrt. Zur Weihnachtszeit spannen viele Familien eine Leine durchs Zimmer. Die Weihnachtspost wird mit Klammern an der Leine befestigt. Mehr als über ein Geschenk freut man sich hier über eine originelle Grußkarte.
Diesen schönen Brauch können auch wir leicht übernehmen. Wer keine Leine spannen möchte, kann die Grüße unter Glas und Rahmen als Weihnachtskarten-Galerie ausstellen. Befreien Sie eine Wand von sämtlichen Bildern. Alte Rahmen finden sich im Keller oder lassen sich bei einem Gang über den Trödelmarkt aufstöbern. Neue Rahmen tun es natürlich auch. Die Weihnachtskarten werden auf farbigem Papier, das so groß wie der Bilderrahmen ist, angeordnet, aufgeklebt und in den Rahmen gespannt. Je mehr Rahmen, desto reizvoller wird es, die Vielfalt der Karten zu bestaunen.

Die Tiere im Winter

Wenn die Bäume ihre Blätter verloren haben und das Land unter einer dicken Schneedecke verborgen ist, hat man manchmal den Eindruck, das Leben in der Natur sei völlig zum Stillstand gekommen. Doch das täuscht; viele Tiere sind auch im Winter aktiv, oder sie ruhen in einem Versteck, in dem sie die harte Zeit gut überstehen.

Es ist nicht die hereinbrechende Kälte, wie man annehmen könnte, die die Tiere zu Beginn der kalten Jahreszeit veranlaßt, sich auf den Winter vorzubereiten, sondern das abnehmende Licht, wenn die Tage kürzer werden. Und so vielfältig wie die Tierwelt selbst sind auch die Verhaltensweisen der einzelnen Tierarten.

Tiere, die wechselwarm sind, das heißt deren Körperwärme von der Umgebungstemperatur abhängt – beispielsweise Eidechsen, Schlangen, Frösche –, fallen in eine Winterstarre. Je nach Art ziehen sie sich in eine Höhle zurück, in einen anderen Schlupfwinkel oder graben sich ein. Wenn die Winterstarre einsetzt, verlangsamt sich der Stoffwechsel extrem, so daß die Tiere auch einen harten Winter überstehen, ohne zu verhungern.

Für andere Tiere ist im Winter nicht die Kälte, sondern die Versorgung mit Nahrung das größte Problem.

Manche sorgen rechtzeitig vor: Der Hamster füllt seine Speisekammern mit Vorräten. Er hält in seinem Bau einen Winterschlaf, aus dem er aber alle paar Tage erwacht, um zu fressen. Das Eichhörnchen ist ebenso wie der Hamster für seine Vorratshaltung sprichwörtlich geworden. Es verbirgt sich die meiste Zeit in seinem Kogel; nur frühmorgens huscht es hinaus und gräbt etwas von seinen Vorräten aus. Viele Säugetiere und Vögel fressen sich während des Sommers eine dicke Fettschicht an, und außerdem bekommen sie ein dichtes Winterfell oder -gefieder.

Eine andere Möglichkeit ist es, in Gebiete mit besserem Nahrungsangebot auszuweichen. Viele Vögel unternehmen im Herbst Reisen über Tausende von Kilometern, um in südlichen Ländern Futter zu finden; im Gebirge ziehen Hirsche und Rehe in die Täler hinab, und Meeresfische schwimmen weg von Küstenzonen in tiefere Gewässer, wo das Wasser niemals gefriert.

Sogar Insekten wandern über gewisse Distanzen. Ein zarter Schmetterling, der amerikanische Monarchfalter, vollbringt hierbei fast unglaublich anmutende Leistungen: 1 600 km legt er auf seiner Reise aus den nördlichen USA nach Florida und den Golf von Mexiko zurück; pro Tag kann er 130 km ohne Pause fliegen.

Aus diesen wenigen Beispielen ist ersichtlich, daß die Tiere ihre eigene Überlebensstrategie entwickelt haben und ganz ohne menschliche Hilfe gut über den Winter kommen müßten. Leider ist das aber nicht mehr der Fall. Durch die Zerstörung ihrer natürlichen Lebensräume haben viele Tiere – vor allem in dichtbesiedelten und hochindustrialisierten Ländern wie unserem – keine Chance mehr, sich artgemäß zu verbergen, um ungestört Winterruhe halten zu können, sich genügend Nahrungsreserven anzufressen oder während des Winters ausreichend viel Nahrung zu finden.

Hier sind wir alle aufgerufen, nach Kräften mitzuhelfen, daß die Tiere auch im Winter überleben. Das fängt damit an, daß man im Garten Plätze schafft, wo manche überwintern können. Kleine Igel können Sie retten, indem Sie ihnen ein Winterquartier bereitstellen. Hierbei muß man allerdings fachmännisch zu Wege gehen; es gibt eine Vielzahl von guten Büchern, die Informationen liefern. Wie Sie am besten für Vögel sorgen, ist auf den folgenden Seiten beschrieben.

Spuren im Schnee

Wenn Sie einen Schneespaziergang unternehmen, kann es sein, daß Sie Tierspuren entdecken. Von welchem Tier stammen sie wohl? Es ist gar nicht so einfach, solche Spuren eindeutig zu identifizieren. Ein Hase beispielsweise kann verschiedene Spuren hinterlassen, je nachdem, wie er sich fortbewegt hat. Ist er langsam und gemütlich seines Weges gehoppelt, sieht man die kleinen runden Abdrücke seiner Vorderläufe vorn und die länglichen der Hinterläufe hinten. Hat er jedoch das Hasenpanier ergriffen, ist es genau umgekehrt. Auch bei anderen Tieren sehen die Fährten je nach Gangart unterschiedlich aus. Rechts sehen Sie die Spuren einiger Wildtiere und des Hundes, wobei die Größen in der Natur selbstverständlich unterschiedlich ausfallen.

Welches Tier war das?

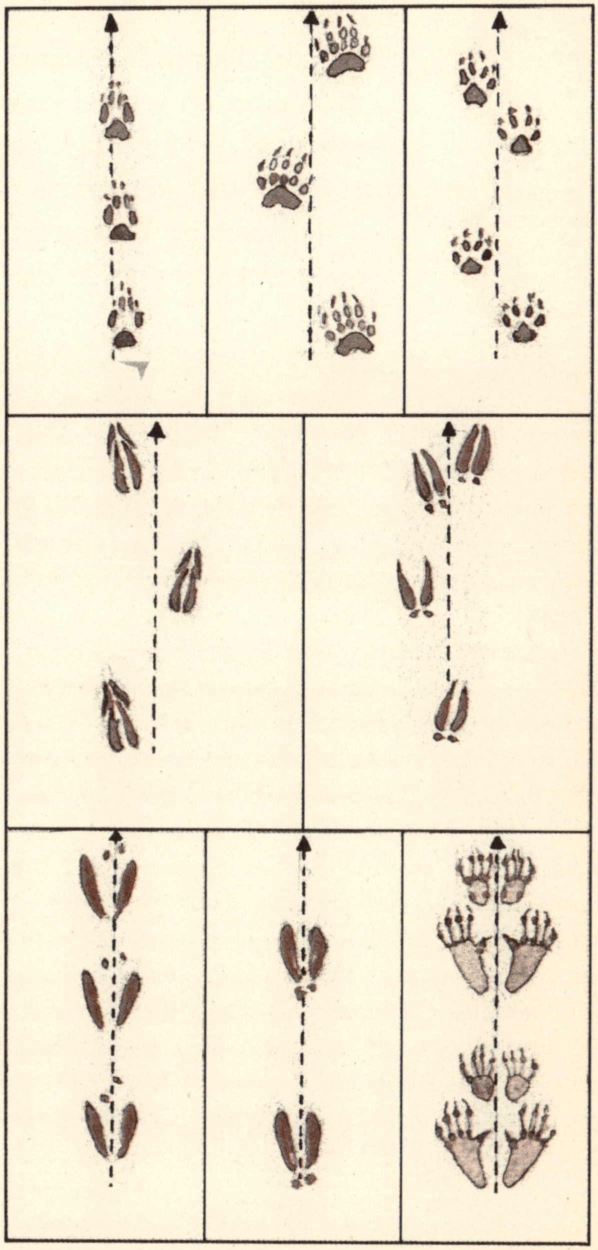

Was Sie für Vögel tun können

Vögel erfreuen uns nicht nur mit ihrem Gesang oder begeistern uns mit ihrem prächtigen Gefieder, sie machen sich auch als Vertilger unerwünschter Insekten nützlich. Als kleine Gegenleistung sollten wir ihnen helfen, gut über den Winter zu kommen.

Winterfütterung, ja oder nein?

Für Vogelfreunde und Bastler, die im Winter etwas für ihre gefiederten Freunde tun wollen, bietet sich hinreichend Gelegenheit. Die Vorbereitungen dazu sollte man aber möglichst frühzeitig treffen.

Über die Notwendigkeit, den im Winter bei uns verweilenden Vogelarten durch Fütterungsmaßnahmen über die Zeit der Nahrungsknappheit zu helfen, wird unter sachkundigen Vogelschützern seit Jahren diskutiert. Fest steht, daß bei Schnee und Kälte die Fütterung durchaus ihren Sinn hat.

Die „natürliche Auslese", von der die Gegner der Winterfütterung sprechen, ist durch Veränderungen der Umwelt und der Natur schon längst zu einem Faktor geworden, der den Bestand vieler Vogelarten bedroht.

Die Natur kann große Ausfälle in harten Wintern bei der Vogelwelt nicht mehr ersetzen, so daß bestimmte Vögel in Notzeiten nur durch die Hilfe des Menschen in ihrem Bestand erhalten werden können; ganz zu schweigen von der Freude und Erholung, die der Anblick der auch im Winter vielfältigen und farbenprächtigen Vogelwelt für die meisten Menschen bietet.

Die Monate, die bei ungünstigen Witterungsverhältnissen für die Winterfütterung in Frage kommen, sind November bis Ende Februar. Im März sollte nur noch bei Kälteeinbrüchen gefüttert werden.

Wichtig ist, daß Sie niemals angesäuertes oder angegorenes Futter anbieten. Die Zahl der an Salmonellen erkrankten Vögel steigt bei derartigem verdorbenen Futter nämlich sehr schnell. Bei Minustemperaturen dürfen Sie weder Wasser noch Obst reichen, da beides zu Unterkühlungen führen kann. Ebensowenig gehören Brot, Wurst und Fleischreste in ein Futterhaus. Wenn Sie Fett verwenden – wie für ein Futterholz – muß es salzlos sein.

Futterhäuser

Ein Platz, um Futterhäuser aufzustellen, anzubringen oder aufzuhängen, findet sich überall im Garten oder am Haus. Im Winter sind die Futterplätze durch die futtersuchenden Vogelarten der Mittelpunkt eines jeden Grundstücks, und im Sommer sind sie ebenfalls das Schmuckstück vor allem von kleineren Gärten oder Gartenecken.

Besonders schön sind Futterhäuser, wenn sie im Holz zur Umgebung passen. So sind Futterhäuser aus Birkenholz auf einem Birkenständer oft reizvoller Bestandteil in einem Heidegarten oder in einer Ziergräserecke. Auch vor Tannengruppen oder anderen Koniferen ist ein schmuckes Futterhaus nicht zu übersehen.

Größere Futterhäuser können Sie im Sommer mit Petunien, Hängegeranien oder Fleißigen Lieschen bepflanzen, wenn Sie die Randleisten erhöhen und den Futterboden mit einer 5 bis 8 cm hohen Torfschicht auffüllen. Unter der Torfschicht sollten Sie eine dünne Plastikplane ausbreiten, damit das

Holz nicht fault und sich die Feuchtigkeit länger hält.
Das Dach des Futterhauses läßt sich variabel gestalten. Auf die Teerpappe kann man Birkenholz, Haselnußruten, Stroh- oder Schilfmatten nageln; letztere gibt es im Fachgeschäft (Samenhandlung) fertig zu kaufen, sie müssen nur noch zugeschnitten werden. Den Giebel können Sie mit großen Tannen- und Kiefernzapfen verzieren, die von den Vögeln oft als Anflugspunkt benutzt werden. Auch Kiefern- und Fichtenzweige verschönern ein Futterhaus.
Zur Brutzeit werden Futterhäuser öfter von Amseln, Rotschwänzchen und anderen Vogelarten als Brutplatz auserkoren. Fensterfutterhäuser bieten dann dem Vogelfreund die Möglichkeit, seine gefiederten Freunde aus nächster Nähe zu beobachten.

Bauanleitung
Holzart und Materialstärke entscheiden über die Haltbarkeit Ihres Futterhauses. Kleinere Futterhäuser können Sie aus Tannen- oder Fichtenholz von 10 bis 15 mm Stärke basteln. Größere Futterhäuser baut man besser aus wasserfest verleimten Sperrholz oder Spanplatten vom Typ 100 mit 20 mm Stärke.
Nachdem Sie alle Teile nach dem Bauplan rechts (alle Maße in Millimetern) zugeschnitten haben und durch Aufeinanderlegen der Teile festgestellt haben, ob alles paßt, beginnen Sie zuerst mit der Montage der Rückwand auf die Bodenplatte.

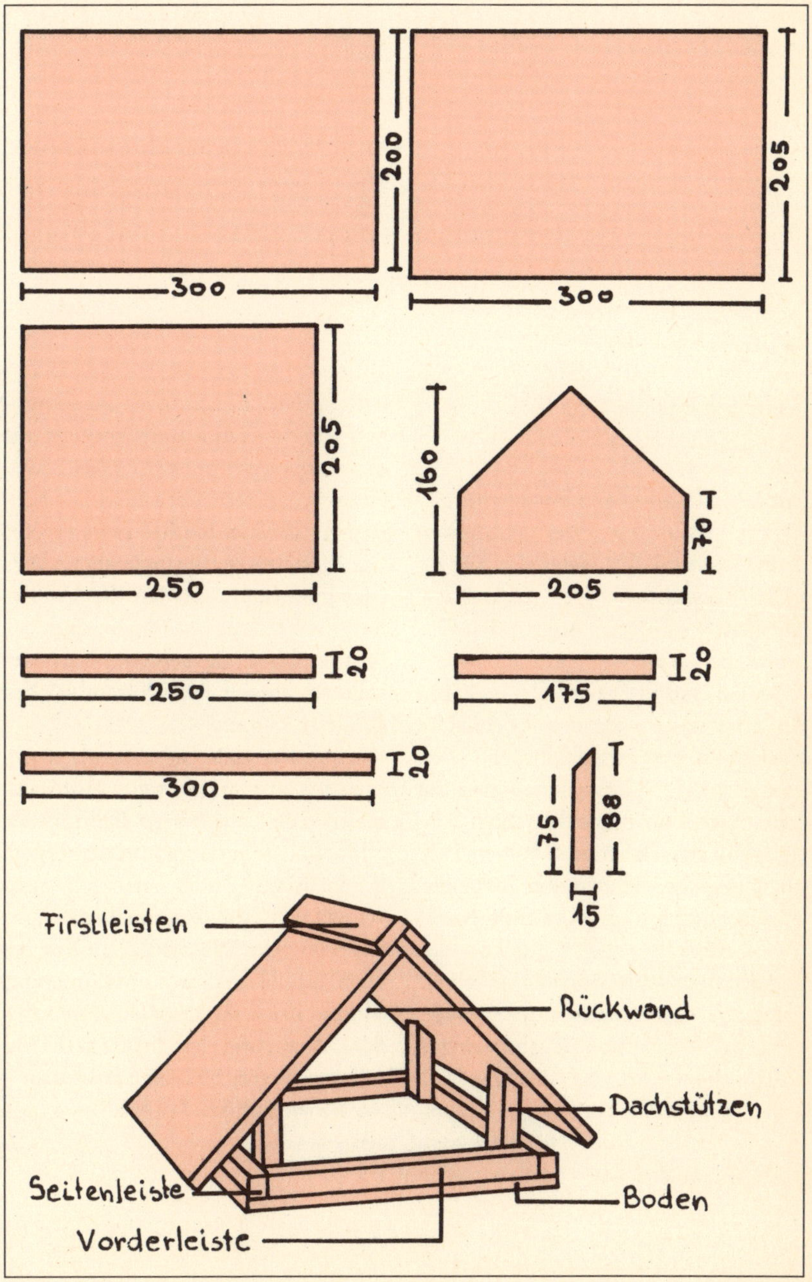

Die Flächen, die miteinander befestigt werden sollen, bestreichen Sie mit wasserfestem Leim (Propellerleim) und vernageln sie jeweils mit einigen 40 mm langen Nägeln. Danach werden die Pfosten montiert. Damit die Nägel, die von unten durch die Bodenplatte geschlagen werden, besser sitzen, können Sie ein Markierungsloch vorbohren.
Anschließend wird das Dach aufgesetzt. Bei Verwendung einer Rückwand montieren Sie das Dach hinten bündig auf, damit vorne ein größerer Dachvorsprung entsteht.
Zuletzt befestigen Sie an allen offenen Seiten jeweils eine Seitenleiste von 10 bis 20 mm Höhe, damit das Futter nicht herausfällt.
Zusätzlich können Sie die Seitenleisten, die Dachkanten und die Pfosten mit halbierten Birken- oder Haselnußästen verblenden und damit dem Futterhaus ein schöneres Aussehen geben.
Das Dach wird zum Schutz mit Teerpappe bespannt. Auf diese Pappe können Sie die gewünschten Gestaltungsmaterialien nageln, mit wasserfestem Leim kleben oder mit Längslatten befestigen.
Dazu passend basteln Sie einen Dreibeinbock aus Birken- oder anderem Holz und nageln eine Holzplatte darauf. Auf dieser Holzplatte befestigen Sie das eigentliche Futterhaus mit Schrauben oder Nägeln.

Standort
Im Garten sollten Sie als Standort für Ihr Futterhaus die Süd- oder Westseite aussuchen, damit schon das Haus ausreichend Schutz gegen kalte Nord- und Ostwinde oder gegen Regen- und Schneeschauer bietet. Auch überdachte Terrassen oder Balkone erfüllen diesen Zweck.
Wenn Sie einen Platz in der Nähe von immergrünen Hecken, Büschen oder Nadelgruppen wählen, müssen Sie beachten, daß das Futterhaus mindestens 1,5 bis 2 m vom äußeren Rand dieser Pflanzen entfernt stehen muß, um böse Überraschungen durch Katzen, Hunde oder andere Tiere zu vermeiden. Das gleiche gilt vor allem auch für Futterstellen am Boden, die man für Buchfinken oder Rotkehlchen einrichtet, da diese Vogelarten nur ungern höhere Futterstellen anfliegen oder dort von stärkeren Vogelarten verdrängt werden.
Immer sollte gewährleistet sein, daß der Vogel anschleichende Feinde rechtzeitig erkennen und ungehindert abfliegen kann.
Ein großes Dach schützt vor Regen und Schnee. Die größte offene Seite des Hauses zeigt am besten nach Süden oder Osten.
Am Haus oder auf Fensterbrettern müssen Sie Ihr Futterhaus so installieren, daß Sie das Fenster noch ungehindert öffnen können.
Standorte an Tümpeln, Vogelbädern oder Plattenwegen sollten Sie vermeiden, da die Hülsen des Futters zu Verschmutzungen führen.

Futterglocken

Diese Variation der Winterfütterung bietet jedem Vogelfreund die Möglichkeit, das Futtergemisch rationeller einzusetzen und auch schwachen, kleinen oder scheuen Vogelarten die Futterquellen zugänglicher zu machen.
An den meisten Futterhäusern dominieren große Vögel, während die kleinen Vogelarten, darunter Kleinmeisen, Rotkehlchen oder Zaunkönige, meist zu kurz kommen. Spatzen fliegen mit Vorliebe feststehende Futterstellen an; bei den Futterglocken, die bei sachgerechter Anbringung hin- und herschwanken, finden sie sich nur zögernd oder gar nicht ein.
Als Behälter für Futterglocken dienen Blumentöpfe oder leere Dosen, die nicht schwer zu beschaffen sind. Auch leere Plastikcontainer von Blumentopfgröße sind geeignet. Diese Behältnisse werden mit einem Futtergemisch, das man selbst herstellen kann, gefüllt. Bevor das Futtergemisch, das in dickflüssigem Zustand eingefüllt wird, erkaltet, steckt man als Anflugmöglichkeit einen bleistiftstarken Ast in die Futtermasse. Nach dem Erkalten sitzt er fest.
Diese Futterglocken lassen sich am besten aufhängen, wenn Sie vor dem Füllen ein kleines Querholz, das Sie an der Aufhängeschnur befestigen, vor das Wasserabzugsloch des Blumentopfs legen und die Schnur durch das Loch stecken. Die Schnur sollte etwa 50 cm lang sein.

Das Futtergemisch

Folgendermaßen wird das Futtergemisch hergestellt: Schmelzen Sie in einem alten Topf Rindertalg oder salzfreies Fett, und mischen Sie zu gleichen Teilen Haferflocken oder Kleie und Sonnenblumenkerne dazu. Wenn Sie noch etwas Mohn, Rosinen und Nußstückchen hinzufügen, bieten Sie den Vögeln etwas Besonderes. Alle überwinternden Vögel, die Futterstellen besuchen, also die Körner- und Weichfresser, profitieren von diesem Futter, das überdies wesentlich billiger ist als das gekaufte.

Futterhölzer

Futterhölzer helfen Futter sparen und sind wie die Futterglocken hygienischer als Futterhäuser. Sie sind nicht für Meisen und Spechte geeignet.

Futterhölzer stellt man her, indem man Kanthölzer (4 x 6 cm) beliebig lang absägt und die Hohlräume für das Futter herausfräst oder -bohrt. Damit die Vögel gut anfliegen können, bringen Sie Querleisten an oder rauhen die Vorderseite auf. Am oberen Ende das Holz spitz zusägen und ein Dach aus Blech oder Holz aufnageln. Eine Aufhängevorrichtung oben an der Rückwand sorgt für eine problemlose Anbringung an Baumstämmen oder Holzbalken. Das Dach kann 3 bis 4 cm überstehen, damit das Futter etwas gegen die Witterung geschützt ist. Das Futtergemisch (siehe links) wird warm eingefüllt.

Futterglocke aus einer Blechdose

Futterglocke aus einem Blumentopf

Futterhölzer verschiedener Länge

Futterbretter

Futterbretter dienen zur Futterversorgung von Vögeln, die nur ungern höhere Futterstellen anfliegen, etwa Buchfink, Rotkehlchen, Goldammer und Lerche.

Sie sollten Futterbretter an windgeschützten Plätzen installieren und dafür sorgen, daß keine hohen oder dichten Büsche oder Bäume in der Nähe stehen, die als Verstecke für Katzen in Frage kommen. Im Umkreis von 2 m braucht der Vogel freie Sicht und ungehinderten Abflug, damit er sich sicher fühlen kann.

Der Bau ist einfach: Das Brett ist 60 x 40 cm groß und steht auf vier Pfosten, die vorderen 20, die hinteren 15 cm hoch.

Als Futter streuen Sie am besten Haferflocken, Kleie oder getrocknete Wildbeeren (Rosinen). Dreschabfälle, die Sie zur Erntezeit fast umsonst bei landwirtschaftlichen Genossenschaften oder Mühlen bekommen, sind unter Futterbrettern in der freien Landschaft ein ideales Beifutter. Für diese Standorte sollten Sie die Futterbretter größer machen (1 x 1 m, Pfostenhöhe 60 cm), damit auch größere Vogelarten wie Fasan und Rebhuhn darunter Platz haben.

Für Greifvögel können Sie sogenannte Luderplätze bauen, indem Sie ein Futterbrett auf einen 1 m hohen Pfahl nageln. Turmfalken und Bussarden kann man mit Fleischabfällen, die auf das Brett genagelt werden, über den Winter helfen.

Kulinarisches zu Silvester

Wenn das alte Jahr zu Ende geht und Sie mit der Familie und Freunden die Ankunft des neuen feiern, sollten Sie etwas Besonderes auf den Tisch bringen, beispielsweise ein chinesisches Fondue, das zu den geselligsten aller Gerichte gehört. Den Auftakt unserer Silvesterrezepte machen zwei interessante Getränke.

Feuerzangenbowle

(Foto Seite 235)

Die Feuerzangenbowle war schon beliebt bei unseren Großeltern. Sie ist ein wenig in Vergessenheit geraten – sicher zu Unrecht. Einen hübschen Feuerzauber veranstalten Sie so:

Zutaten

3 Flaschen Rotwein
dünn abgeschälte Orangen- und Zitronenschale
1 Mullbeutel mit einigen Gewürznelken und 1 Stück Zimt, 1 Zuckerhut
1 Flasche 54%iger Rum

Zubereitung

1. Erhitzen Sie den Wein in einem kupfernen Bowlengefäß, und legen Sie die Orangen- und die Zitronenschale sowie den Mullbeutel mit den Gewürzen ein.

2. Legen Sie die Zuckerzange mit dem Zuckerhut über den Topf, und tränken Sie den Zuckerhut langsam mit dem Rum.

3. Zünden Sie den Rum an. Der Zucker schmilzt jetzt langsam und tropft in den heißen Wein.

4. Ständig mit der Kelle etwas Rum nachschütten; nicht mit der Flasche an die Flammen gehen.

5. Zum Schluß Zange, Mullbeutel und Schalen entfernen und die Bowle schön heiß servieren. Wenn Sie den Alkohol vorschriftsmäßig abgebrannt haben, wird die Bowle auch nicht zu stark.

Slemp

(Foto Seite 234)

Dieses heiße Milchgetränk stammt aus Holland. Es enthält keinen Alkohol, Sie können es ohne Bedenken Kindern und Autofahrern servieren. Nicht nur an Silvester werden Sie damit gute Laune hervorrufen, sondern auch an anderen kalten Winterabenden, beispielsweise nach einem Schneespaziergang.

Zutaten

1 l Milch
1 Stück Zimtstange
5 Gewürznelken
1 TL schwarzer Tee
1 Messerspitze Safranpuder
4 EL Zucker
1½ EL Stärkemehl

Zubereitung

1. Die Milch in einem Topf mit der Zimtstange erhitzen.

2. Die Nelken, den Tee und den Safran in einen Mullbeutel einbinden und diesen in die Milch legen. Alles bei geringer Hitze zugedeckt etwa 30 Minuten ziehen lassen; ab und zu umrühren, damit die Milch nicht ansetzt.

3. Zimt und Mullsäckchen herausnehmen und die Milch zuckern.

4. Das Stärkemehl mit 2 Eßlöffeln Wasser glattrühren, zur Milch geben und ganz kurz aufkochen. Heiß servieren!

Eine gemütliche Sache: die Feuerzangenbowle (Rezept auf der gegenüberliegenden Seite).

Aus Holland kommt der Slemp, ein winterliches Milchgetränk (auch dieses Rezept finden Sie auf der Seite gegenüber).

Ideal für eine gesellige Silvesterfeier: das chinesische Festtagsfondue (Rezept Seite 240).

Frisch gebackene Silvesterkrapfen und Mutzenmandeln sorgen für gute Stimmung (Rezept Seite 241).

Krönen Sie das alte Jahr mit dieser Silvestertorte (Rezept auf der gegenüberliegenden Seite).

Silvester-Glückstorte

(Foto Seite 238)

Zutaten

Für jeweils 1 Boden:
6 Eigelb
250 g Zucker
1 Päckchen Vanillezucker
1 TL abgeriebene Zitronenschale
75 g lauwarme Butter
180 g Mehl, 6 Eiweiß
zum Beträufeln:
6 cl Nußlikör
4 EL Zitronensaft
für die Füllung:
1 Becher süße Sahne
1 Päckchen Sahnestandmittel
1 Päckchen Vanillezucker
50 g feingeriebene Mandeln
2 cl Nußlikör
für die Buttercreme:
½ l Milch
1 Päckchen Vanillepuddingpulver
4 cl Orangenlikör
Zucker nach Geschmack
375 g Butter
100 g Puderzucker
2 Eigelb
zum Verzieren:
300 g Marzipanrohmasse
200 g Puderzucker
Schokoladenglasur
Lebensmittelfarben
Mandelstifte
Instant-Kaffeepulver
Zuckerspritzglasur
Kuvertüre
Krokant, Zuckerfiguren

Zubereitung

1. Sie benötigen 2 Böden. Für jeden Boden die Eigelbe mit dem Zucker, dem Vanillezucker und der Zitronenschale schaumig schlagen.

2. Die lauwarme Butter tropfenweise darunterrühren.

3. Das gesiebte Mehl unter den Eischaum ziehen.

4. Die Eiweiße steif schlagen und vorsichtig unter den Teig heben.

5. Eine Springform mit 24 cm Durchmesser ausfetten oder mit Pergamentpapier auslegen, den Teig einfüllen und im auf 180° C vorgeheizten Backofen 30 Minuten backen.

6. Den Boden herausnehmen und erkalten lassen. Den Teig für den zweiten Boden wie beschrieben anrühren, backen und ebenfalls erkalten lassen. Beide Böden halbieren.

7. Den Nußlikör mit dem Zitronensaft vermischen und die Böden damit beträufeln.

8. Für die Füllung die süße Sahne mit dem Sahnestandmittel und dem Vanillezucker sehr steif schlagen.

9. Die Mandeln mit dem Nußlikör vermischen, unter die Sahne ziehen.

10. Für die Buttercreme den Vanillepudding nach Anweisung kochen, mit Orangenlikör und Zucker aromatisieren und erkalten lassen.

11. Anschließend die Butter schaumig rühren, den Puderzucker und die Eigelbe darunterschlagen.

12. Den erkalteten Pudding eßlöffelweise unterrühren; dabei sollten die Zutaten etwa die gleiche Temperatur haben.

13. Drei der Teigböden mit der Mandelsahne bestreichen, zusammensetzen und mit dem letzten abdecken.

14. Die Torte mit der Buttercreme überziehen und erkalten lassen.

15. In der Zwischenzeit die Marzipanrohmasse mit dem Puderzucker verkneten, einen Teil dünn ausrollen und die Torte damit einkleiden.

16. Für das Kleeblatt das Marzipan zurechtschneiden, mit grüner, mit Wasser verdünnter Lebensmittelfarbe bestreichen, mit einem Messer einkerben und auf die Torte legen.

17. Für das Schweinchen das Marzipan rosa einfärben und eine Birne formen, mit einem Holzstäbchen Nase und Maul modellieren, die Mandelstifte in das Schweinchen stecken, mit Glückspfennig und Fliegenpilz verzieren, auf das Kleeblatt stellen.

18. Für das Hufeisen Marzipanrohmasse mit Instant-Kaffeepulver einfärben und ausschneiden, aus braunem Marzipan Nägel formen, das Hufeisen damit verzieren.

19. Für die Fliegenpilze aus ungefärbtem Marzipan Füße und aus rotem Marzipan Hüte formen. Die Hüte mit Zuckerspritzglasur verzieren, die Pilze zusammensetzen und auf die Torte stellen.

20. Für die Schokoladenkleeblätter die Kuvertüre schmelzen, in kleine Förmchen gießen und nach dem Erkalten auf der Torte anrichten.

21. Die Torte zum Schluß mit Schokoladenglasur beschriften, den Rand mit Krokant bestreuen und Zuckerfiguren darauf setzen.

Chinesisches Festtagsfondue

(für 4 Personen; Foto Seite 236)

Das wichtigste bei dieser Art des Fondues ist die Brühe, in der die Zutaten gegart werden. Sie darf nicht zu stark kochen, sonst reduziert sie sich zu schnell; die Temperatur darf aber auch nicht zu niedrig sein, sonst dauert der Garvorgang zu lange. Zum Abschluß des Essens wird die Brühe in Tassen gefüllt, und jeder Gast kann sich seine Brühe selbst abschmecken. Diese Brücke schmeckt fantastisch!
Das Fleisch muß richtig geschnitten werden: Legen Sie die Fleischstücke 2 bis 3 Stunden in das Gefrierfach, und schneiden Sie anschließend entgegengesetzt zur Fleischfaser dünne Scheibchen ab.
Anstelle der angegebenen Fleischsorten können Sie selbstverständlich nach Geschmack auch anderes Fleisch und Geflügel verwenden.

Zutaten

100 g frischer Spinat
100 g Brokkoli
100 g Sojabohnenkeimlinge
100 g frische Champignons
100 g gebratene Glasnudeln
100 g Rinderfilet
100 g Entenbrust
100 g Schweineleber
100 g Kalbsherz
für die Brühe:
1,5 l Geflügelbrühe (Fertigprodukt)
½ Tasse Obstessig
½ Tasse Sojasoße
½ Tasse Honig
1 TL Salz
4 Knoblauchzehen
4 gehackte, in Sirup eingelegte Ingwernüsse
1 Zimtstange
1 TL Nelken
1 TL Wacholderbeeren
1 TL Ingwerpulver
3 EL Glutamat
Salz
frisch gemahlener Pfeffer
für die süß-saure Soße:
1 Tasse Bratensoße (Fertigprodukt)
½ Tasse Tomatenketchup
½ Tasse Obstessig
½ Tasse Honig
1 TL Glutamat
für die Krabbencreme:
2 EL Butter oder Margarine
100 g feingehackte Mandeln
1 Tasse Fleischbrühe
1 EL Sojasoße
1 TL Glutamat
1 Ei
1 EL Speisestärke
außerdem:
1 Tasse Sojasoße
1 Tasse Hoisinsoße (Fertigprodukt)
frisches Stangenweißbrot

Zubereitung

1. Das Gemüse putzen, waschen, gut abtropfen lassen und auf Tellern anrichten.

2. Die Glasnudeln ebenfalls auf einem Teller anrichten.

3. Das Rinderfilet, die Entenbrust, die Schweineleber und das Kalbsherz in hauchdünne Scheiben schneiden und auf passenden Tellern geschmackvoll anrichten.

4. Für den Sud die Geflügelbrühe mit dem Obstessig, der Sojasoße, dem Honig, den mit dem Salz zerriebenen Knoblauchzehen, dem Ingwer und den Gewürzen in einem Topf zum Kochen bringen und mit den Gemüsen servieren.

5. Für die süß-saure Soße die Bratensoße mit dem Tomatenketchup, dem Obstessig und dem Honig aufkochen, mit Salz, Pfeffer und Glutamat würzen und zum Fondue servieren.

6. Für die Krabbencreme die Butter oder Margarine in einer Pfanne erhitzen und die Krabben darin kurz anschwitzen.

7. Mit der Fleischbrühe ablöschen, mit der Sojasoße, dem Glutamat, Salz und Pfeffer kräftig abschmecken.

8. Das Ei verquirlen, die Speisestärke darunterziehen und mit dem Schneebesen langsam unter die Krabben rühren, bis das Ei gestockt ist. Zum Fondue servieren.

9. Die Sojasoße, die Hoisinsoße und das in Scheiben geschnittene Weißbrot bereitstellen.

10. Je nach Geschmack können Sie nun alle Zutaten in dem Sud kochen und mit chinesischen Stäbchen aus dem Topf angeln, oder Sie garen die Zutaten einzeln hintereinander auf Fonduegabeln.

Silvesterkrapfen

(Foto Seite 237)

Zutaten

Teig:
- 500 g Mehl
- 30 g frische Hefe
- ⅛ l lauwarme Milch
- 80 g Zucker
- 1 Prise Salz
- 80 g Butter oder Margarine

für die Füllung:
- Pflaumenmus oder Kirschkonfitüre oder Aprikosenmarmelade

zum Ausbacken:
- 1 kg Kokosfett oder 1 l Speiseöl

zum Bestäuben:
- Puderzucker

Zubereitung

1. Das Mehl in eine Schüssel geben und in die Mitte eine Vertiefung hineindrücken.

2. Die Hefe hineinbröckeln und mit etwas Milch und Zucker zu einem Vorteig verrühren. Das Ganze zugedeckt etwa 25 Minuten gehen lassen.

3. Danach den restlichen Zucker, die restliche Milch, das Salz und das weiche Fett dazugeben und alles so lange schlagen, bis sich der Teig vom Schüsselrand löst. Den Teig zugedeckt etwa 1 Stunde gehen lassen.

4. Dann den Teig auf einer bemehlten Fläche daumendick ausrollen und mit einem Glas Teigscheiben von 6 bis 8 cm Durchmesser ausstechen.

5. Die Hälfte dieser Scheiben mit Pflaumenmus, Kirsch- oder Aprikosenmarmelade belegen, die anderen Scheiben darüberdecken und am Rand kräftig zusammendrücken.

5. Die Silvesterkrapfen in heißem Fett goldgelb backen, auf Küchenkrepp abtropfen lassen und mit Puderzucker bestäuben.

Mutzenmandeln

(Foto Seite 237)

Zutaten

Für den Teig:
- 125 g Butter oder Margarine
- 125 g Zucker
- 1 Päckchen Vanillezucker
- 2 Eier
- 2 Gläschen Rum
- 6 EL Milch
- 1 Messerspitze Salz
- 500 g Mehl

zum Ausbacken:
- 1 kg Pflanzenfett

zum Bestreuen:
- Puderzucker

Zubereitung

1. Die Butter oder Margarine in einem Topf zerlassen und den Zucker, den Vanillezucker, die Eier, den Rum, die Milch und das Salz dazugeben und alles kräftig schlagen.

2. Nach und nach das Mehl einrühren und den Teig gut verkneten.

3. Den Teig etwas ruhen lassen und dann auf einer mit Mehl bestreuten Arbeitsfläche 1 cm dick ausrollen.

4. Die Mutzenmandeln mit einer Mutzenmandelform ausstechen und in heißem Fett goldbraun ausbacken. Wenn Sie keine Mutzenmandelform haben, rollen Sie den Teig etwa 0,5 cm dick aus und schneiden mit dem Teigrädchen Rhomben oder andere Figuren aus. Diese Figuren werden ebenfalls im heißen Fett ausgebacken.

5. Die Mutzenmandeln und die anderen Figuren nach dem Backen auf Küchenkreppapier abtropfen lassen und noch warm mit Puderzucker bestreuen.

Schürzkuchen

Zutaten

- 250 g Mehl
- 50 g Zucker
- 3 Eigelb
- 1 EL Rum
- 2 EL saure Sahne
- 40 g Butter oder Margarine
- Puderzucker zum Bestreuen

Zubereitung

1. Aus den angegebenen Zutaten rasch einen Mürbeteig kneten und etwa 30 Minuten kalt stellen.

2. Den Teig auf bemehlter Unterlage 0,5 cm dick ausrollen. Mit dem Teigrädchen Streifen von 4 x 12 cm ausradeln. Jeden Streifen in der Mitte der Länge nach einige Zentimeter einschneiden, die Teigenden durch den Einschnitt ziehen.

3. Die Schürzkuchen in heißem Fett schwimmend goldbraun backen.

4. Auf Küchenkrepp abtropfen lassen, mit Puderzucker bestreuen.

Kurz vor zwölf

Geisterjagd und gute Vorsätze zu Silvester

Daß Silvester nach den eher stillen Weihnachtstagen gern in größerem Kreis mit Freunden und Bekannten gefeiert wird, hat sicherlich gute Gründe. Schließlich ist in der letzten Nacht des alten Jahres noch einmal alles unterwegs, was in der Geisterwelt Rang und Namen hat. Da kann es nicht schaden, daß man sich ein bißchen zusammentut, auch wenn es schon einige Zeit her ist, seit die letzte Hexe auf dem Kreuzweg gesehen wurde…

Viele alte Silvesterbräuche sind mit dem Brauchtum der Weihnachts- und Vorweihnachtszeit eng verwandt. Das liegt daran, daß man sich in Europa erst Ende des 17. Jahrhunderts darauf einigen konnte, wann denn nun das neue Jahr beginnen sollte. Zur Auswahl standen unter anderem der 1. Advent, der Thomastag (Mittwinter) und der 25. Dezember. Unabhängig vom Datum wurde die Jahreswende zu allen Zeiten mit großem Aufwand begangen. Man huldigte den guten Göttern und versuchte, sich die weniger wohlgesonnenen vom Hals zu halten. Dem Lärm, der die Dämonen und bösen Geister vertreiben sollte, setzte die Kirche das Glockengeläut entgegen, um das neue Jahr zu begrüßen.

Papst Silvester, der dem 31. Dezember seinen Namen gab, hielt es zweifellos mehr mit den Glocken. Er war im 4. Jahrhundert, zur Zeit Kaiser Konstantins, Bischof von Rom und soll den Kaiser vom Aussatz geheilt haben. Ob Silvester tatsächlich am 31. Dezember starb, mag dahingestellt bleiben, jedenfalls hielt man ihn für würdig, an die Stelle des doppelköpfigen Gottes Janus zu treten, der für die Heiden über den Jahresbeginn wachte. So haben auch beide als Symbol den Schlüssel oder Stab, der auf einen neuen Anfang hinweist.

Noch viel weiter zurück, nämlich bis auf die Tage der alten Babylonier, gehen einige der Glückssymbole, die jedes Jahr zu Silvester neubemüht werden: das Glücksschwein und der Schornsteinfeger, Glücksklee oder blank polierte Pfennige, Glückspilze und Hufeisen. Wohl dem, der an ihre segensreiche Kraft glauben kann!

Da man zum Glück der nächsten 365 Tage vielleicht auch selbst etwas beitragen sollte, wird kurz vor Mitternacht noch einmal Seelenforschung betrieben. Die guten Vorsätze haben Hochkonjunktur. Sich im stillen Kämmerlein vorzunehmen, mit dem Rauchen aufzuhören oder was für die Figur zu tun, ist eine Sache, diese Vorsätze aber vor Zeugen – den heiligen Silvester eingeschlossen – zu äußern, eine andere…

Prosit Neujahr! Es möge nützen. In diesem Gruß werden seit 1711 um Mitternacht sämtliche Wünsche und Hoffnungen an das neue Jahr eingeschlossen: Glück, Gesundheit und Erfolg für den einzelnen und ein friedliches Miteinander für alle.

Mit Schwung ins neue Jahr

Wer Silvester mit Freunden feiert – ob als Gastgeber oder Gast, spielt nicht die entscheidende Rolle –, kann die ganze Gesellschaft mit ein paar Spielen schnell in Schwung bringen.

Damit nach dem guten Essen keiner glaubt, er könne sich nun für den Rest des Jahres auf die faule Haut legen, geht's gleich mit Tanzspielen los. Da die Nachbarn ebenfalls (mit-)feiern, darf die Musik ruhig ein bißchen lauter sein als sonst.

Für den Zeitungs-Twist werden an alle Gäste Zeitungen oder Zeitschriften verteilt. Jeder klemmt sich sein Exemplar der „Rundschau" zwischen die Oberschenkel, und dann twistet alles, was sich noch auf den Beinen halten kann. Wer sich mit einem Stehblues aus der Affäre ziehen will, bekommt sofort zehn Strafpunkte auf sein Konto und tanzt die nächste Runde solo. Solange die Musik spielt, darf die Zeitung nicht unterhalb der Knie rutschen oder gar auf den Boden fallen.

Ab und zu notwendige Tanzpausen werden mit Spielen zum Abkühlen gefüllt. „Ich liebe es" ist ein idealer Pausenfüller. Ein Gast wird vor die Tür geschickt, und die übrigen einigen sich auf einen Begriff, den der Frager erraten muß. Ihm sind allerdings nur drei Fragen erlaubt:

Warum liebst du es? Wo liebst du es? Wie liebst du es?

Die stellt er reihum so oft, bis er den Begriff gefunden hat. Bei den Antworten ist absolute Ehrlichkeit gefordert, doch Umschreibungen sind möglich und bringen erst die richtige Würze ins Spiel.

Was bringt die Zukunft?

Als eine der bedeutungsträchtigsten Los- oder Rauhnächte kann die Silvesternacht nicht vorübergehen, ohne daß in irgendeiner Form das Orakel befragt würde. Bleigießen eignet sich dazu besonders gut. Wer ganz sichergehen will, daß der Zauber auch wirkt, gießt das flüssige Metall wie unsere Altvorderen durch das Ohr eines alten Schlüssels. Schiffe zeigen eine Reise an, Schlangen lassen einen Wunsch in Erfüllung gehen und becherartige Gefäße versprechen Liebesfreuden. Eine Sternform bedeutet ganz allgemein Glück, und mit etwas Phantasie läßt sich bestimmt in jedem erstarrten Bleiklümpchen ein Stern sehen…

Nur bei Frauen und Mädchen hat das Apfelschalen-Orakel Gültigkeit. Man wirft die in einem möglichst langen Streifen abgelöste Schale eines Apfels mit der rechten Hand über die linke Schulter hinter sich auf den Boden. Ein geübter Glücksdeuter wird aus der Lage des Schalenstreifens ganz klar voraussagen können, was die nächsten 365 Tage der Evastochter bringen.

Spätestens fünf Minuten vor Mitternacht hat das Orakeln ein Ende. Dann werden die Gläser gefüllt, damit Punkt zwölf jeder auf das neue Jahr anstoßen kann. Prosit Neujahr! Es möge nützen.

Zu Neujahr

von Wilhelm Busch

Will das Glück nach seinem Sinn
Dir was Gutes schenken,
Sage Dank und nimm es hin
Ohne viel Bedenken!

Jede Gabe sei begrüßt,
Doch vor allen Dingen:
Das, worum du dich bemühst,
Möge Dir gelingen!

Der Stern

von Wilhelm Busch

Hätt' einer auch fast mehr Verstand
als wie die drei Weisen aus dem Morgenland
und ließe sich dünken, er wäre wohl nie
dem Sternlein nachgereist, wie sie;
dennoch, wenn nun das Weihnachtsfest
seine Lichtlein wonniglich scheinen läßt,
fällt auch auf sein verständig Gesicht,
er mag es merken oder nicht,
ein freundlicher Strahl
des Wundersternes von dazumal.

Die heil'gen drei König' mit ihrigem Stern

Schüler, Lehrlinge und Gesellen waren es vor allem, die etwa ab dem 16. Jahrhundert als die Heiligen Drei Könige verkleidet durch die Gegend zogen. Dies ist eines der bekanntesten Lieder, die sie dabei sangen; es stammt aus Bayern.

2. Die heil'gen drei König'
mit ihrigem Stern,
sie bringen dem Kindlein
das Opfer so gern.
Sie reisen in schneller Eil'
in dreizehn Tag' vierhundert Meil'.

3. Die heil'gen drei König'
mit ihrigem Stern
knien nieder und ehren
das Kindlein, den Herrn.
Ein' selige, fröhliche Zeit
verleih uns Gott
im Himmelreich!

Der Dreikönigstag

Die Heiligen Drei Könige sind – wie ihre Namen Caspar, Melchior und Balthasar – eine fromme Legende. In der Bibel wird nur von „Magiern" berichtet, die dem Christuskind Gaben brachten, und Papst Leo I. berechnete dann aufgrund der Geschenke, daß es drei gewesen sein müßten.

Erst ab etwa 1300 wurde Melchior zum Schwarzen, und zwar deshalb, weil die Könige die drei damals bekannten Erdteile symbolisieren sollten – Europa, Afrika und Asien.

Ab etwa 1550 sind die ersten Sternsinger belegt. Drei junge Leute – später Angehörige bestimmter Handwerksberufe – zogen prächtig gewandet mit einem großen Stern von Haus zu Haus. Allerdings brachten sie keine Geschenke mit, im Gegenteil, sie forderten für ihren Auftritt und Gesang Gebäck, Geld und andere Gaben.

Der 6. Januar, der Tag der Heiligen Drei Könige, ist jedoch auch in anderer Hinsicht ein bedeutungsvoller Tag. Er heißt Epiphanias, der Tag der Erscheinung des ersten Menschen. Die Urchristen bereits legten diesen Tag fest, da Gott – wie in der Schöpfungsgeschichte berichtet – am sechsten Tag den Menschen erschaffen hat.

Schließlich ist auch dieser Tag eng mit alten germanischen Bräuchen verknüpft. Ihm folgt die letzte der Rauhnächte, und wie an den anderen dieser Nächte glaubte man, nochmals einen Blick in die Zukunft tun zu können. Es kam sogar vor, daß manche Leute das Blei, das sie an Silvester gegossen hatten, nochmals schmolzen und neu gossen – falls sich das Schicksal doch noch gewendet haben sollte. Es ist allerdings anzunehmen, daß man dies nur bei den schlechten Voraussagen tat…

Ein Dreikönigsbrauch ist noch heute in vielen vorwiegend katholischen Gegenden lebendig: Der Pfarrer macht einen Rundgang durch seine Gemeinde und segnet die Häuser. Dabei schreibt er die Anfangsbuchstaben der Namen Caspar, Melchior und Balthasar mit geweihter Kreide an die Haustür. Diese Buchstaben sollen nach Möglichkeit bis zum nächsten Weihnachtsfest stehen bleiben.

Der Dreikönigstag war auch wieder eine gute Gelegenheit, zu besonders kräftigem Allheilmittel zu kommen: Das an diesem Tag geweihte Wasser sollte kranke Tiere kurieren und Felder fruchtbar machen.

Eine lustige Sitte, die vor allem in Holland bekannt ist, aber durchaus zur Nachahmung empfohlen werden kann, ist die Krönung des Bohnenkönigs. Die Mutter backt einen großen Kuchen und versteckt dabei im Teig eine Bohne oder eine Münze. Wer beim gemeinschaftlichen Kuchenessen dann auf den Fremdkörper stößt, wird feierlich mit einer Pappkrone gekrönt und darf an diesem Tag die Familie regieren.

Die Heil'gen Drei König' mit ihrem Stern, sie essen, sie trinken, und bezahlen nicht gern . . . (J. W. von Goethe)

Ein selbstgebastelter Kalender erinnert den Beschenkten ein ganzes Jahr lang an den, der ihm dieses schöne Geschenk gemacht hat (Anleitung Seite 249).

Selbstgemachte Kalender: schöne Geschenke für 365 Tage

Gute Wünsche für das kommende Jahr lassen sich nicht herzlicher überbringen als mit einem Jahreskalender, dessen zwölf Monatsblätter selbst angefertigt wurden. Mit was die Seiten gefüllt werden, richtet sich ganz nach dem persönlichen Geschmack des Empfängers. Bastelkalender zum Selbstgestalten gibt's in allen Schreibwarengeschäften.

Der Fotokalender

Lassen Sie Abzüge von alten Familienfotos oder Bildern mit besonderem Erinnerungswert machen, und heften Sie die Aufnahmen mit Fotoecken an die Monatsblätter. Über diesen Kalender freuen sich Großeltern, Eltern oder andere nahe Verwandte.

Mit der Schere gemalt

Wunderbar zarte Kalenderseiten lassen sich mit Scherenschnitten gestalten. Auf schwarzen Fotokarton wird das ausgewählte Motiv mit Kugelschreiber durchgedrückt, mit einem Schneidemesser ausgeschnitten und auf den dafür vorgesehenen Platz der Kalenderseite geklebt.
Selbstverständlich können Sie auch so alle Familienmitglieder im Schattenporträt vorstellen (siehe Kapitel Spiele für die ganze Familie).

Kalender für Hobbyköche

Wer gerne kocht, freut sich bestimmt über neue Rezepte. Suchen Sie aus Zeitschriften außergewöhnliche Gerichte heraus, die auch mit Fotos abgebildet sind. Die Bilder schneiden Sie heraus und kleben sie auf die Vorderseite der Monatsblätter. Auf die Rückseite wird das Rezept mit Füllfederhalter oder Filzstift geschrieben.

Der Blumenkalender

Sammeln Sie das ganze Jahr über kleine Blüten, Gräser und Kräuter. Pressen Sie die Pflanzen und kleben Sie sie nach Jahreszeiten geordnet in den Kalender ein. Wer keine Pflanzenpresse besitzt, kann die Blumen ebensogut zwischen sauberes und saugfähiges Papier (Löschpapier) legen und mit

Büchern beschweren. Hin und wieder nachsehen, ob das Papier erneuert werden muß. Es darf auf keinen Fall feucht sein. Wie lange die Pflanzen gepreßt werden müssen, hängt von Größe und Dicke der einzelnen Teile ab.
Selbstverständlich können Sie auch in einem Kalender verschiedene Gestaltungsmöglichkeiten unterbringen. Der Phantasie sind hierbei keine Grenzen gesetzt. Wer künstlerisch begabt ist, wird sich an die Aquarellmalerei wagen oder sich in der Bauernmalerei versuchen. Wer Kinder hat, wird zusammen mit ihnen Linoldrucke herstellen oder Strohbilder kleben, das Motiv immer auf den Monat bezogen.

Drei dunkle Könige

von Wolfgang Borchert

Er tappte durch die dunkle Vorstadt. Die Häuser standen abgebrochen gegen den Himmel. Der Mond fehlte, und das Pflaster war erschrocken über den späten Schritt. Dann fand er eine alte Planke. Da trat er mit dem Fuß gegen, bis eine Latte morsch aufseufzte und losbrach. Das Holz roch mürbe und süß. Durch die dunkle Vorstadt tappte er zurück. Sterne waren nicht da.

Als er die Tür aufmachte (sie weinte dabei, die Tür), sahen ihm die blaßblauen Augen seiner Frau entgegen. Sie kamen aus einem müden Gesicht. Ihr Atem hing weiß im Zimmer, so kalt war es. Er beugte sein knochiges Knie und brach das Holz. Das Holz seufzte. Dann roch es mürbe und süß ringsum. Er hielt sich ein Stück davon unter die Nase. Riecht beinahe wie Kuchen, lachte er leise. Nicht, sagten die Augen der Frau, nicht lachen. Er schläft.

Der Mann legte das süße mürbe Holz in den kleinen Blechofen. Da glomm es auf und warf eine Handvoll warmes Licht durch das Zimmer. Dies fiel hell auf ein winziges rundes Gesicht und blieb einen Augenblick. Das Gesicht war erst eine Stunde alt, aber es hatte schon alles, was dazugehört: Ohren, Nase, Mund und Augen. Die Augen mußten groß sein, das konnte man sehen, obgleich sie zu waren. Aber der Mund war offen, und es pustete leise daraus. Nase und Ohren waren rot. Er lebt, dachte die Mutter. Und das kleine Gesicht schlief.

Da sind noch Haferflocken, sagte der Mann. Ja, antwortete die Frau, das ist gut. Es ist kalt. Der Mann nahm noch von dem süßen weichen Holz. Nun hat sie ihr Kind gekriegt und muß frieren, dachte er. Aber er hatte keinen, dem er dafür die Fäuste ins Gesicht schlagen konnte. Als er die Ofentür aufmachte, fiel wieder eine Handvoll Licht über das schlafende Gesicht. Die Frau sagte leise: Kuck, wie ein Heiligenschein, siehst du? Heiligenschein! dachte er, und er hatte keinen, dem er die Fäuste ins Gesicht schlagen konnte. Dann waren welche an der Tür. Wir sahen das Licht, sagten sie, vom Fenster. Wir wollen uns

zehn Minuten hinsetzen. Aber wir haben ein Kind, sagte der Mann zu ihnen. Da sagten sie nichts weiter, aber sie kamen doch ins Zimmer, stießen Nebel aus den Nasen und hoben die Füße hoch. Dann fiel das Licht auf sie.

Drei waren es. In drei alten Uniformen. Einer hatte einen Pappkarton, einer einen Sack. Und der dritte hatte keine Hände. Erfroren, sagte er, und hielt die Stümpfe hoch. Dann drehte er dem Mann die Manteltasche hin. Tabak war darin und dünnes Papier. Sie drehten Zigaretten. Aber die Frau sagte: Nicht, das Kind. Da gingen die vier vor die Tür, und ihre Zigaretten waren vier Punkte in der Nacht. Der eine hatte dicke umwickelte Füße. Er nahm ein Stück Holz aus einem Sack. Ein Esel, sagte er, ich habe sieben Monate daran geschnitzt. Für das Kind. Das sagte er und gab es dem Mann.

Was ist mit den Füßen? fragte der Mann. Wasser,

sagte der Eselschnitzer, vom Hunger. Und der andere, der dritte? fragte der Mann und befühlte im Dunkeln den Esel. Der dritte zitterte in seiner Uniform: Oh, nichts, wisperte er, das sind nur die Nerven. Man hat eben zuviel Angst gehabt. Dann traten sie die Zigaretten aus und gingen wieder hinein.

Sie hoben die Füße hoch und sahen auf das kleine schlafende Gesicht. Der Zitternde nahm aus seinem Pappkarton zwei gelbe Bonbons und sagte dazu: Für die Frau sind die.

Die Frau machte die blassen blauen Augen weit auf, als sie die drei Dunklen über das Kind gebeugt sah. Sie fürchtete sich. Aber da stemmte das Kind seine Beine gegen ihre Brust und schrie so kräftig, daß die drei Dunklen die Füße aufhoben und zur Tür schlichen. Hier nickten sie noch mal, dann stiegen sie in die Nacht hinein.

Der Mann sah ihnen nach. Sonderbare Heilige, sagte er zu seiner Frau. Dann machte er die Tür zu. Schöne Heilige sind das, brummte er und sah nach den Haferflocken. Aber er hatte kein Gesicht für seine Fäuste.

Aber das Kind hat geschrien, flüsterte die Frau, ganz stark hat es geschrieen. Da sind sie gegangen. Kuck mal, wie lebendig es ist, sagte sie stolz. Das Gesicht machte den Mund auf und schrie.

Weint er? fragte der Mann.

Nein, ich glaube, er lacht, antwortete die Frau.

Beinahe wie Kuchen, sagte der Mann und roch an dem Holz, wie Kuchen. Ganz süß.

Heute ist ja auch Weihnachten, sagte die Frau.

Ja, Weihnachten, brummte er, und vom Ofen her fiel eine Handvoll Licht hell auf das kleine schlafende Gesicht.

Weihnachten in aller Welt

Frohe Weihnachten und ein glückliches neues Jahr

GROSSBRITANNIEN:	Merry Christmas and a Happy New Year
FRANKREICH:	Joyeuse Noelle et une Bonne Année
SPANIEN:	Feliz Navidad y próspero Año Nuevo
ITALIEN:	Buon Natale e felice anno nuovo
NIEDERLANDE:	Prettige kerstmis en een gelukkig nieuw jaar
TÜRKEI:	Noel bayraminizi kutlar, yeni yilda tüm mutluluklarin sizinle olmasini dileriz
SOWJETUNION:	С Рождеством Христовым и с Новым Годом!
POLEN:	Wesołych Świąt Bożego Narodzenia i szczęśliwego Nowego Roku
UNGARN:	Kellemes karácsonyi ünnepeket és boldog ujevet

ISRAEL: ברכות לבביות לחג המולד.
שנה טובה ומאושרת.

ARABIEN: تهانينا القلبية بعيد الميلاد السعيد
وتمنياتنا بسنة جديدة سعيدة

بمناسبة حلول عيد الميلاد السعيد فاننا نتقدم
اليكم بأخلص التهاني القلبية
وكل عام وأنتم بخير

SCHWEDEN: God jul och gott nytt år

PORTUGAL: Feliz Natal e um Bom Ano Novo

JAPAN: クリスマス おめでとうございます。
新年明けまして おめでとうございます。

CHINA: 恭祝聖诞
並贺新喜

Register

Backen und Kochen

Adventseinladung 72ff.
Adventskalender zum Knabbern 30
Avocados mit Flußkrebsen 185
Bratäpfel 48
Christkindlsuppe 186
Christstollen, sächsischer 114
Crêpes mit Himbeeren 188
Festtagsfondue, chinesisches 240
Festtagstorte, fruchtige 133
Feuerzangenbowle 234
Hirschkalbsrücken 75
Hirschpastete, Thüringer 187
Irish Coffee 48
Kaffeezabaione 188
Karpfen auf badische Art 187
Kartoffelkroketten 75
Kerzen, gebackene 150
Knusperhäuschen 28f.
Kulinarische Adventsüberraschungen 48ff.
Kulinarisches zu Silvester 234ff.
Liegnitzer Bomben 134
Linzer Törtchen 135
Londoner Stangen 135
Marzipanherzen 117
Mutzenmandeln 241
Nikolaus, gefüllter 51
Orangen-Schokolade-Kekse 135
Schneeballtorte mit Johannisbeeren 72
Schokobrezeln 117
Schokoladenmousse 76
Schürzkuchen 241
Silvester-Glückstorte 239
Silvesterkrapfen 240
Slemp 234
Tomatensuppe mit Grießnockerln 76
Überraschungseisbombe 191
Vanillekipferln 134
Weihnachtliche Tafelfreuden 185ff.
Weihnachtsbackstube 133ff.
Weihnachtsgans 186
Weihnachtsgebäck 114ff.
Weihnachtskerzen zum Aufessen 150
Zimtbraten 185
Zimthalbgefrorenes 188
Zimtsterne 117
Zuckerplätzchen 117

Basteln und Dekorieren

Adventsbild aus Körnern 53
Adventskalender 35ff.
Adventskränze dekorieren 24ff.
Adventspyramide 61
Adventsschmuck für die Wohnung 53ff.
Baby-Engel 54
Bauernmalerei 170ff.
Blumenkalender 249
Brandmalerei 99
Christbaumschmuck aus Gießwachs 162
Engel aus Spitze 54
Faltglocke 163
Festzug-Adventskalender 36
Fotoalben 224ff.
Futterbretter 233
Futterglocken 232
Futterhäuser 230ff.
Gabentisch in Gold 93
Gabentisch in Marmor 94
Gabentisch in Perlmutt 93
Geschenke verpacken 93ff.
Gestecke, weihnachtliche 61
Häkelsterne 61
Herztasche 54
Hinterglasmalerei, naive 82ff.
Kalender 249
Karten mit Strohsternen 147
Katzenkinder, gestrickte 127
Keksdosen 97
Kerzen 14ff.
Krippen 100ff.
Kugelelefant 128
Kugelstern 163
Kuscheltiere 126ff.
Marienkäfer 126
Marmorieren 94f.
Nikolaussack 68
Origamistiefel 69
Porzellanmalerei 98
Paillettenkugeln 61
Papiersterne 60
Rupfenpuppenkrippe 102ff.
Salzteigbaumschmuck 162
Salzteigfiguren 104
Schaukelpferd-Adventskalender 37
Schichtkerzen 16
Schneemanngirlande 60
Servietten, gefaltete 180
Spansterne 59
Sperrholzkrippe 100
Strohsterne 59
Tischdekorationen 178
Tischkarten 180
Tischwäsche, bedruckte 179
Transparentkrippe 107
Türkränze 27
Utensilio 96
Vogelhäuschen 230ff.
Weihnachtsbäume 158ff.
Weihnachtsbogen 60
Weihnachtskarten 144ff.
Weihnachtskartengalerie 227
Weihnachtskrippen 100
Weihnachtsmannkostüm 66f.
Weihnachtstafel, festliche 178

Geschichten, Gedichte, Lieder

Advent, von Rainer Maria Rilke 137
Alle Jahre wieder 208

Das Paket des lieben Gottes, von Bertolt Brecht 205ff.
Das Weihnachtsevangelium 202f.
Das Wunder, von Marie Luise Kaschnitz 18ff.
Der Bratapfel 47
Der Stern, von Wilhem Busch 244
Der halbierte Nikolaus, von Karlheinz Schaaf 77
Die heil'gen drei König' mit ihrigem Stern 245
Drei dunkle Könige, von Wolfgang Borchert 250f.
Es ist ein Ros' entsprungen 139
Geschichte eines Pfefferkuchenmannes, von Paul Richter 137
Hirtenspiel, von Karlheinz Schaaf 108ff.
Ihr Kinderlein, kommet 213
Ja, Virginia, es gibt einen Weihnachtsmann!, von Attilio Baumgartner 193f.
Knecht Ruprecht, von Theodor Storm 71
Laßt uns froh und munter sein 70
Leise rieselt der Schnee 46
Monolog eines Kellners, von Heinrich Böll 142f.
Morgen, Kinder, wird's was geben 201
O du fröhliche 212
O Tannenbaum, o Tannenbaum 210
Schenken, von Joachim Ringelnatz 88
Stille Nacht! Heilige Nacht! 209
Süßer die Glocken nie klingen 138
Vom Himmel hoch, da komm ich her 211
Weihnachten bei den Pentecosts, von Eric Malpass 165ff.
Weihnachten, von Joseph von Eichendorff 198
Weihnachtslied, von Theodor Storm 47
Zu Neujahr, von Wilhelm Busch 244

Guter Rat

Barbarazweige 52
Beschäftigungen am Heiligen Abend 194ff.
Bescherung 204
Federpusten 122
Geschenke 87f.
Geschenke von Kindern 96
Grüße in alle Welt 252f.
Kim-Spiele 122
Nach der Bescherung 214f.
Nikolausabend 65
Ratschläge zum Weihnachtsbaum 157ff.
Schlüssellochspion 122
Silvester 242f.
Spiele 120ff.
Schneespiele 123
Sternhüpfen 125
Tiere im Winter 228ff.
Tischdecken 178ff.
Usambaraveilchen 13
Weihnachtsbaum 157
Weihnachtskaktus 13
Weihnachtssterne 12
Winterfütterung für Vögel 230
Zimmerpflanzen 12f.

Sitten und Bräuche

Adventskalender 35
Adventskranz 22f.
Adventszeit 44
Andreasnacht 45
Barbaratag 52
Bescherung 204
Christmette 215
Dreikönigstag 246
Geschenke 87
Johannestag 221
Julfest 217
Krippen 100
Luciatag 86
Martinstag 10
Martinslied 11
Nikolaus 44, 62
Silvester 242
Stephanstag 220
Tag der unschuldigen Kindlein 221
Thomastag 136
Weihnachten anderswo 216
Weihnachtsbaum 155f.
Weihnachtskarten 144
Weihnachtskrippe 100
Weihnachtsmärkte 33ff.

Weihnachtszeitung

Ärger mit den Geschenken 175
Die ersten Glanzbilder 219
Eine Spinne spendet Licht 174
Lieder und Musik 141
Post an den Nikolaus 174
Rauschgoldengel 218
Rose von Jericho 219
Schöne Bescherung 141
Schüsse für das Christkind 141
So feiern Millionäre 175
Stadt adoptiert Weihnachtsbaum 219
Umgang mit Kerzen 175
Unter Mordverdacht 174
Wachsflecken 140
Weihnachtsgebäck 140
Weihnachtskuchen, größter 175
Zeichen und Symbole 218

Quellennachweis

Herausgeber und Verlag danken für die Genehmigungen zum Abdruck folgender Prosatexte und Gedichte:

„Monolog eines Kellners" aus: „Erzählungen 1950–70" von Heinrich Böll, © 1972 by Kiepenheuer & Witsch, Köln.
Wolfgang Borchert „Die drei dunklen Könige" aus: Wolfgang Borchert „Das Gesamtwerk" Copyright (©) 1949 by Rowohlt Verlag GmbH, Hamburg.
Bertolt Brecht aus: „Gesammelte Werke" © Suhrkamp Verlag Frankfurt am Main 1967 „Das Paket des lieben Gottes".
Marie-Luise Kaschnitz „Das Wunder" aus: „Eines Mittags, Mitte Juni", Claassen Verlag GmbH, Düsseldorf, 1983.
Eric Malpass „Weihnachten bei den Pentecosts" aus: Eric Malpass „Morgens um sieben ist die Welt noch in Ordnung" Copyright (©) 1967 by Rowohlt Verlag GmbH, Reinbek.
Rainer Maria Rilke aus: Werke in drei Bänden, © Insel Verlag Frankfurt am Main 1966, „Advent".
Joachim Ringelnatz „Schenken", Karl-Heinz Henssel Verlag, Berlin.
Karlheinz Schaaf „Hirtenspiel" und „Der halbierte Nikolaus" aus: „Wir sagen Euch an eine fröhliche Zeit", Otto Maier Verlag Ravensburg.

Mitarbeiter

Herausgeber und Verlag danken für die freundliche Unterstützung:

Karsten Harnisch, Herne
Gerhard Henjes, Hamburg
Jürgen Kahlert, Essen
dem Herner Kostümverleih Kalweit & Kowalski
Felizitas Krettek, Palling
Karin Lischewski, Herne
Renate Lutter, Bochum
Helga Schmidt-Frank, Herne
Ursula Schmidt-Steinbach, Remchingen
Petra Spies, Essen
Doris Wagner, Engelskirchen
Monika Weilandt, Herne

Buchhinweise

Falls Sie Lust bekommen haben, sich mit einem der Hobbys, die in diesem Buch vorgestellt wurden, näher zu beschäftigen, hier eine Reihe von Falken-Büchern zu den einzelnen Themen

Backen
„Weihnachtsbäckerei" von Marlies Sauerborn (Nr. 0682)
„Tortenträume und Kuchenfantasien" von Fritz Faist (Nr. 0823)

Geschenke
„Schöne Geschenke selbermachen" von M. Kühnle (Nr. 4128)
„Mitbringsel aus meiner Küche" von C. Schönherr (Nr. 0668)

Holzarbeiten
„Bastelspaß mit der Laubsäge" von Lothar Giesche und Manfred Bausch (Nr. 0741)
„Vogelhäuschen, Nistkästen, Vogeltränken" von Joachim Zech (Nr. 0695)

Kuscheltiere
„Kuscheltiere stricken und häkeln" von Bertl Wehrle (Nr. 0734)

Malerei
„Naive Malerei" von Felizitas Krettek (Nr. 5083)
„Naive Hinterglasmalerei" von Felizitas Krettek (Nr. 5145)
„Hobby Bauernmalerei" von Senta Ramos und Jo Roszak (Nr. 0436)
„Bauernmalerei" von Senta Ramos (Nr. 5039)
„Aquarellmalerei leicht gelernt" von T. Hinz, R. Braun und B. Zeidler (Nr. 0787)

Papierfalten
„Hobby Origami" von Zülal Aytüre-Scheele (Nr. 0756)
„Neue zauberhafte Origamiideen" von Zülal Aytüre-Scheele (Nr. 0805)

Rupfenpuppen
„Dekorative Rupfenpuppen" von Bärbel Wenzelburger (Nr. 0733)

Salzteig
„Hobby Salzteig" von Isolde Kiskalt (Nr. 0662)
„Neue zauberhafte Salzteigideen" von Isolde Kiskalt (Nr. 0719)
„Kreatives Gestalten mit Salzteig" von Isolde Kiskalt (Nr. 0769)

Scherenschnitt
„Schritt für Schritt zum Scherenschnitt" von Heide Klingmüller (Nr. 0732)

Spiele
„Spiele für Party und Familie" von Rudi Carrell (Nr. 2014)
„Gesellschaftsspiele für drinnen und draußen" von Heinz Görz (Nr. 2006)
„Rätselspiele, Quiz- und Scherzfragen für gesellige Stunden" von K. H. Schneider (Nr. 0577)
„Kinderspiele, die allen Spaß machen" von Helen Müller-Stein (Nr. 2009)

Strohsterne
„Strohschmuck selbst gebastelt" von Eugen Rombach (Nr. 0740)

Tischdekorationen
„Servietten dekorativ falten" von Hans Tapper (Nr. 0804)
„Tischkarten und Tischdekorationen" von Gabriele Vocke (Nr. 5063)

Trockenblumen
„Hobby Gewürzsträuße" von A. Ott (Nr. 0726)
„Hobby Trockenblumen" von R. Strobel-Schulze (Nr. 0643)

Weihnachtsbasteleien
„Weihnachtsbasteleien" von M. Kühnle (Nr. 0667)